20世紀最大の謀略

赤軍大粛清

ルドルフ・シュトレビンガー
守屋 純／訳

学研M文庫

はじめに●今なぜトハチェフスキー事件か？

本書は Rudolf Ströbinger著『Stalin enthauptet die Rote Armee—Der Fall Tuchatschewskij』の全訳である。原題の意味は『スターリン、赤軍を断首』。

内容は訳題からも明らかなように、一九三七年（昭和十二）六月、当時のソヴィエト連邦で起こった、トハチェフスキー元帥をはじめとする八人の赤軍高級軍人の逮捕と処刑事件を扱っている。だが事件の真相は謎だらけである。第一、赤軍の最高幹部がいずれもナチス・ドイツと結託して反スターリン・クーデターを企てた、との罪状自体がすでに奇怪という他はない。しかも事はそれだけでは済まず、一九三八年にかけて、赤軍の戦力を大幅に減退させるような幹部の大粛清にまで発展した。

大粛清による赤軍の弱体化はすぐに、一九三九年―一九四〇年冬の対フィンランド戦争での拙戦、そして一九四一年六月に始まるヒトラーによる攻撃での赤軍の破滅的な大敗となって現実のものになる。そしてソヴィエト連邦は戦勝国ながら、第二次世界大戦の参戦国中最大の被害国にもなった。

それればかりか、一九四〇年夏にフランスを降したヒトラーとドイツ軍部が、対英戦継続中であるのにいとも安易に対ソ戦争（バルバロッサ作戦）を決断したのも、大粛清による赤軍弱体化がその最大の要因ということができるだろう。

日本について考えてみるならば、この事件は二・二六事件、日独防共協定、蘆溝橋事件などと同時期のものである。言うまでもなく、当時の日本陸軍にとって最大の仮想敵国はソヴィエト赤軍であった。したがって、トハチェフスキー処刑から一か月経たぬうちに起こった蘆溝橋事件が見る間に日中全面戦争へ発展していったのも、その根底に日本側のソ連軽視があったと言っても過言ではない。

トハチェフスキー処刑の問題は、ソヴィエト連邦の勝利で終わった第二次世界大戦（大祖国戦争）後も尾をひく。一九五三年三月、独裁者スターリンが死ぬと同時にクレムリン内で権力闘争が発生し、フルシチョフをはじめとする幹部連は共通のライバルであるベリヤ内相排除に成功した。だが、ベリヤは秘密警察と国境警備軍を支配する最大の実力者であり、赤軍の支援無しにはベリヤ排除は無理であったろう。この時、大戦の英雄ジューコフ元帥を筆頭とする軍部側がベリヤ排除の〝クーデター〟に協力するにあたっての交換条件こそ、処刑されたトハチェフスキー以下赤軍軍人の名誉回復であった。

事件の経過にまつわる奇怪な国際的謀略性、すなわちパリの亡命ロシア人団体やナチス・ドイツの保安機関、ことにSS集団長ラインハルト・ハイドリッヒの暗躍、そして、チェコスロバキア大統領エドワルド・ベネシュの役割などはすでに第二次世界大戦終結直後から一般に知られるようになった。

こうしてトハチェフスキー処刑にまつわる時間的かつ空間的な広がりの大きさは、当時から多くの注目を浴びることになった。だが事件のまさにそのように複雑かつ奇怪な性格のために、トハチェフスキー等の名誉回復はなされたものの、一九六四年のフルシチョフ失脚後のソ連では、〝スターリン再評価〟の動きと共に最大のタブーとされ、再び封印されてしまう。そのため逆に多数の無責任な憶測や作り話を横行させることになり、事件の真相解明は益々遠のくこととなった。

本書の『あとがき』にもあるように、著者シュトレビンガーはチェコにおいて一九四二年のプラハでのハイドリッヒ暗殺事件を調査中、トハチェフスキー事件とチェコスロバキアとの深いつながりに気付き、事件の全容解明と再構成にうち込んできた。本書はその成果である。無論、著者も触れているように旧ソ連関係資料の利用は現在でも多くの困難があり、未解明の部分が残るのはやむを得ない。だが、それでも微細な点は除き、本書においてこの奇怪な事件の全体像はほぼ明らかにされていると思われる。

著者ルドルフ・シュトレビンガーはチェコ人で、一九三一年南モラビア生まれ。プラハのカレル大学で歴史を専攻した後、一九六八年、ワルシャワ条約機構軍のチェコ侵入により〝プラハの春〟が圧殺されるまで、日刊の『リドヴァア・デモクラティー』紙の編集者であった。同事件によって当時の西ドイツに亡命してからは現代史研究家として多数の著作（何れも独語）を発表し、これ以外にも多数のテレビのドキュメンタリィ番組の編集も手掛けてきた。現在もドイツ在住である。

最後に本書訳出にあたっては訳者の勤務先の多くの同僚からの貴重な助力を得られたことに感謝したい。

訳者

ヨーロッパ1937
ノルウェー
オスロ
スウェーデン
ストックホルム
フィンランド
ヘルシンキ
レニングラード
ノブゴロド
タリン
エストニア
ラトビア
リガ
リトアニア
カウナス
ドイツ領
東プロイセン
北海
デンマーク
コペンハーゲン
バルト海
イギリス
ロンドン
アムステルダム
オランダ
ブリュッセル
ベルギー
エルベ河
ベルリン
ドイツ
ヴィスワ河
ワルシャワ
ポーランド
ルヴォフ
ミンスク
セーヌ河
パリ
フランクフルト
ライン河
ニュルンベルク
プラハ
チェコスロバキア
フランス
ミュンヘン
ウィーン
オーストリア
ブダペスト
ハンガリー
ベルン
スイス
ルーマニア
ドナウ河
ベオグラード
ユーゴスラビア
ブカレスト
ブルガリア
ソフィア
イタリア
ローマ
アドリア海
チラナ
アルバニア
ギリシャ
地中海
ソヴィエト連邦
モスクワ
スモレンスク
トゥーラ
ブリャンスク
オリョル
リペツク
ヴォロネジ
クルスク
ハリコフ
キエフ
ドニエプル河
ドン河
ロストフ
オデッサ
セバストポリ
ノヴォロシスク
ソーチ
黒海
トルコ
アンカラ
シリア
カザン
クイヴィシェフ
ペンザ
ヴォルガ河
スターリングラード
アストラハン
カスピ海
ウファ
チェリヤビンスク
ヴォルスク
オレンブルク
ウラル河

目次

20世紀最大の謀略　赤軍大粛清

[凡例]

一、章の見出しは、原書のものに多少の変更を加えた。小見出しは原書になくすべて訳者によるものである。
一、原書に掲載されている写真の一部を割愛した。また文中の図版、及びキャプションの頭に＊が付いている写真は、訳書において必要と思われるものを挿入し、説明文は訳者が独自に作成したものである。(写真協力：ノーボスチ通信社)
一、本文中の（　）は原著者の補注、［　］は訳者の補注である。
一、文中、特に重要と思われる日付けには、訳者の判断で傍点をふった。
一、二字下げの文章は引用文であることを示している。

序章

今世紀最大の謎が未だに解明されていない。

謎解きの鍵をにぎる人物はすべてこの世を去った。

すべての記録——ずっと前に廃棄されていなければの話だが——が今もって極秘扱いとされ、近づくことさえできない。

手に入るのは、矛盾だらけの証言や報告だけである。世間には噂がはびこり、伝説が定着した。

一九三七年六月十一日の金曜日にモスクワで起こったことについては、公式発表が二つと、命令が一つあるだけなのだ。

最初の公式発表はこの同じ日にソヴィエト社会主義共和国連邦最高検事局から出されたものである。

内務人民委員部の各機関によって逮捕されたM・N・トハチェフスキー、I・E・ヤキール、I・P・ウボレヴィッチ、A・I・コルク、R・P・エイデマン、B・

M・フェルトマン、W・M・プリマコフ、W・K・プトナに関する捜査は完了し、本件は裁判に付せられることになった。上記の各容疑者の起訴理由は、軍律違反(及び宣誓違反)、国家反逆罪、ソ連邦人民反逆罪、及び赤色労農軍反逆罪である。捜査の結果、自殺したJ・B・ガマルニクも含め、各容疑者はソ連邦に敵対する政策をとっているある外国の軍指導部と売国的結託をしていたことが立証された。

それからわずか二四時間後の六月十二日土曜日に、ソヴィエト連邦最高裁判所から次のような発表があった。

昨六月十一日、ソヴィエト連邦最高裁判所講堂において開廷された特別法廷は、M・N・トハチェフスキー、I・E・ヤキール、I・P・ウボレヴィッチ、A・I・コルク、R・P・エイデマン、B・M・フェルトマン、W・M・プリマコフ、W・K・プトナの件について非公開の審理を行なった。……ソヴィエト連邦最高裁判所特別法廷は被告全員を有罪と認め、以下のように判決する。被告全員の官位剝奪と被告トハチェフスキーのソ連邦元帥の称号剝奪のうえ、被告全員を極刑——銃殺刑——に処する。

この日、ソ連邦国防人民委員部指令第九六号が「赤軍将兵、赤色労農軍指揮官及び軍政治委員の各同志」に対して発せられた。それには国防人民委員クリメンチ・ヴォロシーロフ元帥の署名があった。

ミハイル・N・トハチェフスキー元帥（1936年2月）

六月一日から四日まで、政府関係者も出席してソ連邦国防人民委員部付属軍事評議会が開かれ、内務人民委員部によって摘発された反逆的・反革命的・ファシスト的軍事組織に関する本官からの報告が聴取され、検討された。長期にわたり赤軍内に極秘の陰謀が存在し、卑劣な害虫的・撹乱的スパイ活動が行なわれてきた。……最高裁判所の下した判決は公正である。

人民の敵に死を！

人民の敵に死を！　銃殺刑に処す。

だが、ミハイル・ニコラエーヴィッチ・トハチェフスキー元帥をはじめとする、訴追された八人の将軍はどのようにして死んだのだろうか？　実は彼等の最期についての信用できる証言が全く無いのだ。判決当日の一九三七年六月十一日にはすでに、モスクワのジェルジンスキー広場のルビヤンカにある内務人民委員部（NKVD《エヌカヴェデ》）中庭で処刑が執行されていた、といわれている。

その様子は次のようであったという。

NKVDの将軍が中庭にチョークで線をひき、その線の上に等間隔で被処刑者の名前を書いていった。それから中庭に通じる小さな扉から死刑囚が一人ずつ引き出されてきた。両腕を後ろ手にしばられており、階級章は剝奪されていた。

初めに連れてこられたのはトハチェフスキーで、そのあとプトナ、ウボレヴィッチなどが続いた。全員に刑吏がつきそっていた。

　合図とともに監獄内のすべてのトラックと乗用車が一斉にエンジンを全開にした。特別法廷判士［軍法会議裁判官の名称］の一人ブリュッヘル元帥が刑の執行を命じた。銃殺隊指揮官は若いNKVD将校のイワン・セローフであった。彼は第二次世界大戦後、国家保安委員会（KGB《カゲベ》）の幹部となり、さらにソヴィエト軍情報部（GRU《ゲエルウ》）長官となって、一九六四年までその職にあった。

　ブリュッヘル元帥がハンカチで合図すると、各刑吏はおもむろに拳銃を取り出して「各自の」将軍の後頭部を撃った。夜になって遺体はヒョーデンカ原の小道に運ばれた。ここは一八九四年、皇帝ニコライ二世の戴冠式の際、突然起こったパニックで踏み潰された何百人もの人々が埋められたところである。

　だが、彼等が死刑判決を受けてからルビャンカで処刑されるまでの間に起こったことについては別の証言もある。それによると、
　ルビャンカの地下室には刑吏の使用する若干のスペースがあり、囚人の着替えのために仕切られていた。どの囚人も処刑の前に白の下着に着替えさせられた。着替えた者は死刑を宣告され、すぐに刑を執行されるわけであった。それから囚人は死刑囚用の独房に移され、房に入った瞬間、または壁に向かって立たされてから、刑

吏が頸部《けいぶ》を一撃する。使用されるのはトカレフ八連発自動拳銃である。一発で囚人が死なない場合はもう一発撃つ。医師が死亡を確認し、その死亡証明書が犠牲者の一件記録のしめくくりの文書となる。独房の床はカンバスが敷かれていて、処刑のあと掃除婦によって清掃される。搬出された遺体はすぐに共同墓地に埋葬される。

最初に殺されたのはトハチェフスキー元帥で、そのあとヤキール、ウボレヴィッチ、コルク、プリマコフ、フェルトマン、プトナの順であったのは確かである。すくなくともソ連側の報告からはそう結論できる。ではなぜ一九三七年六月十一日に処刑されたのが七人だけで、エイデマンの処刑は二四時間後に延期されたのか、という点はここでは除外せざるをえない。なぜか？　処刑延期の理由は未だに明らかになっていないのである。

しかし――そもそもトハチェフスキーと七人の将軍に対する裁判など本当にあったのだろうか？　このこと自体が今でも疑問視されている。元西ヨーロッパ担当のソ連諜報機関の幹部で、第二次世界大戦の直前にアメリカに亡命したヴァルター・クリヴィツキー将軍によると、トハチェフスキー一派に対する軍法会議など一度も開かれたことはない、そして、「八人全員が一緒に処刑された訳ではなく、一人一人別々に銃殺された」という。この元ソ連秘密警察の高官はさらに、裁判に関するニュースを流すことでヨシフ・スターリンが「赤軍内の陰謀という話を軍関係者に納得させせるために」謀ったことだという。

ではなぜトハチェフスキー元帥は一九三七年六月十一日に殺されなければならなかったのか?

彼は赤い独裁者に対して謀反を企てたのか?

それともナチス・ドイツの手先だったのか?

トハチェフスキーはソ連邦の赤い軍事独裁者、「赤いナポレオン」になろうとしていたのか?

本当に西側列強と結託して反スターリン陰謀を企てたのか?

疑問はこれだけではない——ほかにも沢山ある。

第Ｉ章　謀略

■第二回モスクワ見世物裁判

一九三七年一月二十三日、土曜日。

モスクワは凍てつくような寒さだった。昼前に労働組合会館につめかけた人々は、分厚い外套を入口のクロークに預けると、二階の十月講堂に通じる広い階段を一目散に駆け上がっていった。大講堂ではこれから、国家保安機関ＮＫＶＤによって周到に準備されたドラマがその山場を迎えようとしていた。

講堂は満員だった。正午を数分すぎて、制服姿のＮＫＶＤ職員が入口の扉をしめた――一番手前の二列だけがまだ空席だった。

講堂内にざわめきが起こった。右手から裁判官が入廷してきた。先頭は裁判長ウラジーミル・Ｗ・ウルリッヒで、政治警察ＧＰＵ《ゲペウ》の前身、チェーカーの出身である。最後に、紺の背広を着たアンドレイ・Ｊ・ヴィシンスキーが入廷してきた。彼は判事出身で、最近スターリンによって検事総長に抜擢されたばかりだった。ゆっくりとした足取りの彼は、炯々たる眼光で講堂内に鋭い一瞥を投じてから、左手の小さな机に落ち着いた。それからNKVDの将校に先導された一七人の被告が入廷してきた。

ウルリッヒ裁判長が「反ソヴィエト・トロツキスト・センター」に対する審理の開始を宣言する。

被告の中には、ソヴィエト国家の創始者レーニンと極めて親しかった者もいた。重工業人民委員第一代理のグリゴリー・ピヤタコフは、レーニンが、自分の死後ボルシェヴィキを指導するにふさわしい人材として挙げた二人のうちの一人だった［もう一人はブハーリン］。だがそのために、スターリンに憎まれるようになった。

グリゴリー・ソコルニーコフは古参党員で、元政治局員であった。彼は、一九一七年四月八日の午後レーニンとともにチューリッヒを出発した三〇人の同志の一人だった。その時彼等は――ドイツ政府と参謀本部のはからいによって――ドイツ―スウェーデン―フィンランドを経由してペトログラードに向かい、そこでボルシェヴィキ革命を煽動するつもりだった。一九〇五年以来のボルシェヴィキ党員であるソコルニーコフは、革命後財務人民委員となり、一時はロンドン駐在大使でもあった。

そのとなりはニコライ・ムラロフで、すでに一九〇五年のロシア第一革命にも参加し、一九一七年には赤衛軍［労働者の武装組織］指揮官となり、内戦中はモスクワの軍事総督として有名になった。

被告の中に、曖昧な印象を与える、小柄で不格好で、両耳が出っ張っていて、やや赤味がかったほおひげをして、黒縁眼鏡の奥で小さな眼をきょろきょろさせている人物がいた。この人物はボルシェヴィキ革命の最もすぐれた宣伝家として知られていた。彼は第一次世界大戦後の何年かを、騒乱・蜂起・一揆で大揺れのドイツで過ごし、ドイツ共産党のあらゆる活動の黒幕として知られていた――カール・ラデックである。

では、この時のモスクワ見世物裁判で決定的な役割を演じるラデックとは何者なのか?

彼自身の証言によると、一八八五年、当時のオーストリア帝国領ガリツィアのレンベルク［現ポーランド領ルボフ］でユダヤ系教師の子として生まれ、本名をカール・ベルンハルトヴィッチ・ゾーベルゾーンという。十七歳の時すでに「現役の」革命家としてラデックの変名を用いたが、それは「ラディカル」という言葉を思い出させるからだという。

過激で明敏、知的で如才ない――これが青年時代のラデックだった。すぐに彼の名はドイツの左派系の新聞に登場する。その記事――よくパラベルムというペンネームで掲載――があまりに辛辣でシニカルで、しかも革命的なために、ローザ・ルクセンブルクのような同志さえも反感を覚えるほどだった。ドイツ社会民主党指導部もこの若い革命家にはついていけないと感じるようになり、絶交後、有害な人物であるとして、ラデックを党から除名した。

その後一九一五年に、彼はスイスでレーニンに合流した。ドイツ社会民主党に失望していたラデックは、陰謀への衝動と革命への熱狂をあわせもつレーニンの中に真の革命家の姿を見出したが、一九一七年四月のボルシェヴィキ指導部のロシア行きには同行しなかった。それは、ロシア臨時政府がオーストリア帝国臣民である彼の入国を許可しなかったこともあるが、国外でのボルシェヴィキの最も重要な任務をレーニンから託されていたからでもあった。ラデックの任務はストックホルムで、フュルステンベルク＝グラネツキーやW・ヴォロフスキーといった人々とともに、「ボルシェヴィキ中央委員会対外局」を運営して、ボルシェヴィキ革命とボルシェヴィキ系機関紙発行のため、ベルリンで調達した数百万マルクの資金をロシアに非合法に持ち込むことだった。

一九一八年末には、ラデックは次のボルシェヴィキの計画実現にとって不可欠の人材にまでのしあがった。その計画とは、ロシアの次にドイツでも革命を勝利に導くことである。ベルリンの労兵評議会大会に、ラデックはロシア・ボルシェヴィキ代表の一人として参加することになっていた。無論、ドイツ当局はこのモスクワからの来客の入国を禁止したが、それでも彼は単身国境をすり抜けることに成功した。オーストリアの復員兵の格好をして、偽の身分証明書を携えたラデックは、一九一八年十二月二十八日、ベルリンに潜入した。――ドイツ共産党の結成大会に参加して今後の活動の基礎固めをするには絶好のタイミングだった。彼はベルリンでドイツのプロレタリアートにこう呼びかけた。

ドイツ革命政権はロシアと隊伍を組み、ただちに帝国主義的反動勢力に対する新たな戦いを宣言しよう。

だがこの目論見は実現しなかった。一九一九年一月半ば、スパルタクス団［ロシア型の革命を目指すドイツ社会民主党の左派グループ。後にドイツ共産党となる］の蜂起が鎮圧され、指導者のカール・リープクネヒトとルクセンブルクは殺された。それでもラデックはあきらめず、なおも革命に望みを託したが、二月十二日に逮捕され、ベルリンのモアビット監獄に収容された。

ラデックはモアビット監獄で一番有名な囚人になった。当時ここに投獄されていた者の証言によると、ラデックの監獄暮らしはどこから見ても、まるで宮廷のようであったという。すなわち、素晴らしい食器と食事、専用の便器、ふんだんなタバコ。しかもラデックにはしょっちゅう来訪者があった。彼の「客」というのは、社会民主党の閣僚だったり、軍の高官だったり、共産党の役員だったり、資本家、ジャーナリストだったりした。ラデックを訪問した中で最も著名な人物といえば、それは明らかにＡＥＧ［総合電機会社の略。ジーメンスとならぶドイツの二大電機コンツェルン］の社主ヴァルター・ラーテナウであろう。ラーテナウはこれから三年後、イタリアのラッパロで独ソ条約に調印して両国間の密接で良好な時代を開くことになる。

ラデックは夏には釈放され、暮れにロシアへ帰った。

だがこの革命煽動家はドイツとベルリンに魅了されたらしく、すぐにシュプレー河畔の都市に戻ってきた。それからの彼はベルリン＝モスクワ間を往復して、レーニンが創設したコミンテルン［共産主義インターナショナル。別名第三インターナショナル］の業務にせっせとはげんだ。一九二一年にドイツ共産党指導部が内紛によって危機に陥ると、それから一年半ばかりはラデックが党の指導にあたった。

ラデックの政治歴は冒険的な点で他に比類がない。一九二四年にレーニンが死んで、スターリンとレオン・トロツキーの抗争が公然化すると、トロツキー信奉者のラデックは党の役職を罷免され、党中央委員の地位もうばわれて、モスクワの孫逸仙大学［コミンテルンの機関で主に中国共産党員の教育に当った］学長になった。だが着々と権力を増大させていくスターリンはこれでも容赦しなかった。一九二七年にラデックは党から除名され、モスクワからも追放される。

しかし柔軟なラデックは今度もあきらめなかった。彼は自己批判をした。ラデックのジャーナリスト的・宣伝家的才能をよく知っているスターリンは、寛大にも再び彼を起用してくれた。ラデックの方も、党の「強い男」には取り入っておかねばならないことを知っていた。

『社会主義社会の建設者』なる著書の中で、ラデックは「偉大な指導者」としてのスターリンに臣従の誓いをたてている。スターリンはこの阿諛《あゆ》追従《ついしょう》がいたく気にいり、ラデックを党中央委員会情報局主任に昇格させた。この役職に加えて、党機関紙『プラウダ』及び政府機関紙『イズベスチア』の論説委員として、ラデックは新しい主人に全身を捧げて仕えた。

だがスターリンは、かつて一度でも自分の反対派や批判者だった者のことを決して忘れはしなかった。ラデックには三年間の猶予を与えてから一撃を加えた。すなわち、「トロツキスト陰謀家」の廉で逮捕・起訴したのである。こうして今ラデックは十月講堂の被告席に座っていた。彼は自分の役柄をよく習得していた。いつもと同じだ――ラデックはいつも自己の任務に極めて忠実だった。今度はこれまでよりもっと忠実だった、というのも自分の命がかかっているからである。

■ラデックの役柄

審理二日目の一月二十四日、ラデックは検事総長ヴィシンスキーの尋問を受けた。

ヴ：被告ラデック、あなたは次のように証言していますね。「一九三五年一月に我々は会議を開くことにした。ところが会議の前に私のところにヴィターリー・プトナがトハチェフスキーからの用件でやってきた」。私が知りたいのは、何の関連でトハチェフスキーの名を挙げたのですか。

ラ：トハチェフスキーは政府からある任務を任されていて、そのために是非必要な資料が見つからなかったのです。その資料を持っているのは私だけでした。彼は電話で私に、それを持っているかどうかたずねてきました。私が持っていると言うと、彼はプトナをよこし、私から資料を手に入れて任務を完了するはずでした。もちろんトハチェフスキーは、プトナの行動にも私の犯罪的役割にも全く疑いを持っていませんでした。

ヴ：それでプトナは？

ラ：彼は我々の組織の一員でした。だが彼は組織のことで来たのではありません。ただ私の方で相談するのに来てもらう必要があったのです。

ヴ：プトナがあなたを訪ねていった。それはトハチェフスキーから公務で派遣されたためであって、あなたの個人的な事情とは何の関係もない。としたら、トハチェフスキーは本当に何も関係がなかったのですか？

ラ：彼は決して関係ありません。

ヴ：彼はプトナを公務でよこしたのでしょう？

ラ：そうです。

ヴ：それであなたは彼を自分の特殊任務に引き入れようとしたのですね？
ラ：そうです。
ヴ：プトナはあなたのトロツキスト地下組織のメンバーと連絡をとっていて、あなたがトハチェフスキーを引き合いに出したのは、ただプトナが彼の命令で公務のために派遣された、という事実との関連からにすぎない、という風に解釈してもいいですか？
ラ：そうであると断言します。トハチェフスキーはこれまで一度も反革命活動に関わったことはないし、持ちようはずがないことを明らかにしておきます。というのも私は、トハチェフスキーの党と政府に対する姿勢は全く献身的なものであるのをしっているからです。

ヴィシンスキーは満足気にうなずいた。そしてラデックも解放されたようにみえた。

一九三七年一月三十日に裁判長ウルリッヒは判決文を読み上げた。あきらかにラデックはほっとしているように見えた。彼のほか三名の被告だけが死刑をまぬがれたのだ。「懲役一〇年」、とウルリッヒは告げた。

カール・ラデックはシベリアの矯正収容所送りになった。そして一九三九年のある日——正確な日時は不明——一刑事犯に煉瓦で殴り殺された……。

この当時、オランダのハーグにあるソ連の西ヨーロッパ担当諜報本部に勤務していたクリヴィツキーは、「トロツキスト陰謀団」裁判の経過を報じたプラウダの紙面を注意深く読んでいた。そしてラデックへの尋問にびっくりした。その何か月かあとで彼はこう述べている。

これを読んだ私の様子があまりに驚いたようだったので、妻は何事が起こったの、と言ったほどだ。そこで彼女に新聞を渡して説明した。「トハチェフスキーは消される」。妻も記事を読んだが、別段驚きもしないで、「でもラデックはトハチェフスキーが陰謀団と何の関わりもないと何回も証言しているわ」と言った。「その通り」と私は答えた。「だがなぜトハチェフスキーはラデックに証言してもらう必要があるのだろう。本当にラデックは自分から裁判でトハチェフスキーの名前を挙げた、などと信じるかい？　違うね。ヴィシンスキーがスターリンに代わってラデックの口からトハチェフスキーの名前を言わせたのさ。ラデックはヴィシンスキーのために証言し、ヴィシンスキーはスターリンのために言った、ということが君には分からないか？　トハチェフスキーは消されるのさ」。

この短い幕間劇《まくあい》の中でトハチェフスキーの名がラデックとヴィシンスキーの口から一一回も出た。そしてＯＧＰＵ《オゲペウ》［ソ連保安機関でＮＫＶＤの前称］の手口に詳しい者なら誰でも、その意味するところはただひとつであることがわかる。私にはスターリンが、トハチェフスキーとおそらく何人かの軍首脳を締めあげるために、鉄の環を鍛えつつあるように思えた。

クリヴィツキーは間違っていた。スターリンが赤軍幹部を締めあげるための環を鍛え出したのは、ラデック等に対する裁判のずっと前からであった。党内の反対派を一掃した今、もう一つ別サイドからの危険性が残っているのをスターリンは認識していた。つまり、自分の絶対的権力への道に待ったをかけることができるのは赤軍の指導部だけであることをである。どうやったら危険な赤軍諸将を始末できるか、ということをスターリンが本気で考え出したのは、遅くとも一九三五年初めなのは明らかだが、実行するにあたっての綿密に練り上げられた計画と、はっきりした構想はまだ出来上がっていなかった。それに、どの範囲の将校にまで致命的打撃を与えるべきかもまだ確定していなかった。スターリンの構想の中では個人的な恨みが大きく作用していたのはいうまでもない。だがそれだけが原因ではなかった。潜在的な敵すべて、さらに、万一この敵と結託して自分に刃向かってきそうな者すべてを排除し、しかも肉体的にも根絶してしまわねばならない。

■赤軍粛清の手始め

一九三六年八月十九日に第一回目の、五日間にわたる大々的な見世物裁判が始まった。

被告は、かつてレーニンの戦友だったボルシェヴィキの大物達、すなわちグリゴリー・エフセーエヴィッチ・ジノヴィエフ、レフ・ボリソーヴィッチ・カーメネフ以下一四人であるが、その中に二人の有名な赤軍指揮官も含まれていた。一人はセルゲイ・ヴィターレヴィッチ・ムラチュコフスキーで、一九〇五年以来のボルシェヴィキ党員であり、一九一七年にはウラル地方でボルシェヴィキ蜂起を企て、のちにウラル軍管区司令官になった。もう一人のイワン・ミハイロヴィッチ・スミルノフはすでに一九〇三年からのボルシェヴィキ党員で、帝政時代には政治活動のために五回逮捕されたが、その都度脱走し、党のためにさらに活動した。一九一七年の革命後はシベリア方面の赤軍指揮官となり、アレクサンドル・コルチャク提督の白軍に対して決定的な勝利をもたらした。

この二人は「反革命・トロツキスト活動」なるものをなかなか白状しなかった。それで二人ともひどく虐待され、九〇時間ぶっ通しの取り調べを受けた。スターリンは二度もムラチュコフスキーをクレムリンに連れてこさせ、彼の自白が党の強化に寄与するのだ、と説得し、もし取調官に協力すれば命だけは助けてやる、と約束した。

だが古参ボルシェヴィキのムラチュコフスキーがそれを断ったため、取り調べは続行され、やり方も「尖鋭化」していった。ついに彼は屈服し、自供した。そして多くの「共犯者」の名を挙げた。

彼とともにスターリンに対して「陰謀を謀った」者の中に、ドミトリー・シュミット師団長［当時の赤軍の階級名で少将に相当］がいた。彼はユダヤ系の靴職人の子で、一九一五年に水兵として入党し、内戦の時はウクライナで最も有名な騎兵指揮官であった。一九三六年の今、シュミットはキエフ軍管区で戦車隊を率いていた。七月五日、彼は逮捕されるが、その容疑は、ある空軍部隊の参謀長であるB・クズミチョフとともに国防人民委員ヴォロシーロフ元帥の暗殺を謀った、というものであった。ジノヴィエフ、カーメネフ以下一四名の被告に対する裁判の判決――全員が死刑を宣告される――が公表される七週間前のことである。

容疑が全く馬鹿々々しいものであるのは、逮捕したNKVD側も充分承知の上であった。というのも、シュミットは単に赤軍の有名な老兵というだけでなく、何年も前にスターリンを侮辱したことがあったからである。

一九二七年の党中央委員会で、トロツキー、ジノヴィエフ両名の除名と、これ以外の「反対派」の党高級機関からの追放が決まった。そこで、昔からトロツキーと仲のよかったシュミットはモスクワまで出かけていき、クレムリンに直行してスターリンに会った。黒のカフカース・マントに銀バックルのベルトをし、毛皮帽子を斜めにかぶったシュミットはつかつかとスターリンに歩み寄り、当時の不遠慮な兵隊口調でスターリンを

スターリンとヴォロシーロフ
(1935)

罵倒した——半分冗談、半分本気で。さらに彼はスターリンに、「いつか両耳を切り落としてやる」と脅した。目撃者の証言によると、スターリンはシュミットの非難には一言もこたえず、真っ青になってただ唇をかみしめるばかりだったという。スターリンを知る者なら誰でも、彼がこういうことを決して忘れない性分であるのはわかっていた。

今、一九三六年夏——クレムリンでの衝突から九年——、スターリンの復讐する番がやってきた。しかも罪滅ぼしさせられるのはシュミットひとりではない。彼からスターリンにとって都合の悪い赤軍指揮官すべてを葬り去る大雪崩が始まるはずであった。

■軍人追及における「難問」

まだ首脳部の将官には手が付けられていない。これまでのところ逮捕の波は、昔トロツキーと親しかったというだけの、それほど名の知れていない将校だけを犠牲にしていた。シュミット逮捕によって、長年の友人であるクズミチョフもルビャンカのNKVD独房に姿を消した。彼はシュミット同様、ムラチュコフスキーの自白によって、トロツキスト陰謀組織の一員というレッテルを貼られてしまった。

極めて残忍なNKVD特別班長マルク・I・ガイと取調官S・M・ウジャコーフには、シュミットこそ自分達がでっちあげた陰謀組織の「一番弱い環」であるのが分かっていた。彼等はシュミットに、国防人民委員ヴォロシーロフ元帥の暗殺を謀った、とする馬鹿々しい容疑の「証拠」として、演習時のヴォロシーロフの予定を記した地図を見せた。だがこれは指揮官全員に支給されたもので、シュミットも当然持っていた。

もう少しでシュミットの口を割らせられるというところで、ただならぬことが起こったと感づいたシュミットの直属上官であるキエフ軍管区司令官ヨナ・ヤキールが捜査に介入してきたのである。彼は容疑が本当なのかシュミットと二人だけで話をしたい、と申し入れてきた。

NKVDにとってヤキールは厄介な存在であった。二年前から党中央委員である軍人の要求にはNKVDも断り切れなかったのである。ヤキールはルビャンカの独房で一人の「軍神」を見た、と証言している。打ちひしがれた様子のシュミットの眼差しはどんよりとして無表情で、もつれた話し方をした。だがヤキールと話しているうちに気をとりなおし、「自白」は拷問で強制されたものであるからすべて撤回する――そうヤキールに言った。

びっくりしたヤキールはただちにヴォロシーロフに、シュミットは確実に無罪なので釈放要求を出して欲しい、と要請した。憤慨したヤキールをなだめようとして、ヴォロシーロフはこの件の再捜査を約束した。シュミットの自白は拷問で強制されたものだ、とするヤキールの主張が通れば、当然シュミットはルビャンカからすぐに釈放されるはずである。

それから数日たって、ヴォロシーロフはキエフにいるヤキールに電話で、シュミットが無実の主張を取り下げた、と伝えた。事態がこうなってしまうと、彼の拘留延長と、裁判、そして厳罰を覚悟しなければならなくなった。

シュミット逮捕にはベルリンも注目した。一九三七年一月十七日付でキエフのドイツ総領事がモスクワの大使館宛てに送った秘密報告の中でも、シュミットの件について触れられている。

シュミットの取扱いがひどくなったのは確かで、妻は官舎を追い出され、子供達は学校から放逐され、家族は大変な苦境に陥った。軍ではシュミットを、現代の戦車技術に精通した有能な専門家にして指揮官と見なしていた。彼は元々「一九一八年のドイツ軍とコサック部隊にとって多大の障害となった」パルチザン出身で、言われている性格もそれにぴったりである。

しかし、シュミットに対する裁判は一度も開かれなかった。NKVDの取調官はわずか数週間で著名な内戦の英雄を廃人にしてしまい、証人としても「役に立たなくなった」シュミットは、一九三七年五月二十一日、裁判抜きで射殺された。

心身ともにぼろぼろにされたシュミットは、処刑隊に引き渡される前に別の反社会主義「陰謀家」と「スパイ」の名を口に出していた。プリマコフとプトナである。

ヴィターリー・マルコヴィッチ・プリマコフはおそらく一九三六年八月に逮捕された

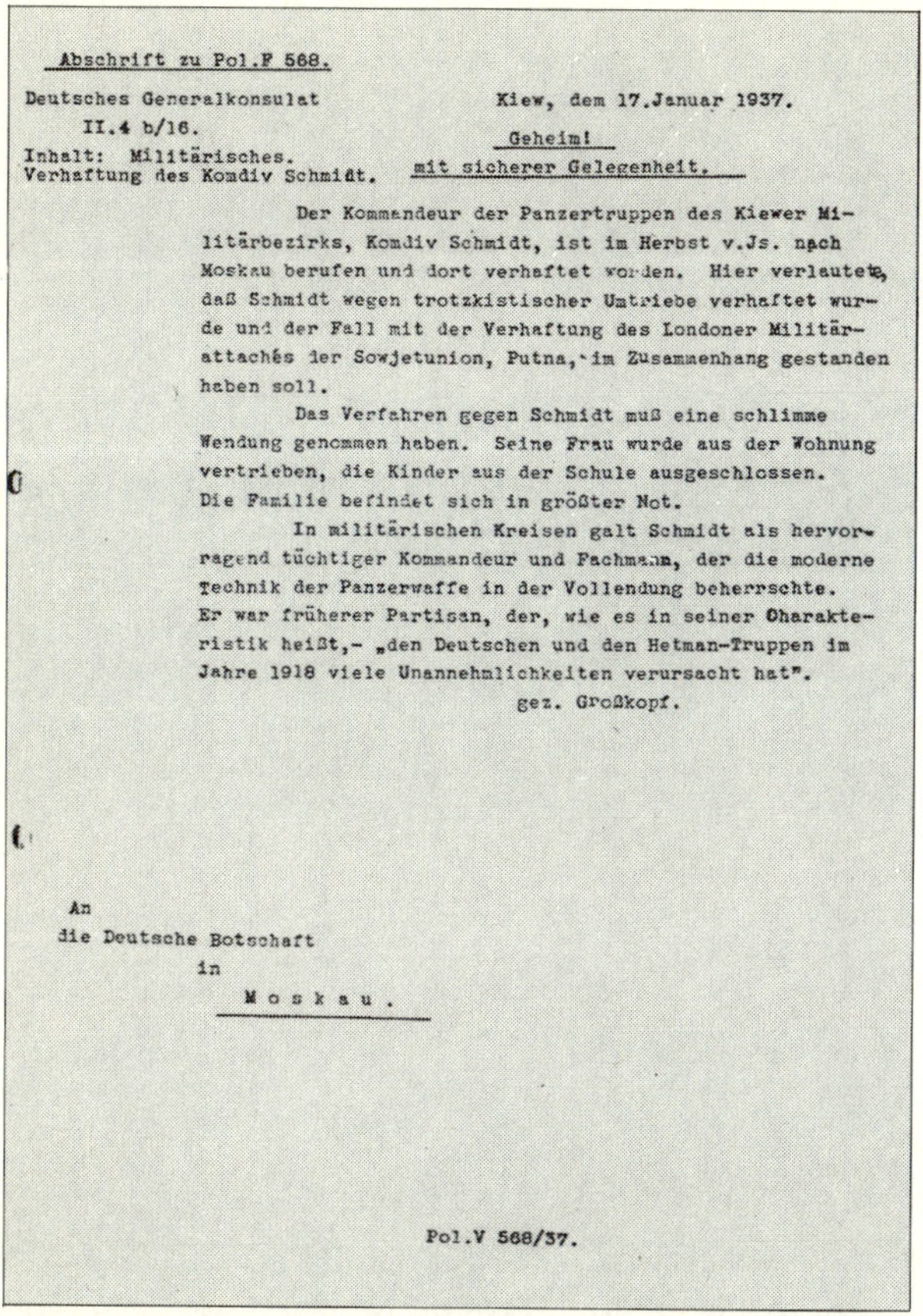

Abschrift zu Pol.F 568.

Deutsches Generalkonsulat
II.4 b/16.
Inhalt: Militärisches.
Verhaftung des Komdiv Schmidt.

Kiew, dem 17.Januar 1937.
Geheim!
mit sicherer Gelegenheit.

Der Kommandeur der Panzertruppen des Kiewer Militärbezirks, Komdiv Schmidt, ist im Herbst v.Js. nach Moskau berufen und dort verhaftet worden. Hier verlautete, daß Schmidt wegen trotzkistischer Umtriebe verhaftet wurde und der Fall mit der Verhaftung des Londoner Militärattachés der Sowjetunion, Putna, im Zusammenhang gestanden haben soll.

Das Verfahren gegen Schmidt muß eine schlimme Wendung genommen haben. Seine Frau wurde aus der Wohnung vertrieben, die Kinder aus der Schule ausgeschlossen. Die Familie befindet sich in größter Not.

In militärischen Kreisen galt Schmidt als hervorragend tüchtiger Kommandeur und Fachmann, der die moderne Technik der Panzerwaffe in der Vollendung beherrschte. Er war früherer Partisan, der, wie es in seiner Charakteristik heißt,- „den Deutschen und den Hetman-Truppen im Jahre 1918 viele Unannehmlichkeiten verursacht hat".

gez. Großkopf.

An
die Deutsche Botschaft
in
Moskau.

Pol.V 568/37.

1937年1月17日付の、キエフ軍管区戦車隊指揮官ドミトリー・シュミットの逮捕に関するキエフのドイツ総領事の報告らしい――この時を境にして二度と公けの場で見られなくなったため――が、ここ何年もNKVDが注目していた人物である。彼はすでに二年前に一度NKVDの手にかかり、「スパイ」であるとして有罪にされそうになった。その時は友人達のおかげで釈放された。彼を知る者なら誰でも、裏切者になったなどと信じることはできなかった。ウクライナ出身で、教師の子であるプリマコフは若い時から活発な革命家であった。チェルニゴフ兵営の兵士に反戦ビラを配ったとして、中学生の時に警察に補導され、東シベリアへの終身追放を申し渡され、帝政崩壊後の一九一七年春に臨時政府によって赦免された。すでに十六歳でボルシェヴィキに入党していたプリマコフは第二回ソヴィエト大会の代議員に選出され、十一月七日にボルシェヴィキ革命が勃発すると、ペトログラードで冬宮攻撃に加わった。翌年の一月にはドン河方面に派遣され、そこで最初の赤軍コサック連隊を組織した。

それから一六年たった一九三四年、北カフカース軍管区司令官代理としてドン河畔のロストフにいたプリマコフは逮捕され、モスクワのルビヤンカに送られた。プリマコフを担当したのは、最も恐れられた残忍きわまる審問官イワン・M・ケードロフである。ケードロフは、元ソヴィエト外交官でNKVD対外防諜部将校でもあったアレクサンドル・オルロフは、一九三八年夏にアメリカに亡命するが、一九三六年にケードロフと知り合っている。オルロフによると、ケードロフは三十二歳くらいで、古くからの革命家一族の出身。父は医者で、スイスで亡命中のレーニンと同居していた。革命後、父のケードロフは並外れた残忍さで悪名を馳せるようになった。赤軍がロシア北部を制圧した時、彼は帝政派をアルハンゲルスクに追い詰めた。それから二年後、ケードロフは精神錯乱になった。

息子のケードロフもあきらかに父の残忍さを「受け継いで」いた。彼は担当の「事件」で、自分が望むだけの自白をさせるために被疑者を長く拘留しておくのを好まなかった。どんな「不服従」であっても――よほどの例外を除いて――ケードロフに粉砕された。

そのケードロフでもプリマコフの場合は「目的」を達することができなかった。あわや口を割るという時になって、ヴォロシーロフ元帥の介入によりプリマコフはルビャンカから釈放され、レニングラードの赤軍大学校の副校長に任命された。

わざとらしいルビャンカからの釈放から二年たった今、もはやプリマコフのためにNKVDに口を利いてくれる者はいなかった。またどんな取りなしも無駄であった。プリマコフはずっと拘留されることになった。

■軍人の逮捕は続く

プリマコフ逮捕からしばらくして、別の高級将校が捕まった。ロンドン駐在大使館付武官ヴィトフト・カジーミロヴィッチ・プトナ。彼もプリマコフと同じリトアニア出身で「草創期」の赤軍指揮官の一人である。一九一八年にトハチェフスキーのもとで第二十七師団長としてヴォルガ方面で勲功があり、シベリアではコルチャク提督軍と戦った。一九二一年三月のクロンシュタット反乱鎮圧の際、プトナは重要な働きをし、一九二四年にはモスクワ歩兵学校長になった。

その後すぐにプトナは外交業務に回る。大使館付武官としての最初の任地はヘルシンキで、その次が東京であった。だが武官の任務をもっともよく果たせたとすれば、それはおそらくベルリンであったろう。彼はドイツという国に共感をおぼえ、一九三一年には家族連れでドイツに長期休暇をとった。その折、ドイツの軍人達と旧交を温めている。逮捕されるまでの数年間はロンドンに駐在した。一九三六年九月初め、プトナは即刻モスクワに来るよう指示を受ける。ロンドンをたつ時、彼は何日かすれば直《じき》にテームズ河畔に戻れると思っていた。だがモスクワで待ち受けていたのは彼をルビャンカに連行するためのNKVD係官だった。モスクワで何が起こったか知らない妻は、その数日後ロンドンをあとにした。そしてワルシャワで夫の逮捕を知った……。

軍人の逮捕はこれで終らない。

・・・・

九月二十五日には、シュミットと同じキエフ軍管区でJ・サブリン師団長が捕まった。

軍管区司令官ヤキールと親しいNKVDの女性将校ナスチャ・ルバンは、こっそりサブリン逮捕の件を彼に打ち明けた。それは彼女がサブリンに関するNKVDの資料を見て、彼の無実を確信したからであろう。その数日後、NKVDはルバンが心臓麻痺で急死したと発表した。のちに分かったことだが、彼女は自殺したのだ。

十月になると、今度はポーランド出身で赤軍機械科・自動車学校長のマルキアン・ゲルマノヴィッチがルビャンカの中に消えた。さらに二か月すると、一度に二人が捕まる。ハバロフスクで極東軍政治部長・党幹部委員のラザール・アロンスタム・ゾーベルゾーンが、そしてモスクワで重工業人民委員部造船局長ロムアルド・ムクレヴィッチが逮捕された。ムクレヴィッチはちょっと見ると赤軍とは無関係のようだが、実は一九二六年から一九三一年までの五年間、艦隊司令官を務め、その後は一九三四年まで海軍総監であった。彼は重工業人民委員部では艦艇建造の責任者だった。この年の冬には――ピョートル・グリゴレンコ少将の回想による――逮捕の波はモスクワの陸軍大学の教官団にまで及んだ。

否、もう見当もつかなくなった。実はスターリンは赤軍指導部の殲滅を準備中だった。

■エジョフの登場

軍人達がどんどん逮捕されていく事があまり注目されなかったのには訳がある。一九三六年秋のモスクワでは、スターリンの別の決定が話題になっていたのである。恐怖の秘密警察ＮＫＶＤが新しい長官を迎えていた。

この年の九月、スターリンは——例年のように——腹心のアンドレイ・ジュダーノフとともにソーチで休暇を過ごした。陽光あふれる平穏な黒海のほとりで、独裁者はたっぷり時間をとって次なる政敵撲滅の策を思い巡らしていた。このところのＮＫＶＤの働きについて彼は不満であった。カーメネフ＝ジノヴィエフ裁判でも、古参ボルシェヴィキのスミルノフから自白を絞り出すことができなかった。仇敵シュミット拘留に対するヤキールの介入は、スターリンには全く以て許し難いことであった。党内の「トロツキスト」狩りでもまだ獲物が少ないように見えた。ＮＫＶＤ長官のゲンリッヒ・ヤーゴダには、つい最近クレムリンの中に引っ越させることで、自分の好意を示したばかりなのだ。それが突然今になってスターリンには、ヤーゴダがあまりにわがままなように見えてきた。スターリンの不信感は膨らんだ。ことによるとヤーゴダは、自分を排除して党の指導権を握ろうとしているのではないか、とさえスターリンには思えた。「奴は俺の後釜に座る気でいるんじゃないだろうな？」と、スターリンは何回もジュダーノフに念を押した。ジュダーノフは、ヤーゴダがスターリンの大きな信任を受けているのを直感的に気付いていたが、しばらく考えてからうなずいた——そして黙ってしまった。

九月二十六日、モスクワの人民委員会議議長［首相］ヴャチェスラフ・モロトフ、党

＊ゲンリッヒ・ヤーゴダ

中央委員会第二書記ラザール・カガノヴィッチ以下の党政治局員宛てに、ソーチから一通の電報が届いた。その内容は次の通りである。

同志エジョフの内務人民委員就任が緊急かつ絶対に必要なものと見なす。ヤーゴダはトロツキスト＝ジノヴィエフ・ブロックの摘発に決定的に不適格であることを証明した。この件でGPU［一九二二年から二三年にかけてのソヴィエト秘密警察の呼称］は約四年ほど遅れている。このことは党役員全員とNKVD幹部の大部分も確認していることである。

電報到着からわずか数時間後、モスクワで一つの指令が発せられたが、それにはカガノヴィッチとモロトフが署名していた。いわく、ヤーゴダはNKVD長官を罷免され、後任にニコライ・エジョフを任ずる。こうして一六年に及ぶ国家保安機関NKVDでのヤーゴダ時代は終った。

一八九一年ポーランドのロズに生まれたゲンリッヒ・ヤーゴダは、十五歳でボルシェヴィキ党員になった。父も息子ゲンリッヒも練達の薬剤師であった——この職業ゆえにヤーゴダはスターリンに吹き込まれて毒殺者となった。一九一七年から始まるロシア内戦時代にヤーゴダは赤軍の指揮官を務めたが、一九二〇年二十九歳の時、当時チェーカーとよばれていた秘密警察勤務を命ぜられた。そして一九三四年五月——前任者メンジンスキーの不可解な死により――、ヤーゴダはNKVD長官となった。こうして彼は一九三〇年代前半期に、スターリンの信任によって、矯正労働収容所、すなわち悪名高い収容所群島の「創設者」となった。

スターリンがヤーゴダの後任として秘密警察長官に抜擢したエジョフは、この時四十一歳だった。エジョフの就任によって、秘密警察は初めてロシア人の長官を迎えることになる。前任者はポーランド人「ジェルジンスキーとヤーゴダ」とユダヤ人「メンジンスキー」だった。

小柄でやせたエジョフはロストフの工員の出身で、党書記局の目立たないスターリンの部下の中でも、特に慎重な仕事振りの男だった。一九三五年初め、エジョフの経歴は大きく飛躍する。スターリンは彼をカガノヴィッチの後任として、党統制委員会議長兼党仲裁裁判所議長兼党中央委員会書記に選任し、同時に党組織局員と党中央委員会産業部門責任者にもなった。スターリンの取り巻きの内で、かつてこれほど多くの権力を一手に握った者はいなかった。

この異例の権力と主人スターリンの信任を兼ね備えたエジョフは、手始めに自分の構想に従って秘密警察の模様替えに取り掛かった。九月三十日にヤーゴダから役職を引き継ぐと、エジョフはまず献身的な補佐役の選定を始めた。人民委員第一代理に矯正収容所局長マトヴェイ・ベルマン、第二代理には国境警備隊司令官のミハイル・フリノフスキーをあてたが、後者はすぐに恐怖の取調官として有名になる。
二、三週間でNKVDを完全に掌握したエジョフは、社会主義とその偉大な指導者スターリンに対する敵に向けて、全面「攻勢」を開始することになった。
一九三六年の晩秋、ルビャンカにあるエジョフの執務室で捜査判事全員が参加した会議が開かれた。前もってエジョフと打ち合わせていた秘密政治局長モルチャーノフが新しい指導方針を示した。すなわち、「新しい尋問法」を被拘留者に適用すること。目的は、すべての被拘留者から自白を引き出すこと――犠牲はいとわない。

こうしてソヴィエト保安機関の歴史の中で最も血なまぐさい時代、「エジョフシチナ［エジョフ騒動の意味］」が始まろうとしていた。それは二年間も続くのである。

■亡命ロシア人の活動

幾百万ものロシア人にとって、ボルシェヴィキの勝利は大変なショックだった。何万、否、何十万もの人々がロシアを去って亡命した。一九二二年の内戦終結時までに、西ヨーロッパに避難した人々は三〇〇万にものぼる。彼等の大部分は、ドイツ――一九二二年現在で約六〇万人のロシア難民がいた――、フランス、チェコスロバキア、ユーゴスラビアで新しい祖国を見つけた。

政治難民のグループで最大だったのは帝政派で、二人のロマノフ家の大公を戴いていた。キリル・ウラディーミルヴィッチとニコライ・ニコラエーヴィッチである。しかし民主リベラルを目指す団体もあった。これは一九一七年二月の帝政崩壊後に結成されたもので、今では外国で活動を続けていたが、主に亡命知識人の間で大きな評判を得ていた。

最も積極的な活動を展開したのは旧帝政軍人の団体だった。彼等は内戦に敗れて国外に脱出したとはいえ、レーニンの若い国家の方は軍事的勝利とうらはらに経済的にひどく疲弊していたから、なお武力闘争を継続することを策していた。早くも一九一九年には、フランス人顧問とともにチェコスロバキア軍団に加わって、スロバキアに侵入してきたベラ・クーンのハンガリー・ソヴィエト共和国赤衛軍を追い払った。また、ユセフ・ピウスツキー率いるポーランド軍にも参加している。そればかりか武装蜂起にも加わって、一九二三年にはブルガリアの左翼的なスタムブリスキー政権を転覆させた。一九二八年には、他からの助けもなしに、アルバニアでアーメド・ツォグをもう少しで国王ツォグ一世と宣言させるところまでいった。

どの亡命ロシア人団体の政治活動も旧帝政軍人達の成功には及ばなかった。この現実は政治家も承認せざるを得ず――たとえ熱狂的にではないにしても――、旧帝政軍人の団体が亡命ロシア人の活動を牛耳るのを受け容れざるをえなかった。このような旧帝政軍人の団体の中でも最も有力だったのが、一九二三年九月にピョートル・N・ウランゲリ将軍によって創設された『全ロシア前線戦士同盟（ROVS）』であった。これは完全に帝政軍隊の精神に凝り固まっていて、本部を最初ユーゴスラビアのスレムスキー・カルロヴチに置いた。そして支部をパリ・ベルリン・ソフィア・ベオグラード・プラハ・ブリュッセル、さらに極東に置いた。

ROVSが本部をパリに移すと、A・P・クチョーポフ将軍がウランゲリの代理となって、ロシア国内の地下抵抗運動の指揮に当るようになった。『ロシア歴史協会』の名でパリのサンラザール街に本部をかまえ、表向きはロシア難民に関する関係書類の収集と保管を業務とするROVSの秘密組織を発足させた。この組織はすぐにフランス・ドイツ・イギリス・フィンランド・ポーランド・チェコスロバキアなどの情報当局と接触するようになる。

白系亡命者の活動、特にROVSの非常に活発な動きに対して、モスクワは不安の眼で眺めていた。国家保安部（GPU）に特別の「外国課（INU）」が新設され、古参ボルシェヴイキのミハイル・A・トリリッセルが指揮官となって、反ソ活動をしている亡命者の団体を偵察し弱体化することになった。すぐにトリリッセルの部下はセンセーショナルな成果を収めるようになる。そして亡命者からだけでなく、ロシア人団体の活動している諸国でも通報者を徴募することに成功した。INUへの通報者の中には、当時ルーマニアの秘密機関「シグランツァ」の高官やジャーナリスト、政治家、はては高位の聖職者まで含まれていた。ROVS活動の本拠地であるパリで、トリリッセルの課員は一〇〇〇万フランの秘密資金を用意したが、この巨額の資金のおかげでソヴィエト側は、経済的に困窮している亡命者の中から難なく狗を見つけることができた。密告者の中には――のちに発覚するように――ROVSの活動の中心人物がいることも珍しくなかった。遂には『ロシア歴史協会』の指導者ツァヴァツキー・クラスノーポリ大尉もINUの定時通報者になった。ペトロフ大佐もROVS内でINUのために働いていたが、一九二八年にINUと縁を切り、ソヴィエト保安部から指令されたクチョーポフ将軍の組織での任務のことを世間に公表してしまった。

一九二九年にトリリッセルの機関は、反ボルシェヴィキ派の鍵となる人物クチョーポフ将軍の誘拐計画をたてた。クチョーポフ将軍がいなくなれば、たとえ永久にではないにせよ、長い間白系の旧帝政軍人亡命者の活動は麻痺するだろう――そうモスクワは願った。一九三〇年初め、ソヴィエト秘密機関は襲撃に出た。

一九三〇年一月二十六日の日曜日、クチョーポフ将軍は、死んだロシアの友人のためのレクイエムに出席するため、パリ第十五区のマドモアゼル街にある教会に出かけようとしていた。この日は一月なのに青空で陽のさす好天で、ルスレ街二六番地の自宅から教会へ歩いていった。教会まで二〇分ほどである。だがレクイエムが始まって三〇分以上たっても、将軍の姿は弔問客の中に見えなかった。将軍は失踪したようであった。

午後三時になってクチョーポフの夫人リディアは、従卒のフョードルに将軍を捜してくるよう言った。一時間してフョードルは戻ってきたが、誰も将軍がどこに立ち寄ったかわからなかったことを報告した。ここにいたってリディア夫人はＲＯＶＳの最も親しい会員に連絡し、すぐに警察当局に通報して欲しい、と頼んだ。

最初、パリ警察は将軍が事故にあったと考え、ただちに各病院が捜査されたが何も手がかりはなかった。翌日、リディア・クチョーポフは警察に、夫が「意志に反した誘拐と強制的な監禁」による「行方不明者」になったと提訴した。白系ロシア将軍の失踪事件は国際的な問題に発展し、フランス政府が直々に介入するほどになった。ロンドンの軍縮会議に出席中のアンドレ・タルデュー首相は早急かつ徹底した捜査を命じた。だが四〇〇〇人の警官を動員してもクチョーポフの足取りは杳としてつかめず、失踪したままであった……。

クチョーポフが最後に目撃されてから五日後の一月三十一日の金曜日に、モスクワの新聞にフランスのアバス通信社の特電なるものが掲載された。それによると、パリ警察筋の情報として、クチョーポフ将軍は「理由のわからない目的のためにパリを離れた」と報じられていた。

だが数時間で、この通信社からのニュースは捏造であるのが判明する。アバス通信社がそんな報道を流したことはないし、パリ警察も将軍がパリを立ち去ったなどという報告は全く受けていなかった。二月三日、今度はソヴィエト政府機関紙『イズベスチア』が、クチョーポフは白系組織の金を持ち逃げして南米に高飛びしたに違いない、と報じた。

クチョーポフの捜査は一向にはかどらず、すべての足取りが砂の中に消えてしまった。クチョーポフの謎はそれから一か月たってようやく、西ヨーロッパ駐在のソ連側工作員の助けで解明された。その工作員の話によると、ルスレ街とウディノ街の交差点で将軍はINUの部員によって車に押し込められ、それから丁度ル・アーブル港に停泊していたソ連の貨物船『スパルタクス』号にのせられてソヴィエトに連れ去られ、あとはルビヤンカの地下独房の中に永久に姿を消した、という。これを指揮したのはパリ駐在のINU部員レフ・ヘルファンドで、表向きの肩書きはソヴィエト大使館二等書記官だった。

だが、指導者クチョーポフ将軍の失踪で『全ロシア前線戦士同盟』の活動は終りになるだろう、とのモスクワの目論見ははずれた。ソ連側が期待したような跡目争いもすぐには起こらず、ROVSの指導はエフゲニー・ミレル中将が引き継いだ。ミレルは長らく一軍の参謀長を務め、のちに軍事使節団長としてイタリアに派遣され、一九一八年にはイギリスの対ロシア干渉軍によって、アルハンゲルスク地方臨時政府首班に任命された。クチョーポフがROVSを指揮していた時、ミレルは組織の財政面を担当し、イギリスの友として知られていた。

ミレルは失踪した前任者クチョーポフのようなエネルギーと行動力は持っておらず、ROVSの活動についても前任者とは違う考えであった。ミレルはなによりも政治活動を重視して、それが西ヨーロッパでの反ソ抵抗運動の強化につながると考えた。西側世界で増大しつつあった経済危機に鑑み、ミレルはロシア難民の物質的生活の保障こそROVSの責務である、と強調した。これは多くのROVS会員の賛同を得たが、主だった高級軍人からは、あまりに一面的であるとして反対された。そのようなミレル批判の代表者として、若き陸軍少将ニコライ・ウラディーミロヴィッチ・スコブリンが登場する。

■疑惑のニコライ・スコブリン

このニコライ・スコブリンとは一体何者か？

平和な時代なら、おそらくスコブリンはウクライナのうらさびしい軍都かシベリアあたりで、師団長として軍歴を終えていたことだろう。彼の生涯の重大な転機となったのは第一次世界大戦であった。彼の恐れを知らぬ軍事的冒険性と向こう見ずな大胆さは兵士達の賛嘆の的になった。内戦中の一九二〇年、スコブリンは二十七歳で――「白軍」将校の損失が恐るべき数にのぼったため――少将に昇進し、同時にエリート師団「コルニーロフ」の指揮官となった。彼はその勇敢さゆえに賞賛される一方で、多くの同僚将

帝政ロシアの軍服を着た
ニコライ・スコブリン

舞台衣装姿の
ナジェージダ・プレヴィツカヤ

校の軽蔑も受けた。スコブリンの残忍さはとどまるところを知らず、この白軍最年少の将軍は決して捕虜を作らぬことで有名になった。まず捕虜を拷問し、それから射殺する……。

スコブリンの妻もロシア人亡命者の間ではスターだった。ナジェージダ・プレヴィツカヤ。農民の娘ナージャは少女時代に親元を離れ、旅芸人の一座に入った。それから数年して、彼女は名もない娘から一躍最高のロシア民謡歌手になり、ニコライ皇帝から『皇帝陛下の歌姫』という最高の栄誉を授けられた。だがロシア帝国屈指の高収入の芸術家も、革命によって経歴を中断されてしまう。赤軍に志願した夫が一九一八年に南ロシアに転戦すると、ナジェージダもそのあとを追った。そこで偶然彼女はコルニーロフ師団の斥候に捕えられた。

そしてどうなったか？　スコブリン師団長と『皇帝陛下の歌姫』は一目で愛し合うようになった。いままで赤軍将兵をロシア民謡でうっとりさせていたのが、今度は成行き上、コルニーロフ師団の将兵を鼓舞することになった。スコブリンはこの愛人を連れてロシアを脱出し、一九二一年に二人は結婚した。若いカップルはリビエラ海岸のニースに住み、夢のような新婚時代を送る。彼女はフランスでも大成功を収めたが、時がたつにつれ、その人気も衰えてきた。スコブリン夫妻は次第に金に困るようになり、四寝室の豪華な住まいも人手に渡り、みすぼらしい小さなアパート暮らしを余儀なくされた。

すぐにパリの亡命者の間で、将軍夫婦がその日暮らしをしていることが知れ渡った。

そして突然——突然すべてが変わった。

一九二九年、スコブリン夫妻はパリ郊外のオゾワール・ラ・フェリエールに、小さいが快適な家具付きの別荘を購入した。ここは当時ロシア難民に人気のあった住宅地で、スコブリンは新型のエレガントな自動車まで用意した。金の心配は無くなったようであった……。

だがすぐに、夫妻を良く知っている仲間うちで、二人が一体どこからそんな大金をせしめたのか疑われるようになった。

■野心家スコブリン

一九三三年一月三十日、アドルフ・ヒトラーがドイツ首相となる。

ベルリンでの政局の新展開は西欧のロシア人難民にも影響を及ぼした。スコブリンとその周囲のセルゲイ・トゥックルやワシーリイ・ソコロフスキーといったミレル将軍を批判する「青年将校」グループは、自分達の過激な構想を実現することこそ反ボルシェヴィキ闘争の強化につながる、と考えていた。ベルリン在住のピョートル・クラスノフ将軍もそれを支持し、大喜びで、ナチス指導部、ことに親衛隊（ＳＳ）全国長官ハインリッヒ・ヒムラーがＲＯＶＳとの接触を希望していることを連絡してきた。

だがベルリンにはスコブリンの計画実現にとって、クラスノフよりももっと重要な人物がいた。アレクサンドル・グチコーフ。彼は亡命グループ内の過激派から特に注目されていた。グチコーフは一九一七年の二月革命以前から頑固な反ユダヤ主義者として有名で、長年にわたって、皇帝の見せかけ議会であるドゥーマでオクチャブリ党［十月党の意味で、主に貴族や地主を支持母体とする政党］の指導者だった。一九一七年三月に帝政の崩壊を受けて成立した第一次ロシア臨時政府で、彼はしばらくの間陸軍大臣を務めたが、その時から多数の高級軍人と知り合いになった。今や――一九三三年春――、旧帝国亡命軍人達はグチコーフにベルリンの新しい権力者と緊密に協力するようすすめた。だがグチコーフ自身は決してドイツの友ではなく、フランスのモーリス・ガムラン参謀総長と極めて親しかった。それでもグチコーフは、ロシアでボルシェヴィキを覆すには、ヒトラーの「東方進撃」論が手掛りになると見て取った。彼にとって野心家のスコブリンは、計画実現に使える有利な駒であった。ヒトラーの勝利によって将来ロシアで政権をとったあかつきには、スコブリンを「陸軍大臣」に予定していた。

ただし、これですべてが片付いたわけではなかった。ミレル将軍からはスコブリンは、ＲＯＶＳの主導権を握ろうとしている、としてとかく不信の眼で見られていた。一九三五年春にスコブリンは、あわや大成功というところまでいった。ＲＯＶＳの有力な支部であるガリポリ協会が、スコブリンをフランスＲＯＶＳ会長に推薦したのである。これ

スコブリンの犠牲者の一人
エフゲニー・ミレル将軍

にミレル将軍は巧妙な策でもって応えた。すなわちスコブリンを、ROVSの全活動領域での個人的な「報告者」に任ずる、というのである。これでひとまず、多くの者に嫌われているスコブリンがROVSのトップに座る危険はなくなった——ただしスコブリンは全然疑われることなくROVSのすべての活動に参与できる、という代償を払ってのことであるが——。

それから一年間はスコブリンはミレル将軍の「報告者」の仕事に従事していた。一九三六年七月、スペイン内戦が始まった。ROVSの「青年将校」達は、ようやく自分等の戦場での腕をためす時がきた、と思った。スコブリンはミレル将軍に、フランコ麾下のスペイン・ナショナリスト側で戦うため、ROVS会員から志願者を募集するよう要求した。それとともに、ROVSの本部をベルリンに移転すべきだ、とも迫った。

ミレル将軍は断固として拒絶した。ROVSの会員が外国のために戦う必要はない、その活動はもっぱらロシアの問題に向けられるべきだ、と。ドイツの首都への移転もミレル将軍にはまったく問題外だった。彼は言う。ベルリンのロシア難民の数はこのところ僅か三万人にまでおちこんでいるが、その一方でパリ在住者の数は何と五〇万人に達しているではないかと。

一九三六年十二月、ミレル将軍はスコブリンを「報告者」から解任し、これで元コルニーロフ師団長ニコライ・スコブリンの軍歴は終わったようにみえた。だがスコブリンはこの程度の失敗であきらめるような人間ではなかった。彼にはまだ切り札があった。そしていよいよそれを使う決心をした。

機は熟した……。

■スコブリンの正体

野心家のスコブリンがこんなにも長い間堂々と、ROVSの指導部に所属していることに誰もが不審をいだいた。というのも、多くのロシア人亡命者の間では何年も前から、彼がソヴィエト秘密機関のために働いている、との噂が流れていたからである。

一九三二年二月末、パリで元コルニーロフ師団の将兵による連隊祭が開かれた折、二人の将校が何年ぶりかで顔を合わせた。フェドセンコ大尉とマジェンコ中佐である。久しぶりの再会で二人はウォトカをしこたま飲み、それでマジェンコ中佐の舌が軽くなった。自分は金に不自由していない、何年も前から白系亡命者の活動に関する情報をソヴィエト秘密機関に「売っている」、ベルリン駐在のソ連諜報員ゲオルギー・ポルトー・「イワーノフ」は気前がいいから、きっと君もこの有利な「商売」に乗れる、と。

パリ在住の多くのロシア人と同様、フェドセンコもその日暮らしがやっとという厳しい経済的苦境に見舞われていた。彼にはマジェンコからの申し出がまるで、安心して岸にたどりつける救命具のように思えた。それから二か月後、フェドセンコはベルリンで月額六〇ドルの密偵としてソ連側に雇われた。

ベルリンでまたフェドセンコはマジェンコと会った。またまた大量のウォトカが注がれ、ここで新旧のソヴィエト・スパイの舌は軽くなった。中佐はフェドセンコに、良心の苛責など感じる必要はない、と言って慰め、それからほろ酔い加減に、昔の上官だったスコブリン将軍だってずっと前からソヴィエトのために働いている、と喋ってしまった。

さすがに良心の痛みを感じたフェドセンコは五月末、ミレル将軍に内密の相談をもちかけた。そこで彼はソヴィエト秘密機関との接触のことを告白し、自分の連絡員であるベルリンの「イワーノフ」の名をあげ、さらにマジェンコが酔って喋った、スコブリンが長年ソヴィエトのスパイをしていることも報告した。

ミレルは憤慨したが、それはスコブリンの裏切りのためではなかった。そんなことは信じようともしなかった。ミレルは即座にフェドセンコをROVSから除名し、彼が言ったソヴィエト・スパイ活動の話をスコブリン本人に伝えた。スコブリンは無実を誓って、フェドセンコの申し立てを再点検するための軍法会議を要求した。

スコブリンの期待通り、軍法会議は彼のスパイ活動を立証できず、フェドセンコの証言は悪意の中傷として斥けられた。そしてスコブリンへの信頼の申し立てが相次ぎ、軍法会議も彼の態度を申し分ないものであると評価し、ソヴィエトのために働いているなどという嫌疑はまったくの事実無根である、と断定した。

しかし軍法会議の無罪判決が出たあとも、スコブリンとソヴィエト秘密機関との協力の噂は消えなかった。一九三四年中頃、ヘルシンキのROVS代表ドブロボルスキーが、パリ本部に、ソ連国内にいるROVSの通報者が逮捕されそうだ、と報告してきた。ドブロボルスキーは不安だった。彼は前年末にパリ本部の求めに応じて、この通報者の名と居場所を教えたのだが、教えたその相手こそスパイで、ソ連国内にいるROVS協力者の活動をソヴィエト側に通報しているのではないかと——その相手とはニコライ・スコブリン。

この事実さえも、ミレルにはスコブリンが裏切り者であることの確証とは思えなかった。以前からROVS指導部内にソヴィエトのスパイが巣食っていたのではないか、と疑うよりも、ROVSとフィンランド・ポーランド両国の諜報機関との協力を解消することの方にミレルは熱中した。フィンランド側が「パリ郊外のオゾワール・ラ・フェリエールの住人の誰かが貴官をあざむいている」のは確実であると指摘しても、ミレルはありえないこととして取り上げようとしなかった。オゾワール・ラ・フェリエールにはスコブリンも住んでいたが、ミレルは調べてみようともしなかった。

一九三六年になると、今度は別の外国諜報機関との関連でスコブリンの名が浮かび上がってきた。急にスコブリンは、ある外国のために働いているがそれはソヴィエトではない、と噂されるようになった。彼の黒幕はドイツの親衛隊保安部（ＳＤ）であるとされたが、この憶測ならそれなりに信じてもよかった。というのも、スコブリンの活動がヒトラー・シンパのグチコーフの計画にほぼ一致していることは公然の事実であり、彼のベルリンとのつながりを実証するだけだ、と考えられた。スコブリンが相対立する両方の側——モスクワとベルリン——のために働く二重スパイかもしれない、とまではさすがに誰も思いいたらなかった。スコブリン将軍は恐怖のコルニーロフ師団指揮官であり、無慈悲に何百人もの赤軍将兵を死においやったのだ。それがソヴィエト国家保安機関ＮＫＶＤの手先だなんて！　馬鹿げてる！　ＲＯＶＳ会長ミレル将軍のみならず、多くのスコブリンの知人もこの噂にはまったく耳を貸そうとしなかったとしても不思議ではない。

では本当のところは……。

■モスクワからの使者

スコブリンに接触をもちかけてきたのはモスクワの方であって、それは一九二八年のことだった。今の困窮から救われるといって、ナジェージダ夫人が夫であるスコブリンにソ連への協力を説得したわけで、ソ連側も資金協力を惜しまぬつもりだった。フランスに亡命してすぐに慣れ親しんでしまった、そして今は昔のことになってしまったあの優雅な暮らしを取り戻せる、というのは抗い難い誘惑だった。スコブリンと年老いつつある歌姫はモスクワからの「報酬」を極めて有効に使った。パリ郊外のしゃれた家、新型自動車、高価な毛皮のコート、旅行、パリの最高級レストラン通い、夜の舞踏会。

ソ連側が協力者としてのスコブリンに突きあたったのは偶然によるところが大きい。それは、モスクワの国家保安機関文書の中に、歌手ナジェージダがボルシェヴィキ革命発生の数週間後、当時の秘密警察チェーカーの一員になる契約をした書類が発見されたことから始まった。

塵にまみれた書類の中から幸運の当り籤を引いたのは、外国課（ＩＮＵ）課長代理のミハイル・シュピーゲルグラスであった。彼はソヴィエト保安機関のエリートであった。一九二五年に抜群の成績でモスクワ大学哲学科を修了したシュピーゲルグラスは、学位論文のテーマに、一七九五年のスイスにおけるイギリス・スパイ網の元締めウィリアム・ウィッカムの活動を選んだ。この尋常ならざる論題によって、学長――のちの悪名高き検事総長アンドレイ・ヴィシンスキー――はシュピーゲルグラスを国家保安機関［当時の名称はＯＧＰＵ］要員に推薦した。

国家保安機関の中でシュピーゲルグラスは絵に描いたような出世を遂げる。彼には外国で諜報員を見つけ出す確かな才能があった――しかも大抵幸運に見舞われた。プレヴイツカヤに、もう一度ソヴィエトのために働くよう説得するのに長くはかからなかった。

無論、シュピーゲルグラスにとっては彼女より夫の方が重要だったが、それは夫妻にはどうでもよいことだった。二人にとって大切なのは「報酬」の額であったし、それは考慮してもらえた。シュピーゲルグラスは気前よく前金で支払って二人を勧誘した。確かにスコブリンはシュピーゲルグラスにとってかけがえのない情報源だった。というのも、スコブリンの知人には多数の有力な亡命者がおり、これまでモスクワには手が出なかったROVS内の信頼できる情報に接することができたからである。

シュピーゲルグラスはスコブリンの性格に何の幻想も持っていなかった。すぐに彼は、スコブリンが自分の「給料」だけで暮らしているわけでないのを見て取った。スコブリンがベルリンの保安機関、さらにその長官ラインハルト・ハイドリッヒとつながっていることもシュピーゲルグラスは御見通しだった。だがそんなことは彼にはどうでもよかった。ルビヤンカ内で権力者から極めて高い評価を受けているこの人物にとって、スコブリンのベルリン・コネクションなど物の数ではなく、いつでも痛撃を与えられるのがわかっていたからだ。

一九三六年晩秋、その機会がやってきた。最優先の業務遂行のため、シュピーゲルグラスはみずからフランスに飛ぶことを決意する。これまでずっと彼はパリに引きつけられてきた。そして、消耗することの多い保安機関の業務とセーヌ河畔での素敵なひとときを結びつけて何が悪い、と自問した。

私服のスコブリン（1936年頃）

スコブリンとの陰謀めいた会見が、パリにほど近いエグレビユの「オテル・デ・ヴォワイヤジュール」で行なわれた。静かなホテルのテラスでコーヒーをすすりながら、部下のワシーリー・サロフスキーとともにモスクワからやってきた男の語ったことは、スコブリンにとって棍棒の一撃のようだった。シュピーゲルグラスは、スコブリンがハイドリッヒとつながっているのは先刻承知している、とほのめかした上で、だがそれでソ連からの資金提供が打ち切りになるわけではない、と言ってスコブリンを安心させた。そして、もしスコブリンが指示に従って、ハイドリッヒの確実に関心を持ちそうなある危険な陰謀のことをベルリンに通報してくれれば、もっと潤沢に資金が提供される、と言った。スコブリンはまるで魔法にかけられたようにシュピーゲルグラスの言葉を受け入れ、同時にほっとした。この元コルニーロフ師団長は今では、ソヴィエトNKVDのスパイであり、ハイドリッヒの保安部の諜報員であった。スコブリンは即座に、ここで打ち明けられたことがとてつもなく大きな事柄なのがわかった。それで彼、二重スパイのスコブリン将軍は、この話に乗ることができたのかもしれない。

■スコブリン、ハイドリッヒに会う

一九三六年十二月五日、金曜日。

パリ発ベルリン行き特別急行列車第十一便が十八時十五分、定刻通りパリ北駅を出発した。食堂車の一等客の中に、痩せ型で五十がらみの、仕立てのよいダークグレイの服を着た男がいた。これがニコライ・スコブリンである。列車は夜通し走り続け、翌六日の土曜日、午前八時四十三分にベルリン・フリードリッヒシュトラーセ駅に停まった。スコブリンは小さな旅行かばんとエレガントな青の書類かばんを持って寝台車を降り、ちょっとホームを見渡してから、広い階段を駅ホールの方へと降りていった。出口に、突撃隊の制服姿の男が二人、募金箱を持って立っていた。スコブリンは車中で読んだ『ル・モンド』紙の皮肉めいた記事を思い出した。ドイツではこの土曜日を「国民結束の日」と宣言し、ナチス党の大幹部と政府や党機関の役員が全国の町や村を蜂のようにとび回って、「冬季救済事業」のための募金をするという。

ハイドリッヒとの会見は九時半と決められていた。スコブリンにはまだ少し時間があった。旅行かばんを手荷物預かり所に置くと、通りをぬけてポツダム広場のあたりをぶらぶらした。それから民族学博物館の脇を通りすぎ時間きっかりに、プリンツ・アルプレヒト街八番地にある元工芸学校の前に立った。

今世紀初めに作られたこのフランス風の冷たいバロック式の建物は、一九三三年四月からプロイセン州が借り受けていた。この年の四月十一日にヘルマン・ゲーリンクがプロイセン首相になると、手始めにここに新設の秘密国家警察（ゲシュタポ）本部を置くことを決めた。それから一年後、この建物の主は親衛隊全国長官ヒムラーになっていた。

彼と一緒に、彼が最も信頼する部下のハイドリッヒがここに引っ越してきた。ハイドリッヒは一九三二年から、ヒムラーとともに設立した親衛隊保安部（ＳＤ）の部長であり、一九三四年には三十歳でゲシュタポ長官を兼ね、一九三六年には保安警察（ジポ）長官までも兼任し、遂に一九三九年には、これらを統合した国家保安本部（ＲＳＨＡ）長官にまで出世した――こうしてドイツで最も恐れられる人物の一人となった。

スコブリンはちょっと建物の玄関を観察した。向かい合った陶工と編物をする女の彫像は、ここに本拠を置く機関に全然似つかわしくなかった。滑稽な見方をすれば、二つの像はまさしく、自覚した天才とそれより劣る普通の生徒を擬人化したものだった。面会のことで玄関ホールにいた親衛隊員に長い説明をする必要はなかった。名前だけで充分だった。黒の制服を着た隊員は、ヒトラーとゲーリンクの胸像の脇を通って、スコブリンを二階に案内した。

ハイドリッヒは「プロイセン的スラブ人」を待っていた。これは、彼が執務室での最も内輪の会話で、ロシア人諜報員を指すのに使った言い方である。もともとスコブリンとはできるだけ早く「アドロン・ホテル」で、「重大かつ緊急の用件」を話し合うつもりだった。だが「国民結束の日」に、よく知られた「アドロン・ホテル」で白系ロシア人と会うのはまずかった。

ハイドリッヒの部屋に初めて入った時、スコブリンは驚きを隠せなかった。ヒトラー像を探してみたが無駄だった。大きな事務机のうしろの明るい青の高い二つの扉の間に、SS制服姿のヒムラーの肖像がかかっているだけだった。

ハイドリッヒは客に紅茶をすすめた——ロシア人がほかに何を飲むというのだ?——が、スコブリンはことわった。彼は急いで大事件を打ち明けようとした。彼の言うことは確かにセンセーショナルだった。モスクワの確かな筋からの情報によると、指導的なソ連軍の将軍(元帥も含む)グループがスターリンに対するクーデターを計画中、というのである。

ハイドリッヒは何度もスコブリンの話をさえぎり、クーデターの張本人が誰か知りたがった。そこでスコブリンの挙げた名前とは——トハチェフスキー元帥。国防人民委員第一代理で、赤軍の最も有能な軍人の一人であり、最も声望ある一人。彼が謀反人の首領で、共謀しているのは、古参ボルシェヴィキで現赤軍政治部長のヤン・ボリソヴィッチ・ガマルニクと何人かの軍管区司令官——その中にはヤキールも含む——など一ダースもの将軍である。

確かにこれは驚きであったが、何事も疑ってかかるハイドリッヒは、スコブリンが次に示したセンセーショナルな言葉にもおいそれとは納得するわけにいかなかった。スコブリンは、赤軍内の陰謀家がドイツ国防軍の指導部と密接に結びついていることも暴露したのである。何人かのドイツ軍将官がここ数週間来、モスクワの陰謀計画に巻き込まれている可能性がある、と。

しばらく考えているうち、ハイドリッヒは無意識に机のスタンドにかけてあるスタンプをいじっていた。それから突然立ち上がり、スコブリンのそばにきて、情報源を知りたい、と迫った。スコブリンは、赤軍最高幹部とNKVD内の白軍同調者からの内密の話だと答えた。彼はハイドリッヒに、陰謀家の多くが一九一七年にボルシェヴィキに転向するまでは皇帝の軍に勤務していた点を指摘した。

だがこれでもハイドリッヒは満足しなかった。答えてもらいたい事柄はいくらでもあった。スコブリンは答え、ハイドリッヒはメモをとり、名前に線を引き、次の質問を用意した。

二時間以上もかけて、パリからの客はハイドリッヒを納得させた。今モスクワで大きな動きが始まろうとしているのは確実だ、と。スコブリンをベルリンまで来させた甲斐があった……。ハイドリッヒにとって、生涯の決定的な瞬間がこようとしているのは確かだった。ここで知ったことをヒムラー、いやヒトラーにもはっきりと植え付けねば。だが彼にはもっと裏付けになる情報が必要だった。部隊、人名、事実……。

■ハイドリッヒ、謀略を決意

スコブリンと会ってから数日後、ハイドリッヒは最も腹心の者だけを集めて会議を開いた。それにはＳＤ東方課長ヘルマン・ベーレンツ上級突撃大隊長［ＳＳの階級で中佐に相当］とハイドリッヒの国際問題顧問エリッヒ・ヤーンケ上級突撃中隊長［大尉に相当］も加わっていた。ヤーンケは以前は副総統ルドルフ・ヘスの秘密工作問題の専門家であった。ハイドリッヒは、どうやったらＳＤとゲシュタポがモスクワでの事の成り行きを把握してそれに影響を及ぼせるか、という問題にとりつかれ、頭を悩ましていた。それはすなわち、自分達がどちらの側につくべきか、ということでもあった。これからのドイツの計画実現にとって、陰謀家を支援するのがいいのか？　ヒトラーにとって最大の危険となるのは誰か？　スターリンか、それとも赤い将軍達か？　もし反スターリン・クーデターが成功したらどうなるのか？　トハチェフスキーがドイツの将軍と手を結ぶことなどありうるのか？　ひょっとすると、ドイツ軍首脳部も軍部独裁を考えているのだろうか？　国家社会主義の未来にとって有益なのはどちらか？　血なまぐさいボルシェヴィキ独裁者か、それとも赤いナポレオン・ボナパルトか？

かれらは何時間も検討をかさねた。それからハイドリッヒは決断した。スターリンの方がより小さな悪だと思う。今はモスクワでの陰謀に関する情報があるだけだから、それをこちらの有利になるよう利用するしかない。赤い将軍達が計画しているクーデター情報をこっそりスターリンに渡すことだ。もしこの独裁者が陰謀家達の計画に関する確たる証拠を手に入れれば、彼は間違いなく、無慈悲かつ血なまぐさいやり方で将軍達を一掃するだろう。指揮官を失った赤軍――それでソヴィエト連邦は何年も弱体化する。そうすれば、赤軍が再編される前にドイツはソ連を打倒することができる……。

ハイドリッヒはすばやい勝利の見通しに酔ったようだった。ただ、ポンメルンの荘園領主出身のヤーンケだけは、ハイドリッヒの自己陶酔を押さえようとした。彼は、あまりに傲慢な楽観論とスコブリンに対する警戒心を表明した。この会議の出席者で、のちにSDの外国情報局長になるヴァルター・シェレンベルクも、モスクワでの事の進展についてはハイドリッヒに同意見だった。シェレンベルクの回想によると。

（ヤーンケは）スコブリン情報の確実さに大きな疑問を持った――スコブリンはソ連秘密機関の指示で二重スパイを働いている可能性が極めて強い、と。しかもヤーンケはこの話全体が罠として仕掛けられたものだ、と信じていた。スコブリンはいずれにせよ、トハチェフスキーのクーデター計画をスターリンに代わって持参しただけ、との可能性も考慮すべきだ、と。

赤軍指導部に壊滅的打撃を与える、という考えにとりつかれていたハイドリッヒは憤然としてヤーンケの異議をはねつけた。しかもヤーンケがトハチェフスキーに対する謀略計画の障害になるのを恐れて、彼に三か月間の禁足を命じた。この三か月間に――それで充分だった――彼の準備はすべて完了するのである。

一九三六年のクリスマスの前夜、ハイドリッヒは自分の案を上官のヒムラーに示し、それはヒムラーからヒトラーに連絡された。まだこの時ハイドリッヒは、自分の計画と構想、そのねらいについて、個人的に総統に説明するだけのルートを持っていなかった。そのためまずヒムラーに話をしなければならなかった。

十二月二十四日の火曜日、ヒムラーは官邸でヒトラーに会った。総統はクリスマスにミュンヘンで開かれるナチス党「古参闘士」の集いに出席するため出張の準備中で、あまり時間がなかった。しかしハイドリッヒの計画について報告を受けると、思わず時のたつのを忘れてしまった。何たる壮大な構想！　もしハイドリッヒが成功すれば、ヨーロッパの力関係は根本からひっくり返るではないか。だがヒトラーは、よくやることだが、この時もなかなか決断がつかなかった。誰の首を落とせばいいのだ、と何回もヒムラーに質問した。スターリンか、それとも——ハイドリッヒが推すように——トハチェフスキーか？　総統のことを良く知っているヒムラーには、彼がどう決断するか初めから予想がついていた。ヒトラーはクレムリンの独裁者に対する反感よりも軍人に対する憎悪心の方が強かった。ヒトラーは密かにスターリンの非情さと残忍さを賞賛していたのだ。

ヒトラーは上機嫌で帝国首都をあとにした。彼にはアルプス山中でのすばらしく静かなクリスマスが待っていた。そうして、新年の始まりもすばらしいものになりそうだった。彼はハイドリッヒを信頼してもよいことがわかっていた。

第II章　軍人

■トハチェフスキーの生い立ち

一九三六年十二月、モスクワ。

この時、彼はまだ何も気がついていない。自分をとりかこむ環がどんどん絞られてきているのを。彼・ソ連邦元帥ミハイル・ニコラエーヴィッチ・トハチェフスキー。五人の赤軍最高幹部のうち最年少で、若きソヴィエト国家の最も有能な軍事指導者として世界に知られたこの人物は何者なのか。彼には昔から物語じみた伝説と噂がまとわりついてきた。

ドイツ情報紙『オストエクスプレス』は一九三四年八月に、パリからの報告を掲載している。

詩人レオ・トルストイの遠縁に当るセルギウス・トルストイ・ミハイロフスキーは、長年にわたるパリ国立図書館での調査に基づいた著書で、トルストイの出自がフランドル伯にまで溯る、と述べている。フランドル伯ボードワン三世の第二子で、ビザンツ皇帝ボードワンの叔父に当る人物に、一一一五年、息子アンリ・ド・モンスが生まれた。アンリはそのまた息子のコンスタンチンを連れて東方に旅立ち、多くの合戦に参加した。若きコンスタンチンは一二〇六年、キプロス廃王イサーク・コムメノスの王女を娶りキプロス王の座をねらったが、その試みは失敗する。それから数年後、コンスタンチン夫妻はウクライナのチェルニゴフ公国の領主ムスティスラフの客分となった。そして夫妻はギリシア正教に改宗し、これがトルストイ家の先祖となる。同家の系図には、伯夫妻のウクライナ入りが「大事件」として記載されており、十字軍騎士の血統を引いているのは間違いない。トハチェフスキー家がフランドル・トルストイ家の分枝なのは確かで、これが現在のソヴィエトの将軍・国防人民委員代理トハチェフスキーの母方の先祖である。

マックス・ブロットとフランツ・ヴェルフェルが執筆しているので有名な『プラーガー・ターゲブラット』紙の一九三六年二月の記事では、トハチェフスキーの先祖はもっと多彩に描かれている。

十字軍の時代のこと、フランドル伯の若君が二度と故郷の土を踏まぬ決意で「聖地」に出陣した。彼は麗しの故郷フランドルにちなんで、みずからモンス伯と称した。しかし彼が帰郷しなかったため、討ち死にしたのだという噂が流れ、伯の悲劇的な運命は詩に詠まれた。だが別の説では、彼は美しきサラセン女の誘惑に屈し、それでより豊かに有力になったのだという。後になって、どちらも間違いだったことがわかる。未だに謎とされている冒険により、若きモンス伯は黒海の北岸に辿り着く。そしてチェルニゴフに居を構える領主の家臣となった。彼の子孫デュードンヌとティモテはワシル公から貴族の称号と采邑《さいゆう》［知行地］を授かったが、その采邑の一つがトハチェフスクといい、そこからトハチェフスキーと称するようになった。一九二八年五月、『ライプツィガー・アーベントポスト』紙は、「トハチェフスキーがポーランド人の血をひいているのは間違いない」と書いた。トハチェフスキーに関するナチスの秘密調査によると次のようである。

外見に関する限りトハチェフスキーは、純粋ロシア人もしくはスラブの血統を示すものは何もない。その目鼻立ちはむしろ多様な人種的混交のあらわれであり、トハチェフスキーが庶出の変種であることを示すだけである。

トハチェフスキーの出自に関するソ連の研究はこれよりはるかに散文的である。ソ連で最初に彼の伝記を書いたレフ・ニクーリンは、一九六三年にモスクワで出版した著書『トハチェフスキー伝』で次のように述べている。

ミハイル・ニコラエーヴィッチ・トハチェフスキーの父方は古いロシア貴族の血筋である。先祖はすでに十七世紀後半から皇帝の軍隊に勤務していた。ソ連邦元帥の父に当るニコライ・ニコラエーヴィッチ・トハチェフスキーは——当時言われたように――在地の貴族であって、スモレンスク県ドログブジュキー区に荘園を持っていた。一家は大家族だった――息子四人と娘五人。彼は一度だけ、農民の娘と結婚したばかりに、貴族社会から相手にされなくなり、その身分からして当然得られるはずの地位すら手に入らなくなった。

一八九三年二月十六日、黒海に近いアレクサンドロフスコエの森にある大きな木造の領主館でミハイル・ニコラエーヴィッチ・トハチェフスキーは生まれた。彼の誕生後すぐに、一家はペンザ［モスクワ南東ヴォルガ中流の都市］近郊のウラジュケに引っ越した――おそらく金詰まりのため。

一家の新しい住まいは何部屋かを持つ二階建てで、暮らしはつましかった。一番大きな部屋は三方向に窓があり、大鏡と二台のピアノ――その一台はルービンシュタインが使ったものだと言われている――が唯一の飾りだった。父はよく音楽を演奏し、その血を継いだトハチェフスキーも熱烈な音楽愛好者となった。

しかし、トハチェフスキー家はウラジュケのこの家を維持することもままならなかった。両親はミハイルを中学校に行かせる決心をし、一家はペンザに引っ越した。そこからなら、貴族町にある中学校に近かった。五年間――一九〇四年から一九〇九年まで――トハチェフスキーはペンザの中学校に通った。生徒ミハイル・トハチェフスキーに関する記録は今も学校に残っている。それによると、「生徒ミハイル・トハチェフスキーは才能があるのに勉強不足」とある。あるいは、「不注意により、三回の罰」「年間に合計一二七時間の怠業」。

ミーシャ［ミハイルの愛称］・トハチェフスキーは勉強よりスポーツの方が向いていた。クラスで一番強く、体操も得意で、友達とレスリングをしていつも勝っていた。おまけに――すでに少年時代からミハイルは乗馬が抜群だった。

一家はペンザにも長くはいられなかった。一九〇九年にトハチェフスキー家はモスクワに引っ越す。ここでミハイルは中学校の第十学年に編入されるが、すぐにやめてしまう。自分に「不必要な」教科が多すぎる、として父を説得し、モスクワ第一エカチェリーナ幼年学校に転校させてもらった。こうして彼は将校への道を進むことになった。当時の同級生で、後に赤軍の大将になるボリス・コルチーギンは、トハチェフスキーがフェンシングと射撃、体操でいつもクラス一だった、と回想している。

首席で幼年学校を修了したトハチェフスキーはどこの士官学校でも選ぶことができたはずだが、級友が驚いたことに、彼は進学先に有名なペテルスブルクの軍訓練学校ではなく、モスクワのアレクサンドル研究学校を選んだ。ここは軍事上の高等教育を授けるので評判だった。

一九一四年七月十二日、モスクワ・アレクサンドル研究学校を卒業したミハイル・トハチェフスキーは少尉に任官し、モスクワの近衛セミョーノフ連隊に配属された。この連隊には二人の先祖が勤務したことがあった。一八一七年に参謀としてニコライ・ニコラエーヴィッチ・トハチェフスキー大尉、そして一八二〇年にアレクサンドル・ニコラエーヴィッチ・トハチェフスキー大尉。

トハチェフスキーが配属されてわずか数週間後、第一次世界大戦が始まった。セミョーノフ連隊は第一陣として前線に投入され、ワルシャワ戦では大損害を被り、若いトハチェフスキーが経験を積んでもいないのに、中隊長に任じられるほどだった。

一九一五年一月二十五日——ソ連の別のトハチェフスキー伝の著者アレクサンドル・トドルスキーによると——、セミョーノフ連隊はワルシャワ西方のグロディスコ市近郊に布陣していた。ロシア軍部隊は何日間もドイツ軍の間断ない砲火にさらされ、猛攻を受けた。当時セミョーノフ連隊の下士官で、のちに赤軍の大将となるクスマ・トルブニコフはトドルスキーのインタビューにこたえて、敵を前にしての勇敢さによってトハチェフスキーは合計八回の勲功章を授けられたという。その中には聖アンナ勲章や聖スタニスラフ勲章も含まれていた。

一九一五年二月十九日——セミョーノフ連隊はロムツァ近郊のヴィソキエ・ドゥージ村の塹壕に移動していた——、数時間に及ぶ砲撃ののち、ドイツ軍の総攻撃が開始され、トハチェフスキーの指揮する第七中隊は全滅に近い損害を被り、わずかな生存者とともに彼はドイツ軍の捕虜になった。一週間後の二月二十七日付の連隊報第三五号では、トハチェフスキー中尉が行方不明と報告されている。

■トハチェフスキーの捕虜時代をめぐる伝説

トハチェフスキーは決して捕虜生活に甘んじるつもりはなかった。収容所から母に宛てた手紙の中で、有名な中世キエフ公国文学の傑作『イーゴリ軍記』に強い感銘を受けた、と書いている。この書物には、ノブゴロドのイーゴリ公がポロブツェルの監獄から脱出するくだりがあり、母は息子が何を言いたいのかよくわかった。彼は母に、逃亡して祖国に戻るつもりであることを、簡潔に予告したのである。

そして実際にトハチェフスキーは、ドイツの収容所を脱走するためには何でもやったのだ。トハチェフスキーの星がソヴィエトの天空で頂点に達していた一九三四年、ワルシャワで発行された『大人物叢書』の中に、「トハチェフスキー・赤い元帥」なる賞賛記事がある。これは明らかにソ連大使館筋から秘密の資金提供を受けたものと思われ、ニコライ・カローリンなるペンネームの著者が、トハチェフスキーの捕虜収容所脱出劇を描いている。

トハチェフスキーが最初に脱走をはかったのは——カローリンによると——シュトラルズント収容所だった。看守の眼を逃れるのには成功したが、スウェーデンまで送ってくれる者がいなかった。それであちこちを捜し回ったあげく、古いボートを見つけて海

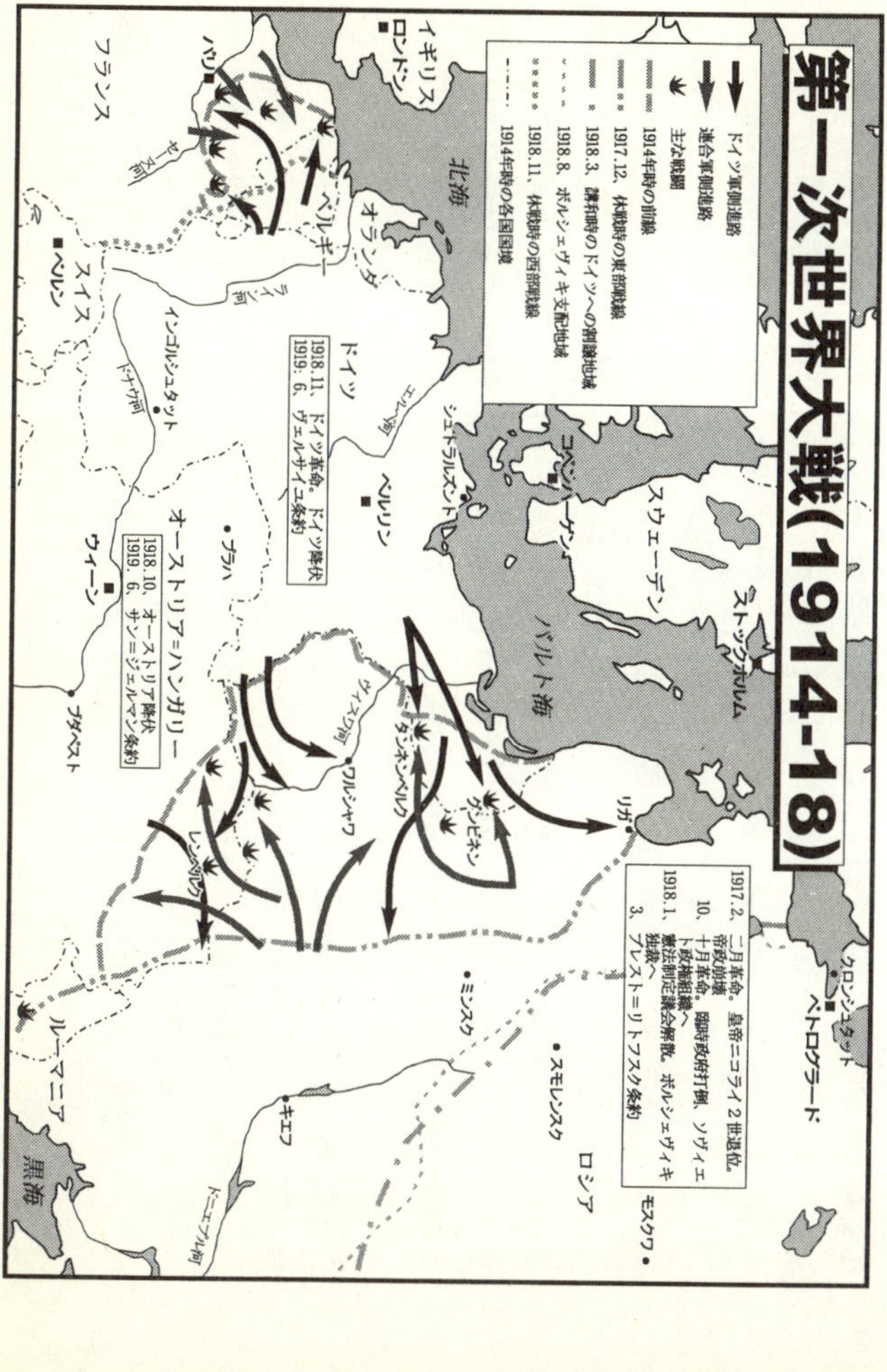
第一次世界大戦(1914-18)
ドイツ軍側進路
連合軍側進路
主な戦闘
1914年時の前線
1917.12. 休戦時の東部戦線
1918.3. 講和時のドイツへの割譲地域
1918.8. ボルシェヴィキ支配地域
1918.11. 休戦時の西部戦線
1914年時の各国国境
1917.2. 二月革命。皇帝ニコライ２世退位。帝政崩壊
10. 十月革命。臨時政府打倒、ソヴィエト政権樹立へ
1918.1. 憲法制定議会解散。ボルシェヴィキ独裁へ
3. ブレスト＝リトフスク条約
1918.11. ドイツ革命。ドイツ降伏
1919. 6. ヴェルサイユ条約
1918.10. オーストリア降伏
1919. 6. サン＝ジェルマン条約
イギリス
ロンドン
パリ
フランス
セーヌ河
ベルギー
オランダ
北海
ライン河
ベルン
スイス
インゴルシュタット
ドナウ河
ドイツ
エルベ河
シュトラルズント
コペンハーゲン
スウェーデン
ストックホルム
バルト海
ベルリン
プラハ
ウィーン
オーストリア＝ハンガリー
ブダペスト
ヴィスワ河
ワルシャワ
タンネンベルク
グンビネン
リガ
レンベルク
ルーマニア
黒海
キエフ
ミンスク
スモレンスク
ロシア
モスクワ
ペトログラード
クロンシュタット
ドニエプル河

に漕ぎ出したものの、嵐がやってきて、トハチェフスキーはもう一度陸地に流れついた。それから三週間もあたりをうろつき回り、寝ているところをドイツ軍の巡視に見つかり、罰として一か月間の禁獄に処せられ、今度はベースコフの収容所に移送された。ベースコフにも長くはいなかった。カローリンによると、トハチェフスキーは「ドイツの革命家」と接触したため、さらにバートシュタイン収容所に移送された。しかしここでもトハチェフスキーの頭の中には一つのことしかなかった——脱走について！　彼は、元セミョーノフ連隊の下士官といっしょに、収容所から搬出される肥やし車の下に隠れて脱走する、という大胆な計画をたてた。

今度はうまくいき、発見されなかった。だが難民としてオランダ国境を越えようとしたところで捕まってしまった。次の「終着駅」は——カローリンによると——ツォルンドルフの城の上にあり、「厳格な規律が支配するところだった」。だがまたしてもトハチェフスキーは脱走を試み、今度はフランス軍のガルドー将軍といっしょだった。ここでトハチェフスキーは「古典的なロシアの革命家の脱走法」を採った。二人は六メートルの長さのトンネルを掘ったが、運悪く看守に発見されてしまった。

彼は脱走を計った罰として、有名なインゴルシュタット要塞に送られた。ここは脱走常習者が全て集められていたところで、監視の厳重さで有名だった。ここに送られてからは、トハチェフスキーも脱走をあきらめ、退屈で厳しい灰色の日々が始

インゴルシュタットから脱走して赤軍士官となった
トハチェフスキー（1918年頃）

まった。戦争はいつまでたっても終わらないようにみえた時、突然新聞でうれしいニュースを知った。ロシアで皇帝が退位し、革命が成功したのだ。彼は興奮のあまり寝られず独房内を歩き回り、どうやったらここから脱走できるか、策を練った。

このように、カローリンも、さらに後世のソヴィエトの伝記作家も、自分がでっち上げた夢物語で済ませている。では、一九三四年版のワルシャワのカローリンによるトハチェフスキーのインゴルシュタット脱出劇はどれくらい脚色されているのだろうか？そして一九六三年製のモスクワのニクーリン版では？

そして真相は？

■インゴルシュタット要塞でのトハチェフスキー

インゴルシュタットはミュンヘンに次ぐバイエルン第二の都市で、ドナウ河に面し、すでに九世紀初めの文献に登場する。

何世紀にもわたってインゴルシュタットは要塞都市であった。一八〇〇年にナポレオンに無血開城すると、彼は防塞の取り壊しを命じた。その三〇年後、バイエルン王国は再びこの町を国防上の要衝と定め、一八二八年から、外に向かって延びる稜堡を持つ古典的な要塞が建設された。第二次世界大戦後、アメリカ占領軍の命令で堡塁の大部分が爆破され、インゴルシュタットをバイエルン随一の強力で重要な拠点としていた要塞のほとんどが破壊された。

地面とほとんど同じ高さに作られた第九号堡塁には、第一次世界大戦中、連合国軍の将校捕虜が収容されていた。当時ここに収容されていた仏軍のレミー・ルールは次のように回想している。

インゴルシュタット第九号堡塁はドナウ右岸に位置し、我々は土手からドナウの灰色の流れを望んでいた。ここは強力な監視網を有する報復収容所で、何度か脱走を試みて捕まった連合軍の将校捕虜が留置されていた。だが実際には、ここは捕虜でいる限りとても楽しいところだった。想像される限り最大の友愛と刺激があった。監視する側の目論見ははずれた。大抵の捕虜――全員が破獄の常習者――がこれまでの経験を積み重ね、互いに地図を比べ合わせ、そこに書き込みをして、可能な限り助けあった。毎日のように「騒ぎ」があり、何度も暴動へと発展した。

トハチェフスキー中尉がこの「楽しい」インゴルシュタット獄に移送されてきたのは、一九一六年十一月十八日のことであった。彼の収容者名簿は今も保存されているが、それには宗教が「正教」、住所はモスクワとなっている。個人カードの記載は、「身長一七五センチ・やせ型。あご小さく卵型。眼はブルー。頭髪こげ茶色」で、特徴として「右ほほにいぼ」、とある。脱走の意志ありや否や、との質問には「ヤー」と答えており、「多少は」独語を話せたらしい。

この時二十三歳のトハチェフスキーは、当然のように毎日の「騒ぎ」に加わった。ルールによると、

ある時など、彼は所長室から金庫をかっぱらってきた。その中には地図、磁石、平服用の帽子——どれも脱走の時に必要な小道具——が入っていたが、それが検査で見つかりそうになった。そこで目配せして堡塁内の小部屋に中身をばらばらにして隠したため、ドイツ側の熟練の臨検にも引っ掛からなかった。

トハチェフスキーは何度も看守と衝突し、インゴルシュタット衛戍《えいじゅ》司令官ペーテル将軍への敬礼をわざと拒否したこともあった。ある時など監視隊の下士官ハンス・アーベルのことを「不潔漢」「不潔野郎」とののしり、六か月間の営倉入りを宣告された。ただしこの刑期を卒えることはなかったが。

アーベル下士官に対する侮辱により、トハチェフスキーはドイツ軍の軍法会議にかけられたが、裁判書類作成の過程で、ロムツアで捕虜になってからのトハチェフスキーの全「行状」が整理された。それによると、前述のカローリンやソヴィエト時代の伝記作家が書いた、トハチェフスキーの冒険的な脱出劇はすべて否定されることになる。シュトラルズント収容所では脱走を試みて六日間の禁錮、一九一六年五月十六日にはハレ軍法会議から「上官侮辱の廉により、三週間の重禁錮」、さらにバートシュトゥエル収容所長から「監視兵の職務上の指示に従おうとしなかったため」四日間の営倉、それから

第九軍団長代理から「許可なく指定された滞在地バートシュトゥエルから離れた廉により」一四日間の禁錮をそれぞれ申し渡されている。

ルールが言うように、トハチェフスキーはインゴルシュタット第九号堡塁に収容されていた仏軍将校たちと「非常に親しく」なった。彼はしょっちゅうやってきては、若きシャルル・ドゴール大尉を含む多くのフランス軍人と友達になった。この時ドゴールは最初の著書『敵中での戦い』の構想を練っていた。そのほかにトハチェフスキーの親友となったフランス軍人には、のちのジョルジュ・アルベール・カトルー将軍がいる。彼は一九三九年にインドシナ総督になり、第二次世界大戦中はドゴールと協力し、一九四四年にアルジェリア総督になった。その後すぐソ連駐在大使となり、一九四八年までその職にあった。これ以外にトハチェフスキーと交友関係にあったのは、当時航空大尉でのちのド・ゲ・ド・メゼラック将軍がいる。彼はルードヴィヒスハーフェンのアニリン工場爆撃の際に撃墜され、インゴルシュタットに送られてきた。フランス首相ポール・レイノーの親友である後のヴィルリュンム将軍も、中尉の時にインゴルシュタットでトハチェフスキーと知り合った。この他にもトハチェフスキーのインゴルシュタット時代のフランス人仲間には、ルブロン、ボルニ・デボルトの両将軍がいる。

トハチェフスキーはフランスの捕虜と長い時間語り合った――家庭教師のおかげでうまく仏語が話せた、と自分で言っている。この時の経験はトハチェフスキーの思想形成のうえで、後世のソヴィエト時代に言われているよりも、はるかに大きな影響を及ぼしている。

トハチェフスキーは絶対に自説を曲げなかった。貴族の出身であっても極めてリベラルな思想の持ち主で、フランス軍人の宗教心をののしることもあった。独房で、厚紙に何色も塗りたくった恐しい顔の偶像を作り、面白半分にそれを拝んでいた。私に向かって、「これはペルンといって、古いスラブ神話に出てくる戦争と嵐の神だ。僕にとって必要なのはこの神だ。ヴァンダル王国［西ローマ帝国を滅ぼしたゲルマン族の一つで、最大の距離を移動して破壊と略奪を重ねたあと、最後に北アフリカのチュニジアに建国］が我々には必要だ」と力説した。

トハチェフスキーは帝国陸軍の将軍のみならず、「皇帝一族に対しても」しばしば批判を加えていた。ルールの見るところでは、トハチェフスキーがツァーリ崇拝を捨てたのはこの捕虜時代のことであり、一九一七年二月の帝政崩壊とアレクサンドル・ケレンスキーの登場は「我等の戦友にいささかの希望を与え」、トハチェフスキーは社会民主々義者ケレンスキーの思想に共鳴した、という。「民主主義の挫折、ボルシェヴィキの試み、労兵評議会、そして敗戦がいたく彼を傷つけた」。だが同時に、プラグマティストのトハチェフスキーはロシアにとっての解決策として、ボルシェヴィキを受け容れ始めていた――「あきらかに彼は絶望していた。……どうすればよいか迷っていた」。

■トハチェフスキーの脱走と帰国

一九一七年八月十六日に、九人のロシア捕虜が第九号堡塁周辺の散歩を願いでた。所長は、まさか彼等が脱走するなどとは思ってもいなかったので、これを許可した。ほんの数日前に捕虜の将校全員が、逃走しないとの宣誓供述書に署名したはずであった。「散歩」がどんな結果になったかは、所長への報告に詳しい。捕虜にはホフマン下士官がつきそって、「三本の鉄道線路の内側の規定されたコース」を散歩した。「帰る途中で、ホフマン下士官が列の一番うしろについた時を見計らって、トハチェフスキー中尉とチェルニヴェツキー大尉の二人が急に列の前に進み出た。帰営の点呼の時、この二人がいなくなり、おそらくツヘリンク近くで線路を越えていったらしい。チェルニヴェツキーはまったくドイツ語ができないし、トハチェフスキーもブロークンのドイツ語しか喋れない」。

すぐに捜索が開始されたが、しばらくは成果がなかった。ところが三十一日になって、チェルニヴェツキーがケンプテンで捕まり、再びインゴルシュタットに引き渡された。供述調書によると、

彼とトハチェフスキーはツヘリンクの近くで、随伴の下士官が列の最後尾についた時、急に行進歩調になって列からどんどん離れていった。それから薮の中に身を

潜め、南の森に逃げこんだ。ここで二人は憲兵に発見され、発砲された。逃げる途中でチェルニヴィツキーは速く走るために、ゴム製の合羽や食料などの入った荷物を捨てているうちに、トハチェフスキーとはぐれてしまった。それ以後、トハチェフスキーの姿は目撃されておらず、未だに引き渡しができないでいる。

トハチェフスキーは長い間、脱走を準備していたが、宣誓を破らねばならないことがただひとつの気掛かりだった。そのための「言い訳」に一つの「策」を思いつく。脱走の六日前にすでに、脱走しないとの誓約は破らざるをえない、という所長宛ての手紙を預けていた。一九一七年八月十六日付のこの手紙は、「トハチェフスキー中尉・インゴルシュタット第九号堡塁第十五号室」として保存されている。

拝啓!

脱走の件で貴官に御迷惑を御掛けしなければならないのを大変遺憾に存じます。それは、散歩中には脱走しないとの約束を守らなかった件についてであります。私の署名は貴官の面前で、仏語通訳立ち会いのもとで、チェルニヴェッキー大尉によって偽造されたものであり、それはすなわち、彼があらかじめ私の名を書いておいた物を提出した、ということであり、私は自分の紙にチェルニヴェッキー大尉の名を書いた、ということであります。こうして貴官の不注意を利用して、約束を破るつもりで散歩に出ました。私は貴官の誤りを悪用したことを心から遺憾に存じます。

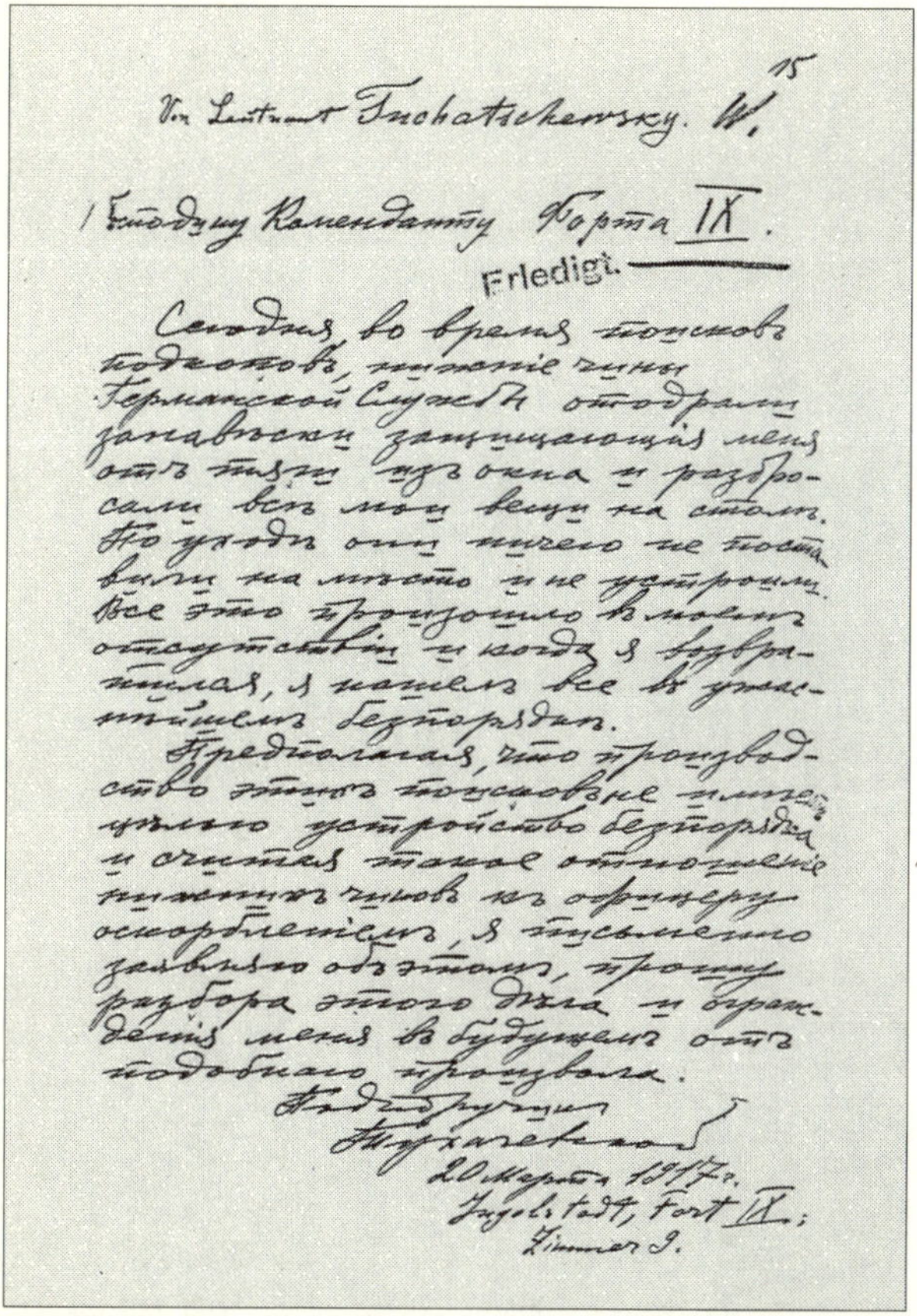
15

Von Leutnant Tuchatschewsky. W.

Господину Коменданту Форта IX.

Erledigt.

Сегодня во время поисковъ подкоповъ, нижніе чины Германской Службы отодрали занавѣски защищающія меня отъ тяги изъ окна и разбросали всѣ мои вещи на столъ. Но уходя они ничего не поставили на мѣсто и не устроили. Все это произошло въ моемъ отсутствіи и когда я возвратился, я нашелъ все въ ужаснѣйшемъ безпорядкѣ.

Предполагая, что производство этихъ поисковъ не имѣетъ цѣлью устройство безпорядка и считая такое отношеніе нижнихъ чиновъ къ офицеру оскорбленіемъ, я усиленно заявляю объ этомъ, прошу разбора этого дѣла и огражденія меня въ будущемъ отъ подобнаго произвола.

Подпоручикъ
Тухачевскій
20 Марта 1917 г.
Ingolstadt, Fort IX;
Zimmer 9.

1917年3月20日付の、インゴルシュタット捕虜収容所長あての
トハチェフスキーの手紙

ですがロシアの現状は私に躊躇を許さぬものであります。私は誓って貴官への深甚なる敬意を捧げるものであります。

再び逮捕されたチェルニヴェツキーが「意気消沈して」、インゴルシュタットで脱走の廉で裁判にかけられようとしている時、トハチェフスキーは夜だけ歩き続けて、シャフォーのスイス領の飛び地に逃げ込むことに成功した。そこから彼はパリに行き、駐在していたロシアの軍事全権アレクサンドル・イグナチョフ伯のところに出頭した。イグナチョフから一部屋をあてがわれたトハチェフスキーはパリ暮らしの味をおぼえ、ロダン美術館にも行った。本当はルーブルに行きたかったのだが、閉館中だったのでここで我慢した。一九一七年十月、イグナチョフのおかげでロンドン行きの手配がすべて整い、伯はロンドン駐在のニコライ・エルモロフ中将宛ての手紙までそろえてくれた。手紙は、「ドイツ軍の収容所から逃げてきた」トハチェフスキーの帰国の手配を要請したものだった。

三年近いドイツでの捕虜暮らしのあとで帰国してみると、ペトログラード中に赤旗が翻っていたが、トハチェフスキーは、権力を巡って抗争を続ける諸勢力のどれに従うべきかまだ決心がつかなかった。ボルシェヴィキにつくべきか、それとも……。

不安定で混乱したペトログラードにいても、トハチェフスキーはインゴルシュタットの捕虜仲間のことを片時も忘れなかった。バイエルン軍司令部の公文書の中に、一九一

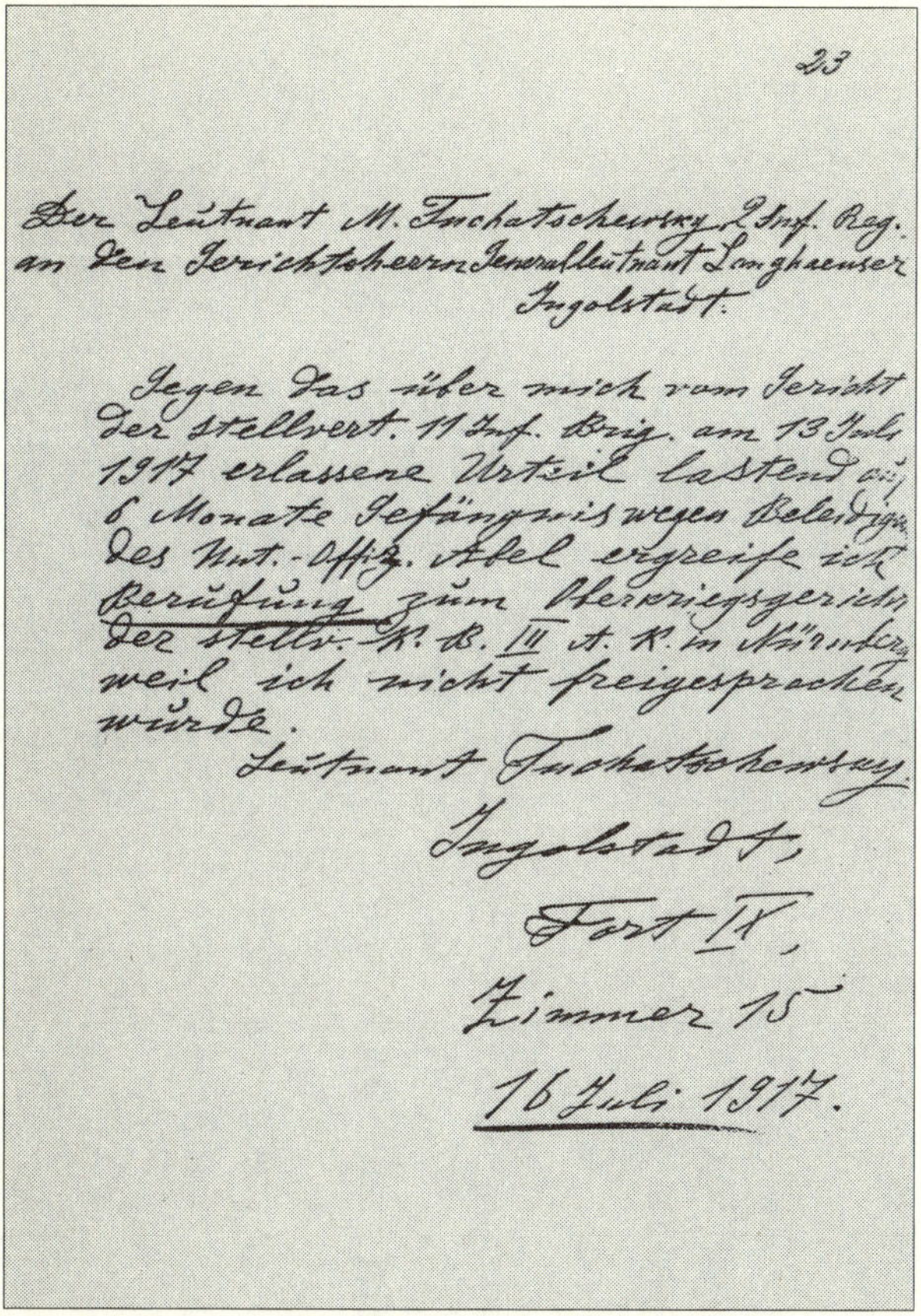

23

Der Leutnant M. Tuchatschewsky 2. Inf. Reg.
an den Gerichtsherrn Generalleutnant Langhaeuser
Ingolstadt.

Gegen das über mich vom Gericht der stellvert. 11 Inf. Brig. am 13 Juli 1917 erlassene Urteil lautend auf 6 Monate Gefängnis wegen Beleidigung des Unt.-Offiz. Abel ergreife ich Berufung zum Oberkriegsgericht der stellv. K. B. III A. K. in Nürnberg weil ich nicht freigesprochen wurde.

Leutnant Tuchatschewsky.

Ingolstadt,
Fort IX,
Zimmer 15
16 Juli 1917.

インゴルシュタット要塞での独軍下士官侮辱に対する裁判についてのトハチェフスキーの控訴願い（1917年7月16日付）

八年四月六日付けのメモがあり、それにはこう記されている。「トハチェフスキーはパリから本国に戻り、最近ドイツとの境界線越しに手紙とカードをこちらに送ってきた。その中で、自分の脱出成功を露骨に強調している」。

この若い将校はユーモアのセンスも備えていた。

一九三四年にワルシャワで出版された、明らかにモスクワの依頼で書かれたカローリンのトハチェフスキー伝によると、インゴルシュタット収容所からの脱走はもっと冒険的で脚色されたものになっている。

革命は彼を必要としていたのではなかったか？　彼は若く健康で、軍事知識に精通していた。革命には兵士と将校が必要ではないのか？

またもや捕虜達は散歩させられた。その日は晴れて暑かったが森の中はひんやりとしていた。

捕虜についていたのは四十歳から五十歳の老齢の国民兵ばかりで、動作が鈍く、前線にいた若い元気なトハチェフスキーなら彼等より速く走れた。だが彼等は銃を持っているから、後ろから撃たれてしまう。そこで、散歩の隊列から離れても気付かれないように、一つのトリックを考えついた。

一人の国民兵に、自然の要求を満たしたいから、と言って脇の木立ちの方に行っ

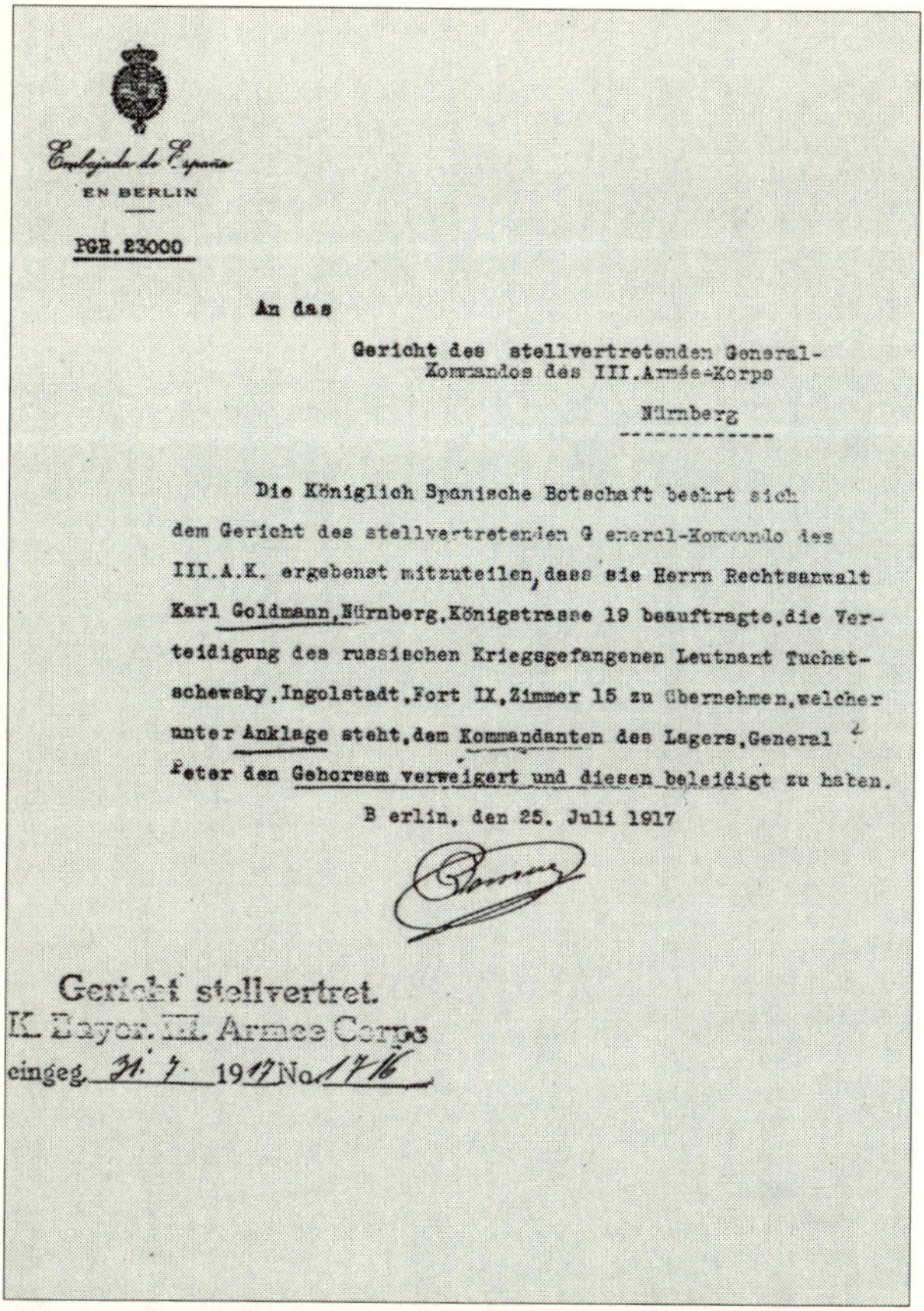

Embajada de España
EN BERLIN

PGR. 23000

An das

Gericht des stellvertretenden General-
Kommandos des III. Armée-Korps

Nürnberg

Die Königlich Spanische Botschaft beehrt sich dem Gericht des stellvertretenden G eneral-Kommando des III.A.K. ergebenst mitzuteilen, dass sie Herrn Rechtsanwalt Karl Goldmann, Nürnberg, Königstrasse 19 beauftragte, die Verteidigung des russischen Kriegsgefangenen Leutnant Tuchatschewsky, Ingolstadt, Fort IX, Zimmer 15 zu übernehmen, welcher unter Anklage steht, dem Kommandanten des Lagers, General Peter den Gehorsam verweigert und diesen beleidigt zu haben.

B erlin, den 25. Juli 1917

Gericht stellvertret.
K. Bayer. III. Armee Corps
eingeg. 31. 7. 1917 No. 1716

駐独スペイン大使から、トハチェフスキーの弁護のためドイツ人弁護人斡旋の件での第三軍団への照会状（1917年7月25日付）

てもよいかとたずねた。その兵士は許可したが、彼についてきた。二、三〇歩木立ちの中に入ったところで、突然トハチェフスキーはその兵士に強烈な一撃をあびせて銃を奪い取り、それを遠くに投げ捨て、それから一目散に逃げ出した。その国民兵はしばらく突っ立ったままだったが、我に帰ると「止まれ、止まれ」と叫び、銃も持たずにトハチェフスキーのあとを追いかけた。その叫びを聞いた他の兵士も彼のあとを追い始めた。弓から放たれた矢のように走るトハチェフスキーに向けて、目茶苦茶に撃ちかけた。……その間何発かが頭上をかすめたが彼は危険をものともせず、どんどん遠くへと逃げ去った……。

何週間も放浪して、一〇〇〇キロに近い道のりを歩き回ったあげく、へとへとになりぼろぼろの軍服姿で、二十四歳のトハチェフスキーはペトログラードにたどりつくことができた。そこはまさに政治闘争と熱気で沸騰し、荒れ狂う海のような一九一七年の歴史的な夏であった。

ニクーリンも一九六三年に発表したトハチェフスキーの『伝記報告』の中で、空想をたくましくしている。

トハチェフスキーはトンネルから脱走しようと試み、仲間とともに夜中に掘り続けたが、これは失敗した。……そのあとすぐに二度目を試みたが、またもや捕まった。四回の失敗のあと、今度はただの兵士のなりをして兵士用収容所に入り、そこ

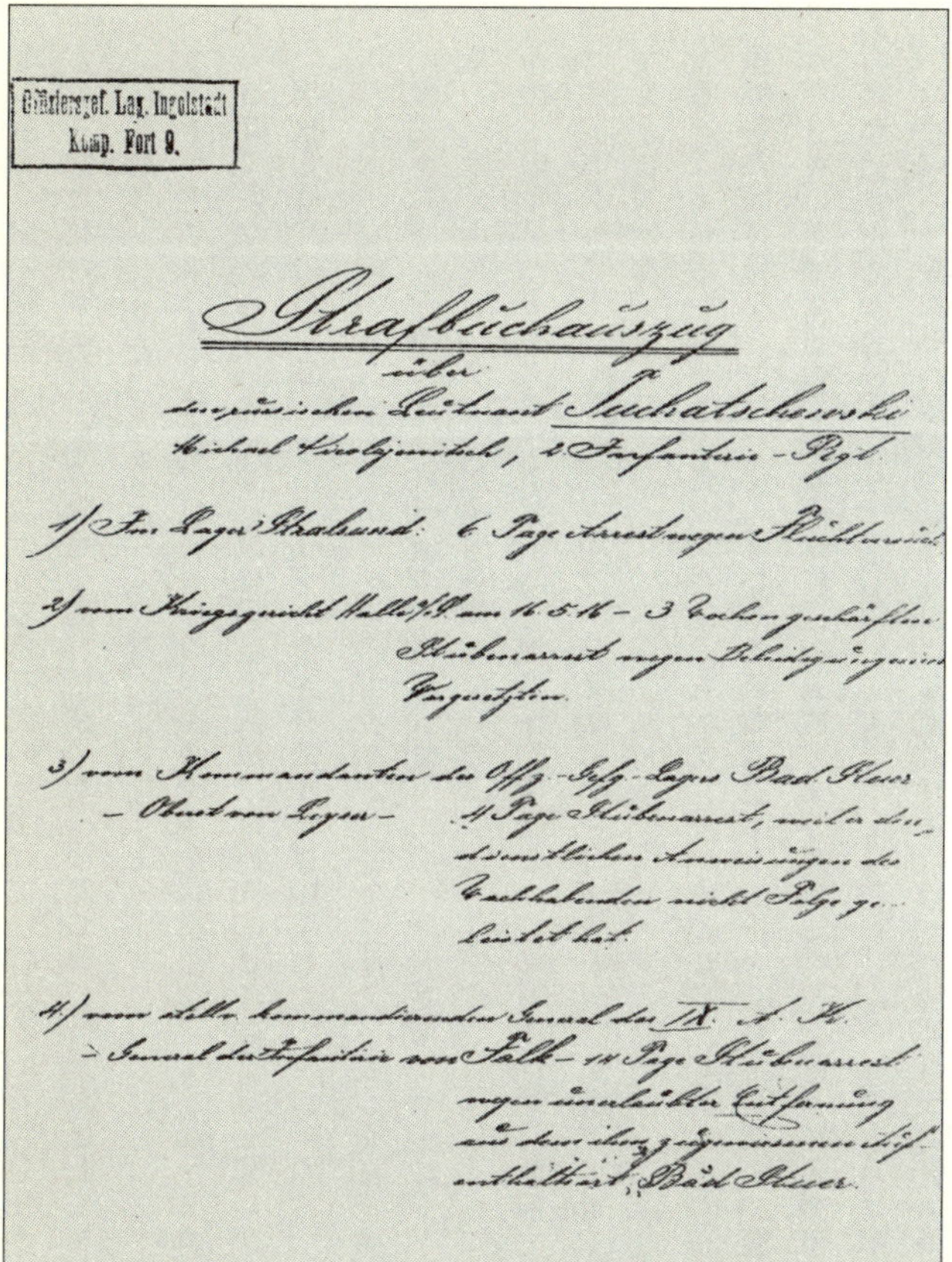

Offiziersgef. Lag. Ingolstadt
Komp. Fort 9.

Strafbuchauszug
über
russischen Leutnant Tuchatschewski
Michael Nikolajewitsch, 2 Infanterie-Rgt.

1/ Im Lager Stralsund: 6 Tage Arrest wegen Fluchtversuch

2/ vom Kriegsgericht Halle a/S am 16.5.16 – 3 Wochen geschärften Stubenarrest wegen Beleidigung eines Vorgesetzten.

3/ vom Kommandanten des Offz.-Gefg.-Lagers Bad Stuer – Oberst von Loyen – 4 Tage Stubenarrest, weil er den dienstlichen Anweisungen des Wachhabenden nicht Folge geleistet hat.

4/ vom stellv. kommandierenden General des IX. A. K. – General der Infanterie von Falk – 14 Tage Stubenarrest wegen unerlaubter Entfernung aus dem ihm zugewiesenen Aufenthaltsort Bad Stuer.

トハチェフスキー関係の懲罰一件記録抜粋（独軍作成）

からようやく脱走に成功した。もちろん他の兵士は彼が将校であるのを知っていたが、皆口をつぐんで、彼の脱走を助けてやった。当時こういう諺が流行していた。「近衛だろうが兵だろうが、しらみと弾は区別せぬ」。

トハチェフスキーは夜を日についでスイス国境を目指した。もう「止まれ」の声は聞こえなかった、という。彼は何度も失敗した四回の試みのことを思い出した。空腹と疲労のあとで、とうとうトハチェフスキーは国境にたどりついた。

パリとロンドンを経て、トハチェフスキー中尉が一九一七年晩秋にネヴァ河畔に戻った時、すでにボルシェヴィキが権力を固めていた。

かつての帝都ペトログラードは混沌と無秩序が支配し、勝者レーニンは政府とともにモスクワに移っており、トハチェフスキーの眼にはペトログラードが地方都市におちぶれたように映った。

希望をなくしていたトハチェフスキーにとって、モスクワの新しい権力者に従う決心を固めるのは容易なことだった。野心ある若者は急激な出世を夢見ていた。当時、ボルシェヴィキにとって重大な関心事は将校の養成であって、この誰にとってもやりがいのある課題には彼も自負心をくすぐられた。一九一八年春、トハチェフスキーは全ロシア・ソヴィエト中央執行委員会の軍事部門に勤務するようになり、すぐにボルシェヴィキの指導者と知り合いになった。たとえば、レーニンの親友で、最高国家機関である全ロシア中央執行委員会議長のヤコブ・スベルドロフや、一九一七年末に設置された恐怖の秘密警察チェーカーの長官フェリックス・ジェルジンスキーなどである。無党派の若い士官トハチェフスキーは、彼等のすすめに従ってレーニンの党員になった。

一九一八年四月五日、トハチェフスキーはボルシェヴィキに入党した。入党に際しての保証人は青年時代からの友人ニコライ・クリャプコで、彼はのちにモスクワ国立フィルハーモニーの指揮者になる。

トドルスキーは一九六三年に、「この日、ボルシェヴィキの軍事指揮官が誕生した」と書いた。

だがこの日はトハチェフスキーの運命が定まった日でもあった。

■内戦でのトハチェフスキーの活躍

時代はトハチェフスキーに味方した。赤軍は軍事専門家に著しく不足していたため、トハチェフスキーは入党からわずか数日後に西部方面軍モスクワ管区政治委員となる。

この月に赤軍とチェコスロバキア軍団との武力衝突が発生した——ソヴィエト時代の歴史書では「チェコ・スロバキア人の反ボルシェヴィキ反乱」と表現されていた。

五月十四日にそれが始まった時は別段たいしたことではないように見えた。チェコスロバキア共和国の建設者で初代大統領のトマス・G・マサリクの著書『世界革命』によると、そもそもの発端は次のようであった。「チェリヤビンスクでドイツ兵の捕虜が我が軍の若者を傷つけたので、その場で取り押さえられた。だが同地のボルシェヴィキはドイツ兵の味方をした」。

この突発事件によってチェコスロバキア軍団はチェリヤビンスクを制圧する。マサリクによると、「五月末、チェリヤビンスクの我が軍は武装したままウラジオストクへ向かうことが認められた。それから、我が軍がボルシェヴィキに勝った、特にペンザを占領した〔五月二十九日〕との第一報が届いた。つづいて、ヴォルガ河畔の諸都市（サマラ・カザンその他）占領、シベリア鉄道と沿線都市の占領、という報告がもたらされた」。

赤軍敗北の第一報が届くと、モスクワはパニックに陥り、進撃するチェコスロバキア軍団とコルチャク提督の指揮する白軍が合流するのを何としてでも阻止せねばならなくなった。

この武力衝突こそ己れの軍事的才能を発揮する絶好の機会と見て取ったトハチェフスキーは、第一報が届いてから数時間後、前線行きを志願する。

一九一八年六月二十七日、トハチェフスキーがインザの第一革命軍司令部に到着した時、そこの空気は敗戦のために意気消沈していた。だがトハチェフスキーはまだ二十五歳だった――「彼が勝利を確信していることに地元のボルシェヴィキ達は好感を持った」と後世の伝記に書かれている。

しかし勝利はずっと先のことであって、しばらくはチェコスロバキア軍団の勝利が報じられた――これには多数の旧帝政ロシア軍人が参加していた。チェコ軍団は七月、皇帝ニコライ二世が家族とともに幽閉されていたエカチェリンブルクに向けて進撃を開始し、一九一八年七月十六日――チェコスロバキア軍団の前衛がエカチェリンブルクまであと数十キロに迫ると――、モスクワからの指令で皇帝一家全員がむごたらしく殺害された。これでチェコ軍団に廃帝が救出される危険性はなくなった、とモスクワは主張したが、マサリクの意見は真っ向から反対である。「シベリアの我が軍には皇帝救出の計画などまったくなかった」。

ソ連時代の記述では、チェコスロバキア軍団の「敗北」にトハチェフスキーの功績を認めつつも、エカチェリンブルクでの皇帝殺害への彼の関与についてはまったく触れていない。この殺害事件――トハチェフスキーには何の責任もない――と彼が無関係であることを強調しようとしているのは明らかである。歴史の中で、元帝政将校ミハイル・トハチェフスキーが王家一族の鏖殺《おうさつ》の責任者となるのを避けようとしているのであろう。

一九一八年夏になると赤軍の反撃が始まる。赤軍の成功のかげにはトハチェフスキーによって強力に推進されたある途方もない政治上の譲歩があった。それは、彼の強要により一二〇〇名にものぼる旧帝政将校がボルシェヴィキに加わって赤軍の指揮にあたったのである。

一九一八年九月十二日、トハチェフスキーの第一革命軍はシビルスクを占領すると、彼は陸海軍人民委員トロツキーに宛て「任務完了。シビルスクを確保せり」と報告した。トロツキーは全軍に布告した命令の中で、「英雄的な第一革命軍司令官トハチェフスキー」を模範として賞賛した。トハチェフスキーはさらにクレムリンから、この若き軍司令官の卓越した功績を讃えたレーニンの祝辞電報も受け取った。

ミハイル・ニコラエーヴィッチ・トハチェフスキー。

彼は赤軍の天に輝く将星であった。

革命が脅かされているところ、常に彼があらわれた。

■一九一九年三月シベリア

急に局面が一変したようだった。第一次世界大戦中バルチック艦隊を指揮していたコルチャク提督の白軍部隊が赤軍の前線を突破して、前年秋にトハチェフスキーが初めて名をあげた地であるシビルスクを奪回したのである。赤軍は退却しつつあり、ボルシェヴィキにとって極めて危険な事態となった。レーニンとトロツキーは全党員の二〇%を対コルチャク戦に投入すべし、と命じる有様で、ペトログラードとモスクワでは労働者の戦闘部隊が編成され、ただちに前線に送られた。主力となる第五軍司令官に就任したトハチェフスキーは、兵士に熱烈な激励の辞を送った。

我が方が勝てば、これまでに失われたもの全てが我等に返ってくる。もし我が軍が敗れれば、我等は永久に首を鎖でつながれよう。ならば我等の合い言葉は決まった。勝利か、しからずんば死を！

第五軍は攻勢に出た。一九一九年五月二十八日、ウファ市を巡る攻防戦は一メートルを争う内戦中最大の死闘となったが、トハチェフスキー麾下の赤軍は攻撃の手を緩めず、市内に肉迫していった。やがてコルチャク軍はパニック状態となり、絶望した白軍将兵が多数投降してきた。こうしてウファの戦いは終り、トハチェフスキーは二万五〇〇〇名以上の捕虜を得た。

一九一九年七月十七日、革命軍事評議会は「司令官トハチェフスキーの卓抜なる指揮のもと」第五軍は激烈なる戦闘の末ウラルを越えた、とモスクワに報告した。

このニュースに首都はほっとした。だがコルチャク提督軍はウファでの敗退に動揺しはしたが、シベリアでは成功を収めていた。シベリアの最も重要な地域はコルチャクの支配下にあり、赤軍は守勢を強いられていたため、トハチェフスキーはボルシェヴィキ第一の敵であるコルチャクを徹底的に打破しなければならなかった。

またもや若き指揮官に幸運が訪れる。彼がウラル越えを強行してチェリヤビンスクを占領するまで一週間とかからず、二十四日にそこは赤軍の手に陥ちた。これに感謝したレーニンはトハチェフスキーに「赤旗勲章」を授けた。

トハチェフスキーの第五軍はさらに進撃する……。

チェリヤビンスク陥落から二か月後、コルチャクの自宅があったオムスクが降伏した。トハチェフスキーによると、

東部における最強の反革命派の敗北は、赤軍の指揮のもとでシベリア農民によって遂行された最も成功した作戦の一つである。

レーニンとトロツキーはトハチェフスキーを赤軍最高の逸材と評価し、トハチェフスキーもシベリアの戦場で、やがて彼の人生に大きく影響することになる新しい友人を見つけた——たとえば第四軍司令官ミハイル・フルンゼやその指揮下の第二十七師団長のヴィトフト・プトナである。

一九一九年秋になると、今度はデニキン将軍の軍勢が南方からモスクワに迫ってきた。オリョル市が陥落したため、ボルシェヴィキの兵器廠トゥーラも危なくなり、モスクワ

には難民の第一陣が逃げ込んできた。

またもやボルシェヴィキの運命は極まったかに見えた。敗北を免れるため、レーニンとトロツキーは再度トハチェフスキーを起用する――彼は数週間前にコルチャク軍に圧勝したばかりだった。南部方面軍司令官に任ぜられたトハチェフスキーは、早速反撃を開始し、十月には早くもオリョル、続いてクルスクの奪還に成功した。

デニキン軍は後退してドン河畔からマンチャヤにいたる塹壕に立て籠もった。トハチェフスキーは攻撃に充分な準備が必要であるのを見て取り、数週間かけて作戦計画を練った。一九二〇年二月十二日付でトハチェフスキーが発した「命令第四二号」によると、小規模の運動によってデニキン軍の左翼を牽制している間に、敵右翼を包囲し、中央から攻撃をかける、となっていた。

二月十四日、予定通りに攻撃が開始されたが、緒戦では赤軍の前進が阻まれ、月末には麾下の第八軍はロストフを放棄せざるをえなくなった。だが三月一日、トハチェフスキー軍は再度攻勢に出て、バチャイスク、ティホレツク、ノヴォロシスクを陥落させ、ロストフも奪回した。

総崩れになって退却したデニキン軍のうち、クリミア半島までたどりついたのはわずか数千人にすぎなかった。その中に、トハチェフスキーの手からクリミアを防衛しようとしていた若い、数か月前に将軍になったばかりの、コルニーロフ師団長ニコライ・スコブリンがいた。

だがクリミアも赤軍の攻撃に長くは持ちこたえられず、一九二〇年四月末、ヤルタ、セバストポリ、シンフェロポリが陥落した。

■勝利と敗北……対ポーランド戦争

南部でデニキン軍を撃退したのも束の間、今度は西部方面から凶報が届く。ポーランド軍の攻撃である。これを撃退できるのはトハチェフスキーしかいなかった。

一九一八年にポーランドが独立すると、ワルシャワとモスクワの関係は緊張した。主な原因は両国の国境線を巡る紛糾であって、一九二〇年一月二十八日にレーニン、トロツキー、ボルシェヴィキ政権外務人民委員グレゴリー・チチェリンの三人は、ポーランド国家元首ピウスツキー元帥とその政府に対して「国境調停案」を提示した。

元帥は回答をしばらく保留した。ピウスツキーはボルシェヴィキを信用していなかったのだ。彼の机には強大な赤軍部隊がポーランド攻撃を準備中であるとの、ポーランド情報機関からの報告が山積みされていた。

四月二十五日、赤軍の機先を制してポーランド軍はウクライナ民族主義者の軍とともに国境を越えた。ポーランド軍はわずか二週間でキエフに到達し、ウクライナ・ボルシ

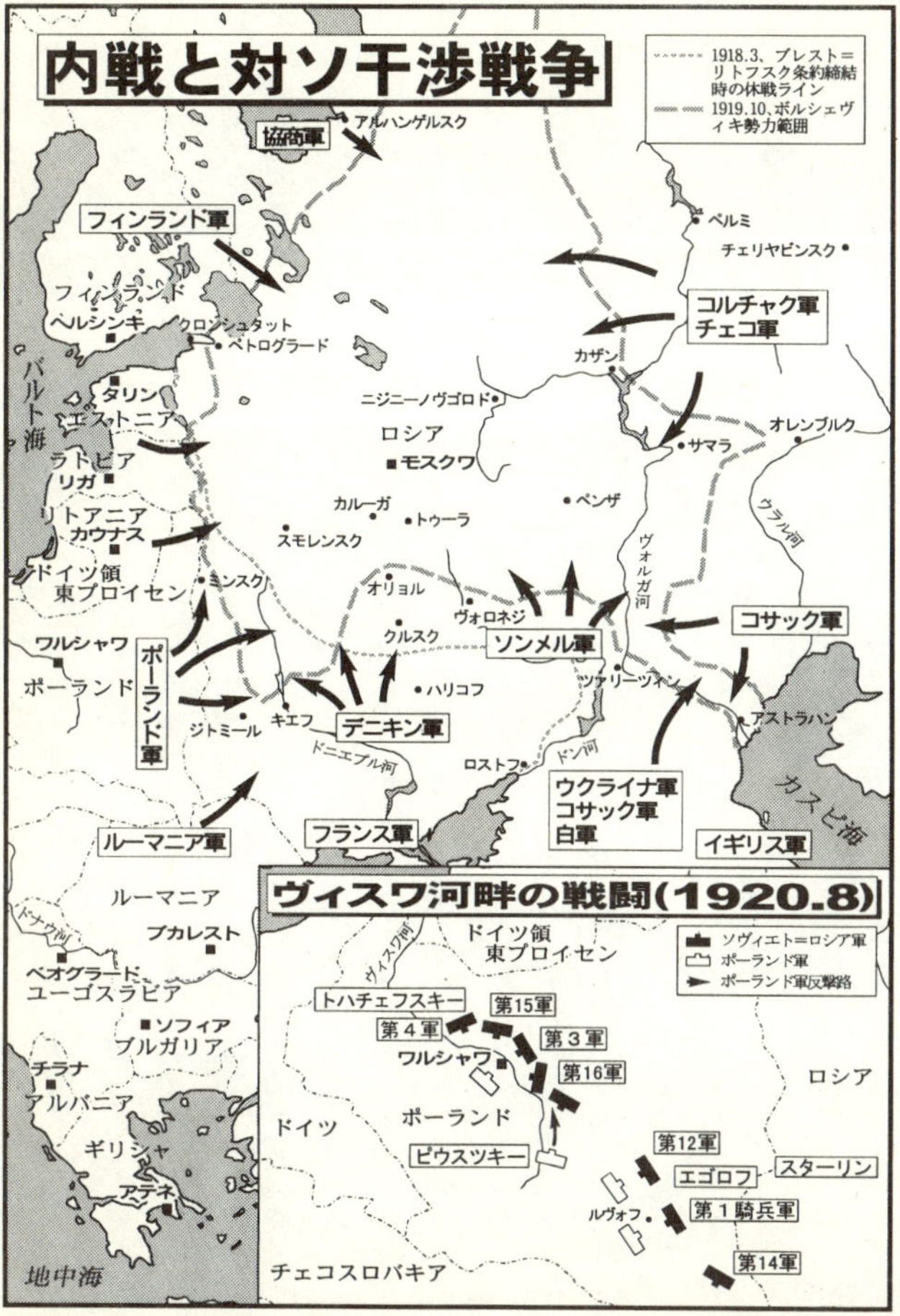
内戦と対ソ干渉戦争
1918.3、ブレスト＝リトフスク条約締結時の休戦ライン
1919.10、ボルシェヴィキ勢力範囲
協商軍
アルハンゲルスク
フィンランド軍
フィンランド
ヘルシンキ
クロンシュタット
ペトログラード
バルト海
タリン
エストニア
ラトビア
リガ
リトアニア
カウナス
ドイツ領
東プロイセン
ミンスク
ワルシャワ
ポーランド
ポーランド軍
ジトミール
キエフ
ドニエプル河
デニキン軍
ルーマニア軍
フランス軍
ルーマニア
ブカレスト
ドナウ河
ベオグラード
ユーゴスラビア
ソフィア
ブルガリア
チラナ
アルバニア
ギリシャ
アテネ
地中海
ニジニーノヴゴロド
ロシア
モスクワ
カルーガ
トゥーラ
スモレンスク
オリョル
クルスク
ハリコフ
ヴォロネジ
ソンメル軍
ペンザ
ペルミ
チェリヤビンスク
コルチャック軍
チェコ軍
カザン
サマラ
オレンブルク
ウラル河
ヴォルガ河
コサック軍
ツァリーツィン
アストラハン
カスピ海
ドン河
ロストフ
ウクライナ軍
コサック軍
白軍
イギリス軍
ヴィスワ河畔の戦闘(1920.8)
ソヴィエト＝ロシア軍
ポーランド軍
ポーランド軍反撃路
ドイツ領
東プロイセン
ヴィスワ河
トハチェフスキー
第15軍
第４軍
第３軍
ワルシャワ
第16軍
ポーランド
ドイツ
ロシア
ピウスツキー
第12軍
エゴロフ
スターリン
ルヴォフ
第１騎兵軍
第14軍
チェコスロバキア

エヴィキ政府は逃げるようにキエフを立ち去った。こうして大ポーランド国の夢が叶えられるかに見え、ピウスツキーは全国の教会で勝利を感謝するテ・デウムを演奏させた。

モスクワはパニックに襲われ、ただちにレーニンとトロツキーは対策を講じなければならなかったが、これまでにも増して革命の危機は深刻であるように見えた。ポーランド軍の進撃を食い止めるのは西部及び南西部の両方面軍であったが、麾下に三個軍を擁する西部方面軍は二十七歳のトハチェフスキーが采配を振るった。南西部方面軍はアレクサンドル・エゴロフが指揮をとっていたが、ここでは革命軍事評議会の実権は政治委員に握られていた。その人物の名は、ヨシフ・ヴィサーリオノヴィッチ・スターリン。

トハチェフスキーが予定していた反撃はスモレンスク・ゲート、すなわちレペルとドヴィナ河西部の中間地域で実施されることになり、尖鋒はアフグスト・コルク指揮の第十五軍が担当することになった。トハチェフスキーが攻撃命令を下した時、赤軍はまだ展開を完了していなかったのだが、時の運が味方した。ポーランド側が南部で予期しない困難に遭遇して状況が急転したのである。ピウスツキーはまだ勝っていると思ってキエフに向かって進軍していたところ、六月初め、南部側面から赤軍第一プロレタリア騎兵軍の急襲を受けた。この騎兵軍はセミョン・ブジョンヌイの指揮下にあり、ほんの数日前にカフカースでデニキン軍の残党を掃討してきたばかりだった。六月六日、ブジョンヌイは一万二〇〇〇の兵力を率いてキエフの南方でポーランド軍の戦線を突破し、二日後にはジトミールを奪回した。

ポーランド側の勝ち運は去り、勝利の熱狂も消し飛び、六月十一日にはキエフ放棄の止むなきにいたる。北部方面でもトハチェフスキー軍の反撃によって、ポーランド軍は大混乱のうちに敗走を始めた。赤軍は西に向かって雪崩のように襲いかかり、ポーランドに侵入した六月二日、トハチェフスキーは麾下の将兵にこう呼びかけた。「今や世界革命の命運を決する時がきた。……ポーランド兵の死体の彼方には全面的世界戦争への道が開けている。……いざ、ヴィルナへ、ミンスクへ、そしてワルシャワへ！」——かくて赤軍は進撃する。

六月十四日ヴィルナが陥ち、五日後グロドノがそれに続いた。カフカースから来たブジョンヌイの赤軍騎兵隊はマズール湖とヴィスワ河の間を抜けてトルンとグラウデンツに襲いかかり、東ガリツィアを席巻した。トハチェフスキー指揮下の二〇個師団はわずか数日で一〇〇〇キロ進んだ。こうしてポーランド軍は前進してくる二つの赤軍によって粉砕されそうになり、赤色ポーランドも夢ではないように思われた。チェーカー長官のフェリックス・ジェルジンスキーとフェリックス・コンそしてユリアン・マルヒレフスキーがポーランド・ボルシェヴィキ政府を組織して——トハチェフスキーによるワルシャワ征服後——、ポーランドを支配することになった。

勝利は確実と見たモスクワは早々と七月二十三日、レーニンとトロツキーの連名でトハチェフスキーに対して、「遅くとも八月十二日までに」ワルシャワを奪取すべし、との指令を送った。エゴロフとスターリンの指揮する南西部方面軍は南方へ転進してルヴォフ［ドイツ名レンベルク］を奪取し、ポーランド軍の南側面でルーマニア軍が参戦するのを阻止することになった。

ところが、もしエゴロフ軍がそのまま西に向かって前進していくと、西部・南西部両方面軍の中間に危険な間隙が生じ、トハチェフスキー軍の左翼が無防備となり、ポーランド側にうまうまと乗じられてしまう。この南西部方面軍の動きを知ったトハチェフスキーは跳び上がらんばかりに驚いた。

だがツキはまだトハチェフスキーの側にあるように見えた。一九二〇年八月十日、彼の軍はヴィスワ河を渡り、ワルシャワ占領が下令される。ポーランドを救うのは奇跡だけであるように見えた。そして、この奇跡、「ヴィスワ河の奇跡」が起こったのだ。

ポーランド軍があわててウクライナを放棄しなければならなくなって数日後の一九二〇年六月中旬、ワルシャワは西ヨーロッパの同盟国に助けを求めた。中心となったのは、前年以来ワルシャワにいたマキシム・ウェイガン将軍を長とするフランス軍事使節団で、さっそく軍事顧問として赤軍に対するポーランド側の抵抗を組織することになった。ボルシェヴィキをポーランドから追い払う可能性は、前線の状況から考えられるほどには悪化していなかった。東部では敗北したものの、依然としてポーランド軍は健在で数的にも巨大だった。ポーランドの「国民防衛政府」はまったくのゼロから八万名の強力な義勇軍の編成を成し遂げ、陸軍省はさらに一七万二〇〇〇名を徴募し、八月初めには総兵力は約九〇万名に達していた。教会での呼びかけや新聞の愛国的な檄も大きく手伝って、すべてのポーランド人が、ボルシェヴィキとの戦いは祖国の存亡を決するものであることを理解していた。誕生して間もないポーランド国家の将兵は、一命にかえても祖国の自由を救え、との信念に燃えて前線に向かった。

ウェイガン将軍を脇にひかえたピウスツキーを総司令官とするポーランド軍は八月十六日にデブリン・コックの戦区で反撃を開始し、北方を目指した。攻勢が始まって一週間後の二十二日には、はやくもポーランド軍はナレフ河に到達し、トハチェフスキーの方の戦況が極めて危険になった。包囲される危険が生じたため、彼はただちに東方に向かって退却するよう命じたが、どの軍も混乱状態で、ロムツア地区の第四軍などは退却命令の来るのが遅すぎたためあわや全滅という状況になり、かろうじてドイツ領東プロイセンを通って脱出に成功した。

一週間にわたって荒れ狂ったニェメン河畔グロドノの激戦——八月二十八日まで継続——で、トハチェフスキーは二度目の敗北を喫したが、それでも西部方面軍の各部隊をなんとか白ロシアまで撤退させることができた。だが手ひどい打撃を受けたのは西部方面軍だけではなく、南部でもポーランド側に凱歌があがり、エゴロフとスターリンの指揮する南西部方面軍は遠くヴォルヒニ河とポドリイまで追い払われた。まだ救えるものはとにかく救おうということで、レーニンは一九二〇年十月十二日リガで講和条約を結び、ソヴィエト・ポーランド戦争は終った。

トハチェフスキーは初めて敗者としてモスクワに戻ってきた……。

■対ポーランド敗戦をめぐる責任論争

「ポーランド総崩れ」について、モスクワでは誰にも責任はない。

政治上は、ポーランド攻撃と赤軍の西方進撃を決断したのはレーニンである。ヴィスワ河畔にボルシェヴィキ政権を樹立することは彼の夢の実現の第一歩にすぎなかったに違いない。その夢とは、ブランデンブルク門とエッフェル塔に赤旗が翻り、全ヨーロッパがボルシェヴィキ化することだった。のちに彼は言っている。「もしポーランドがソヴィエト国家になっていれば、ワルシャワの労働者は自分達が熱望し歓迎したソヴィエト・ロシアの支援を受けて、ヴェルサイユの平和を打倒したであろう」。

ポーランドでトハチェフスキーとともに戦ったプトナもやはり、政治家に誤りがあった、という見解であった。彼によると、作戦指導があまりに政治戦略に従属しすぎ、政治情勢を重視したため、軍がこれ以上は無理というところまで進撃させられた、という。

他のソ連の軍人も、トハチェフスキー軍の状態を「補充なしに前進する軍隊」と形容しており、事実、武器弾薬の蓄えがほとんどなかった。これでは敗北は当然だった。

こういうことになったのには無論トハチェフスキーにも責任がある。これまでの素早い勝利に慣れて、ポーランド軍も速戦で撃滅できると思った。多数の軍事史の著作があるソヴィエトのゲオルギー・イセルソン将軍は、一九八八年にポーランドで出版した著書『なぜトハチェフスキーはワルシャワ前面で敗れたか』の中で、若いトハチェフスキーは才能には恵まれていたが、まだ方面軍指揮の技倆に熟達していなかった、との見解を示している。

この時ワルシャワにいたフランス軍事顧問団の一員で、赤軍との戦闘にも参加したある若い将校からも、一九二〇年八月の対戦相手への批判が示されている。その若い将校とは、すなわちドゴール少佐で、赤軍西部方面軍司令官トハチェフスキーの「古い」友人であった。すでに述べたように、ドゴールとトハチェフスキーは数か月間ともにインゴルシュタット収容所の第九堡塁で過ごし、そこで二人は何時間も現代の軍事指導について語り合った。「ヴィスワ河の奇跡」から五〇年たった一九六七年になって初めて、一九二〇年十一月の『レビュー・ド・パリ』誌に掲載されたポーランド戦役に関する匿名の日記記録の著者がドゴールだったことが判明した。彼の伝記作家の一人、ラインハルト・カップエラーによると、「まさしく一軍人に印象的なことだけを」叙述したもので、日記はそれほど内容のあるものではない。「ポーランド人のまとまりのないヒロイズムについてと、ソ連軍に関する否定的見解（二〇万人の山賊云々）が少々あるだけで、あとの大部分はフランスがポーランドの歴史に果たした役割についてである。しかも、政治上の現象とそれに伴なう精神的現象を注意深く観察する者にとって、驚くべき点が見受けられる。それは、ドゴールがポーランドで対戦した敵の世界観について何も触れていないことである。ボルシェヴィズムにもマルクス主義にも共産主義も」。

これに対してトハチェフスキーは、ヴィスワ河で自分を破った相手のピウスツキー元帥を擁護して、著書『一九二〇年という年』の中でこう言っている。

たとえ、時に戦闘で中断されることはあっても、異常に長い行軍というものはそれ自体が、軍にとっても指揮官にとってもすぐれた業績といえる。特に最高指揮官の能力について、単純に凡庸であるとか平均的である、などと評することはできない。最高指揮官はこのような任務を遂行するのに充分な意志と知識を備えていた。

一九二〇年のヴィスワ河に関するピウスツキーの著書は、トハチェフスキーのポーランド戦観に対する一つの回答であった。のちにこれは『ヴィスワ河への進軍』という題で公表される。ここでトハチェフスキーにこう激しく論評させている。「我が軍の輝かしい作戦は全世界を震憾させた。だが一つの失策によって挫折した」。

ピウスツキーは赤軍敗北の主な原因として、「個々の指揮官に充分な軍事的知識が不足していた」ことをあげている。

■スターリンの敵意の誕生

だがトハチェフスキーの敗北にはもっと重大な原因があった。すでに一九二〇年代にソ連の軍人の中には、「もしブジョンヌイ将軍の騎兵隊が八月の好機にワルシャワ正面にいたなら、トハチェフスキーはポーランドの首都を占領できたろう」、という説を唱える者がいた。

では何故トハチェフスキーが一九二〇年八月五日の電報で要求したのに、ブジョンヌイ騎兵軍はワルシャワ攻防戦に参加しなかったのか？　その答えは、この時に南西部方面軍政治委員スターリンに生じた西部方面軍司令官トハチェフスキーに対する、決して解消されることのない深い敵意と反感によって明らかになる。

トハチェフスキーの主張はこうである。第一騎兵軍はそのつもりがあれば、ワルシャワ攻撃に際してトハチェフスキー軍を支援できたはずなのに、ルヴォフ攻防戦に巻き込まれて兵力を「浪費」してしまい、かくて西部方面軍はこの支援を断念せざるをえなくなったのだ、と。これと同じような意見を、対ポーランド戦役参加赤軍総司令官だったセルゲイ・カーメネフがヴィスワ河の惨敗から二年後に発表している。彼は一九二二年に『軍事伝書使』誌で、ポーランド戦役においてブジョンヌイの第一騎兵軍は「それほど重要でない目標のために使用された」、すなわち既定のルヴォフ奪取のため、と述べている。

ではもし、トハチェフスキーとカーメネフからの非難を正しいとするならば、ブジョンヌイがその騎兵でもってトハチェフスキーの左翼の安全を確保せず、その結果ワルシャワ攻撃が挫折したことの第一の責任は南西部方面軍司令官エゴロフにあり、ということになる。ところが、ブジョンヌイを北西方向へ突進させる決断をしたのは決してエゴロフではないのだ。そう決定したのは南西部方面軍政治委員スターリンなのであって、エゴロフは反対もせずにこの決定を受け入れただけなのである。スターリンがトハチェフスキーの熱望する援軍を拒んだ理由については、ただ想像するしかない。ただスターリンは、ここ何か月間かの若いトハチェフスキーの軍事的成功を妬んでいた、ということははっきりしている。今またトハチェフスキーがワルシャワ占領という新たな勝利を祝うのを、スターリンは我慢ならなかったのだ。スターリンもまた一軍の長として、どこかの大都市への入城を熱望していた。すなわち、ルヴォフでボルシェヴィキ・ガリツィア・ウクライナ独立を宣言するはずであった。トハチェフスキーがその目標に到達できなかった時、スターリンの夢もポーランド軍の一撃によって潰え去ったのである。

レーニンはスターリンの石頭さ加減に激怒した。スターリンがルヴォフ征服のために、窮地にあるトハチェフスキーにブジョンヌイを援軍として派遣するのを拒否した訳を知って、レーニンは怒りの声をあげた。「レンベルクを越えて一体誰がワルシャワに進撃できるというのだ！」。一九二〇年九月一日――レーニンからの提案によって――、ボルシェヴィキ党政治局はスターリンを革命軍事評議員から罷免する決定を下した。この決定こそ、スターリンにいつか機会があればかならず仕返ししてやろう、と決意させたものである。

スターリンのトハチェフスキーへの敵意が想い返されるのは、これから何年もあとのことである。この関連で注目すべきなのは、ベルリンのドイツ国防省の「秘密」扱いになっている一九三四年十一月十三日付の報告書である。これにはヴィスワ河会戦に関するピウスツキー元帥の著作のロシア語版へのソヴィエト各紙の反響が取り上げられていて、ベルリンのソヴィエト大使館の「確かな出典」から引用しつつ次のように論評している。

ソヴィエト参謀本部は、ワルシャワ作戦とその後の潰走の原因をあますところなく解明することに血道をあげ、かなり成功した。当時の北部軍司令官トハチェフスキーは、まず第一にウエイガンの突撃に備えていたとして、ある程度の名誉回復がなされている。結局この突撃によって、停滞したロシア軍の戦線は崩壊したのだが。……この参謀本部の研究では、［赤軍南西部方面軍が］ガリツィアと上シュレジエンに向かわず北方に転ずるべきだった、と解説することによって、政治上の背後関係や党派的影響を批判している。

もちろんトハチェフスキーにとっても、ワルシャワ正面での敗北をそのままにしておくつもりはなく、いつかその日が来ればポーランドに復讐するつもりでいた。一九二三年にドイツ共産党機関紙『ローテ・ファーネ』とのインタビューで、彼はポーランドを脅している。「ドイツ・プロレタリアートにとって決定的瞬間が来たら、ロシア軍はポーランドの壁など藁のごとく踏み潰して彼等に合流するつもりだ」。

一九二〇年末、ロシアでの内戦は終わろうとしていた。十一月初めには、激闘の末ウランゲリ将軍指揮の白軍がクリミア半島においつめられていた。十六日にケルチが陥落し、半島内に立て籠もったウランゲリ軍は海外に脱出を始め、およそ一三万人の将兵とロシア民間人が故郷を捨ててトルコ亡命へと旅立っていった。

■クロンシュタット反乱の鎮圧

戦争は終ったが、それでボルシェヴィキの苦難が少しでも解消されたわけではない。「早い話がロシアは丁度、死ぬほど鞭打たれた人間の健康状態と同じような有り様だった。七年間にわたって国土は打ち叩かれ、前進するための何の支えもなくなった。我々が置かれていた状況とはかくの如きものだった」、とレーニンは述べている。

一九二一年三月八日にモスクワで、第十回ボルシェヴィキ党大会が開催されることになり、混乱した政治・経済の打開策を検討するはずであった。状況は破滅的だった。一月には、ヨーロッパ・ロシアの広い地域で鉄道網がほぼ完全に途絶していた。大都市ではあらゆる生活物資が欠乏し、飢餓が蔓延した。労働者と農民のボルシェヴィキ一党支配への不満が増大し、労農評議会と人民代議員選挙の民主化が叫ばれた。二月二十三日には、革命発祥の地ペトログラードのトルボチニー工場の労働者がストライキに入り、翌日、有名なプチロフ工場を含む他の工場もストライキ参加に賛成した。これに対するレーニンの対応ぶりは無情なものであった。ペトログラード市内に非常事態が宣言され、武装した赤軍士官学校生徒がデモ行進に襲いかかった。

三月一日、ペトログラードの沖合二九キロにあるコトリン島のクロンシュタット軍港に停泊していた軍艦「ペトロパウロフスク」と「セバストポリ」の水兵が政府に対する反乱を起こす。彼等は、無記名かつ自由なソヴィエト選挙、全労農政党への言論と出版の自由、全労働者・農民の組合結成権と団結権、全政治犯の釈放、ボルシェヴィキの特権的地位の解消、すべての共産党系武装機関の廃止を直接ボルシェヴィキに要求した。農民は自分の土地の完全な所有権を保持すべきであり、私的経営の権利を前提にして、いかなる債務労働者をも雇わない、という保証がなされねばならなかった。

三月二日にはクロンシュタットで、海軍書記セルゲイ・ペトリチェンコを議長とし一五人の水兵から構成される臨時革命委員会が成立し、自由選挙実施までの間一万二〇〇〇人の水兵と労働者の代表としてクロンシュタットを支配することになった。反乱側と交渉しようとしたモスクワ政府の希望はただの幻想にすぎなかった。レーニンはすぐに、クロンシュタット守備隊の活動綱領が共産党の単独代表権を脅かしかねない危険を察知し、この反乱をできるだけすみやかに鎮圧しなければ、反乱側の理念が国内の他の地域にも波及する、と見て取った。

三月五日、トハチェフスキーは連邦革命軍事評議会からの電報によって、今の西部方面軍司令官を交替して、ペトログラード方面の全軍、すなわち軍管区司令官とバルチック艦隊司令官を「全面的に」指揮下に入れることになった。トハチェフスキーは数人の気の合った軍人——今度もプトナがいる——とともに、その日のうちにペトログラードに到着する。装甲列車で駆けつけた陸軍人民委員トロツキーは、水兵に反乱を即時中止するよう求め、かつ、「社会主義の祖国に対してこぶしを振りあげた者は即刻武装解除せられるべし。……これは最後の警告である！」と脅した。

三月六日、土曜日。最後通告とともに、トハチェフスキー麾下の砲兵隊はオラニエンバウム脇の運河の南岸に陣をかまえ、はやくも夕刻からクロンシュタット要塞や軍艦と砲火を交えるようになった。八日の夜、赤軍の二個大隊が結氷した海を渡って市内に押し寄せたが、憤激した水兵の反撃にあって退却を余儀なくされた。

七日、ボルシェヴィキ機関紙『プラウダ』とのインタビューでトハチェフスキーは、蜂起した水兵をこれまでに打破した白軍の例になぞらえて、早急な反乱の鎮圧を確約している。だがこの楽観論の裏には、反乱が他の部隊にも飛び火しかねない、という深い懸念が隠されていた。すでにオラニエンバウムではいくつかの部隊が反抗し、クロンシュタットの水兵と戦うのを拒否していた。

九日、赤軍は二回目の攻撃に出たが、またもやトハチェフスキーは退却を命じなければならなかった。赤軍の士気を高めるため、レーニンはモスクワで開催中の党大会代議員三〇〇名を最前線に派遣し、同時に恐怖の秘密警察チェーカーも到着し、兵士の間で反抗の気運のあったオラニエンバウムではチェーカー隊員が各自五名ずつを射殺した。

こうして十三日の夜、トハチェフスキーの要請によってフィンランド湾岸に布陣した重砲隊の砲撃ののち、三度目のクロンシュタット攻撃が始まった。プトナ指揮の第二十七オムスク師団と騎兵が結氷した南運河を渡って攻撃を試みたが、またしても反乱軍に撃退され、しかも赤軍から脱走兵がでて市内の水兵に合流してしまった。しかしながら反乱側の臨時革命委員会はクロンシュタットが長くは持ちこたえられないのを悟り、劇的なラジオ放送によって全世界の世論に呼びかけた。「全世界の同志、ジャーナリスト、特派員のみなさん、すぐに攻囲中の要塞に来て、労働者と水兵が何のためにどうやって自分の命を捧げているかを自分の目で確かめてください」と。

三月十七日の夜が決戦となった。夕刻、赤軍の全砲門が一斉に火蓋を切り、使用可能の飛行機全部が飛来して、クロンシュタットに爆弾を投下した。これに対して、反乱側は要塞砲台と軍艦「ペトロパウロフスク」「セバストポリ」が一緒になって反撃した。濃霧が湾内にたちこめてきた午前三時、白衣の保護服姿の赤軍部隊が氷上を進み、五時に反乱側と衝突し激闘になった。市内に一番乗りしたのは士官学校隊だったが、市内の様子に不案内な赤軍側は大損害を被った。午後四時には反乱側が逆襲に出て、一度は寄せ手の赤軍を氷上にまで押し返したが、八時に赤軍側の総攻撃が始まり、翌十八日の午前十一時に、二日間にわたる激闘ののち、赤色親衛兵が「ペトロパウロフスク」と「セバストポリ」を制圧し、クロンシュタット市内は赤軍の手に陥ちた。

みずからクロンシュタット攻撃に参加したトハチェフスキーは次のように報告している。

水兵達は野獣のように撃ちかかってきた。どこから彼等がそんな熱狂的な戦意を得たのか理解できない。彼等が立て籠もっていた家は一軒一軒しらみつぶしにしなければならなかった。わずか一軒の家を奪うのに一個中隊を投入せねばならず、しかも奪ってみると、家にいたのはわずか二、三名の敵兵と一挺の機関銃だけ、という有り様だった。敵は息も絶え絶えの様子だったが、それでもピストルを構え、喘ぎながら言った。「俺達はやられた何倍もの貴様等悪党を撃ってやったぞ」と。

街路には戦死した幾千もの水兵や赤軍兵士が横たわっていた。何人かの反徒は氷の上を渡ってフィンランドへの脱出に成功し、逮捕を免れた。臨時革命委員会議長のペトリチェンコもその一人で、一九四四年までフィンランドで暮らしていた。それから彼はスターリンの「要望」によってソ連保安機関に引き渡され、一九四七年または一九四八年に、シベリアのどこかの矯正収容所で死んだ。

チェーカーに捕らえられた反徒――およそ二五〇〇名――の大部分は射殺され、少数が収容所送りになったが、その後の行方は永久にわからない。

レーニンはクロンシュタットの覇者トハチェフスキーをモスクワに招き、反乱鎮圧の祝辞を述べるとともに、すぐさまロシア南部のタムボフ県に急行するよう指示した。ここでは一九二〇年八月以来、四万の農民が武装蜂起してボルシェヴィキの全機関を追放し、みずから同県全体と隣県の一部を支配下に収めていた。そして集会において、ソヴィエト権力廃止の綱領を採択し、農地を耕作者に返還してしまった。

トハチェフスキーがこの反乱を鎮圧したのは、やっと一九二一年五月のことであって、「クロンシュタットの英雄」は今度も無慈悲で苛責ない処置をとった。トハチェフスキーの命令によって、すべての村落が平地にされてしまい、無数の反徒の家族——その中には女・子供・老人もいた——は「報復」のために処刑された。タムボフの農民反乱鎮圧における大殺戮から四〇年後、あるソヴィエトのトハチェフスキー伝は彼の役割を次のように評している。

反乱の掃滅はトハチェフスキーの最後の軍事作戦だった。今や五〇〇万の赤軍を解体する時がやってきた。一九二四年から一九二五年にかけての軍制改革は、基幹部隊制と地域部隊制という混合組織への移行であり、かつ個人責任制が導入された。一九二五年にフルンゼが急死すると、その後任としてトハチェフスキーが参謀総長に任命された。

かつて皇帝ニコライ二世の近衛セミョーノフ連隊の中尉であり、一九一八年からはレーニンのボルシェヴィキ党員になったトハチェフスキーは、今や赤軍の最高幹部として天空に輝く星となり、その行手には大いなる未来が開けていた……。

第III章 偽造者

■ハイドリッヒ、研究に着手

秘密国家警察（ゲシュタポ）・保安警察（ジポ）・SS保安部（SD）の長官を兼ねるラインハルト・ハイドリッヒSS集団長［中将に相当］は、一九三六年のクリスマスから一九三七年の元旦までじっくりと考える暇もないほど多忙な毎日で、無我夢中で働いた。ヒトラーからこの件についてのフリー・ハンドを与えられたハイドリッヒは、大変なエネルギーを駆使して「尽きることのない実行と確認」に邁進した。側近だったヴェルナー・ベストによると、「彼にとってはどんな実践と達成も、単にその先に設定した新たな目標のための前段階にすぎなかった」。トハチェフスキー以下の赤軍首脳を「排除すべし」との総統命令は彼にとってひとつの挑戦であり、しかもその目標達成を阻むものは何もなかった。

クリスマス休暇中にハイドリッヒが取り寄せたトハチェフスキーに関する一件書類はドイツの捕虜収容所時代の文書まで含む厖大なものであったが、その中にトハチェフスキーが多数のドイツ軍将官と交流があったことを示す詳細な記録があった。実はハイドリッヒはこの時まで、赤軍とドイツ国軍との接触には関心がなく、ほとんど知識もなかった。だが今では、ベストが証言しているように、ハイドリッヒは「狩猟者の英知」を働かせて文書研究にとりくんだ。感情の奥底に深く根付いた共産主義への反感と、一九三一年にドイツ海軍から追放されて以来、軍の上層部に対していだく冷たい憎悪が彼を衝き動かす原動力であり、もし成功すればこの二つが一挙に解決されるはずであった。ただそのためには情報が必要だった。第一次世界大戦が終結した翌年、すなわちドイツが軍事的にも政治的にも打ちのめされていた当時、何が起こったのかについてのあらゆる情報が——。

■独ソ軍事協力への道

それはつらい幻滅だった。一九一九年五月五日、講和談判のためにヴェルサイユまで出向いたドイツ代表団は、戦勝国側と同じテーブルで講和条件全部の折衝ができるもの、と期待していた。ところがそのわずか四八時間後にトリアノン宮殿での歴史的な会議の場でフランス首相ジョルジュ・クレマンソーから、ドイツ側には交渉の余地がまったくないことを了解するよう申し渡される。連合国側の条件をのむか、それとも……。

しかも条件は苛酷だった。フランス・ポーランド・ベルギーへの領土割譲。全植民地の喪失。天文学的数字の賠償。経済活動の制限。陸軍は服務年限一二年の兵士と同二五年の将校で編成する一〇万名規模にまで縮小され、戦車及びすべての「攻撃的兵器」は禁止され、「ドイツ参謀本部ならびに類似のあらゆる機関」は廃止され、「いかなる形にせよ再建することは」許されなかった。リヒターフェルデの幼年学校や陸軍大学のような軍の各種教育機関も同じ運命に見舞われた。占領されたラインラントとその東方五〇キロメートル幅の地帯は非武装化された。すでに休戦協定によってイギリスに抑留されていたドイツ大洋艦隊は無意味な象徴的兵力にまで削減され、軍艦の最大規模は一万トン以下とされ、潜水艦の保有も禁止された。そのうえドイツは戦争開始の責任を負わされることになった。

ドイツでは六週間にわたり講和条約を巡って激論が戦わされたが、最後には受け容れることになり、一九一九年六月二十八日ヴェルサイユ宮殿・鏡の間で講和条約が調印される。それから一週間した七月五日、社会民主党のグスタフ・バウアー首相は一つの新しい組織に命を吹き込んだ。すなわち「平時陸軍国民委員会」で、議長には五十三歳のハンス・フォン・ゼークト将軍が任命された。

混乱し、反乱と陰謀に悩まされ、東でも西でも敵国に苦しめられているドイツにあって、ゼークトは国軍を国家の中での独立した権力機構とするのに成功した。一〇万陸軍の長官に就任したその日から、ゼークトはただ一つの目的だけを追求した。それは、この国軍を将来の強力な国防軍のための母胎とすることである。

ゼークトにとって状況ははっきりしていた。戦勝国側から何の支援も期待できないとすれば、自分の計画実現の助けになるのはただ一国のみ――レーニン率いるボルシェヴィキ・ロシア。レーニンの腹心ラデックがモアビット拘置所でドイツ側の訪問客に何を語ったかはゼークトも充分承知していた。保守帝政派の将軍はボルシェヴィキの政治綱領に何の幻想も持っていなかったが、同時にレーニンが、自国のためなら何もためらわない実利的な政治家であることもわかっていた。

すぐにゼークトは自分の構想にとっての強い味方を見つけ出す。外務省参事官アーゴ・フォン・マルツァーン・ツー・ヴァルテンブルク・ウント・ペンツリン男爵。彼はメクレンブルクの古い領主の末裔で、こののち外務省東方課長になってからも、ゼークトと同じように、敗戦後のドイツの政策を集中的に東方、すなわちロシアに指向すべし、という意見の代表者になった。彼によれば、これがひいては成功を収めたかつてのビスマルクの東方政策にもつながる、というのである。

トハチェフスキーの赤軍がヴィスワ河畔で敗北して、ボルシェヴィキが対ポーランド戦争に敗れた時、ドイツ側にとって計画実現の好機が訪れたように見えた。一九二一年三月十八日、リガでボルシェヴィキがポーランドとの講和条約に調印すると、すぐにレーニンは赤軍再建への協力をベルリンに依頼してきた。この要請はまったく唐突にやってきたわけではない。一九二〇年末にはすでに、レーニンはドイツとの協力に熱意がある、との情報が彼の相談相手からもドイツ側に伝えられていた。このソヴィエト国家の祖は親独政策に反対する者達をこうなだめた。
俺だって決してドイツ人は好きじゃない。だが現在は、連中を挑発するより利用した方がずっと有利だ。独立ポーランドはソヴィエト・ロシアにとって非常に危険だ。これは我々にとって災難だが、悪いことばかりではない。というのは、ポーランドが存在する限り、ドイツを味方として計算に入れることができる。それはドイツ側もポーランドを憎んでいるからで、ポーランドを絞め殺そうという点では常に我々と事情は同じである。……すべてが、最も確実な同盟国としてのドイツに注目せよ、と教えている。ドイツの望みは復讐であり、我々は革命を志す。今まさしく双方の目標は一致している。

クレムリンがドイツとの協力に極めて前向きであることは、これ以外のルートからもゼークトのもとに届いていた。彼のもとには定期的に、一九一九年以来モスクワに亡命中のトルコの軍人エンヴェル・パシャから報告があり、それによれば、ボルシェヴィキはベルリンとの協定を考慮中とあった。一九二〇年夏、パシャから、陸軍人民委員トロツキーがドイツとの和解と両国軍部の協力について相談にやってきた、との連絡がゼークトに届く。炯眼の将軍はこの機会に、ベルリン・ベンドラー街にあるドイツ国防省に、将来のモスクワとの接触と拡大強化を任務とする「R特別班」を設置し、班長に元軍事防諜部門の責任者だったヴァルター・フォン・ニコライ大佐をあてた。この班を実際に動かしたのはゼークトの腹心クルト・フォン・シュライヒャーである。

一九二一年九月、突然ベルリンにあらわれたラデック――コンスタンチン・レーマーなる変名を名乗った――を通じて、ゼークトはロシア側への最初の打診を行なった。交渉の御膳立てがすむと、ニーダーマイヤー大尉・シューベルト少佐・フリッツ・チューンケ少佐がモスクワに派遣され、それからベルリンで――ヨーゼフ・ヴィルト首相と復興相でのちの外相ヴァルター・ラーテナウの同意のもとに――ロシアの軍需工業建設にドイツはどれだけの支援が可能であるか、についての協議が開かれた。この協議にはドイツ側から、陸軍兵務局長ハッセ大佐とシュライヒャー、ロシア側からは外国貿易人民委員レフ・クラーシンとベルリン駐在の半官的ソヴィエト代表ヴィクトール・コップが出席した。

秘密の接触によって、民営の貿易コンツェルンがベルリンとモスクワに設立され、目立たない社名が付けられた。「工業企画振興会社」（GEFU）。同社はドイツ政府から資本金七五〇〇万マルクの出資を受け、ボリス将軍が運営にあたり、業務指導主事にはチューンケ中佐が任命され、予算措置は「R特別班」が担当した。こうして一九二二年から、ヴィルト首相の承認によって、同班は北ドイツ・ロイド社を通じ一億五〇〇〇万マルクの支払いを受けるようになる。

　こうして独ソ軍事協力への道が開けたのである……。

■ラッパロ条約の成立

　一九二二年の年明け早々、フランスのレイモン・ポアンカレ首相はヨーロッパ各国政府に対して、今春イタリアのジェノバ市で戦勝国と敗戦国が同じテーブルについて各国協調の新時代を築くための会議を開催するよう提唱した。ボルシェヴィキ・ロシアの外交団も会議に列席してその初演をすることになった。

　復活祭が始まる前の月曜日である四月十日、イギリス首相ロイド＝ジョージがおごそかに会議の開会を宣言した――ポアンカレが急にジェノバ行きを断ったため。ドイツ代表団はヴィルト首相を団長とし、モスクワからは外務人民委員チチェリンと次官のマキシム・リトビノフが出席した。会議の雰囲気は初日から張りつめたものになった。ドイツ側は、西側諸国がボルシェヴィキ・ロシアとの和解をどこまで推進するつもりなのか、疑いの眼をもって注目していた。

　ドイツ代表団のラーテナウ外相は次第にいらだちを強めていった。イギリス首相の本部がおかれたアルベルティィ荘で英露会談が開かれたが、その内容は厳重に秘密にされていた。もし英露間に何かの協定でも成立すれば、ドイツはジェノバでの最大の敗者になってしまう。アルベルティ荘会談からドイツに極めて不利な結果が生まれるのでは、とラーテナウが危惧したとしてもそれは無理からぬことであった。だがチチェリンは、西側が押し付けてきた包括的協定が反ボルシェヴィキ「陰謀」の臭いがする、として断固拒絶し、その代わりにジェノバに出席中の諸国との個別の協定を模索していた。

四月十五日の夜にはドイツ代表団の気分はどん底の状態であった。会議の記者団長であるアマデオ・ジャニーニから、あとちょっとの障害を取り除けば西側とソヴィエト・ロシアの間で協定が達成される、ということを知らされたからである。ジャニーニによると、この調子で交渉がすすめば復活祭の日曜日には条約に調印することになる、とのことだった。

ところがそうはならなかった……。

真夜中にドイツ代表団のマルツァーン参事官はホテルのロビーの電話口に呼び出された。電話をかけてきたのは――チチェリン外務人民委員。このモスクワからの客は厳重に秘密扱いでドイツ側との会談を申し入れてきた。電話はすぐに切れた――次の月曜日にモスクワの外交団は、中断した西側との交渉を再開することになっている。

マルツァーンは大慌てで上司の外相をたたき起こし、数分後ラーテナウの部屋にドイツ代表団全員がパジャマとガウン姿で集まった――ヴィルト首相、ラーテナウ外相、ジムソン次官、マルツァーン参事官。

こちらにツキが回ってきたようだ。無論、ロシア側との合意に達する前に、なお詰めの話し合いが必要なことは全員に分かっていたが、とりあえず突破口は開かれた。「パジャマ会議」――深夜だったのでこう呼ばれる――で交渉をラーテナウに一任することが決まり、二、三時間後――四月十六日早朝――には外相は腹心の相談役を連れて海岸沿いの小都市ラッパロのサンタ・マルガリータ地区に向かった。そこの高級ホテル「パラッツォ・インペリアーレ」にモスクワの代表団が泊まっていた。

それから双方の間で何時間かかけて討議が行なわれたが、両者ともに、何等かの結論に到達せねば、とする明らかな決意をしていた。十六日の午後五時すぎ、ラーテナウとチチェリンはわずか三ページのタイプライターで打った包括的草案に署名し、それから全世界に向けて出し抜けにセンセーショナルなニュースを発表した。ドイツとソヴィエト連邦が条約を結んだ！

翌十七日に条約の内容が公表された。わずか六か条からなり、独ソ双方は現在の領土状況を相互に承認し、外交及び領事の関係を再開し、賠償は相殺の形で放棄し、相互に最恵国待遇を付与し、相互の経済協力を約するとともに、「より広範な国際的枠組の中でこの協定を調整する必要がある場合は互いに協議」することになった。事後の批准が必要な二か条を除いて、このラッパロ条約は即時発効することになった。

両国間の軍事協力は規定されていない、というか全く触れられていない。ラッパロで調印されたのは決して、ヨーロッパの力関係を変えてしまうような不可侵条約とか中立条約の類いではなかった。にも拘らずこの条約は外交上の大地震を引き起こした。ロイド=ジョージは怒りの発作に襲われ、フランス代表団はジェノバから席を蹴って退去した。ローマ駐在のアメリカ大使は本国に宛てこう打電した。「この爆弾はまったくの予想外だった。連中は世界を揺るがすだろう」。

■独ソ軍事協力の発展

ラッパロ条約調印から五か月たった一九二二年九月十一日、ゼークトは政府に提出した覚書において、駐ソ大使のブロックドルフ=ランツァウがソ連との緊密すぎる接近を警戒してイギリスとのより密接な協力を提唱したことに反論して、ドイツの積極的な東方政策の利点を力説した。

ゼークトはまず、「我が国の目標は何でありましょうか？　そしてロシアとの協同によって何を得ようとするのでありましょうか？　実りある東方指向とは一体どこに存在するのでありましょうか？」と問いかけ、すぐにこう回答する。「我が国が望むことは二重のものであります。第一に経済・政治・軍事各面でのロシアの強化であり、次にそれによって間接的に我が国を強化することであります。その際ロシア国内に我が国にとって必要な軍需工業を保護育成することになりましょう」。

ゼークトはドイツがボルシェヴィキ化するのでは、との懸念についてはきっぱりと言い切った。「ドイツがボルシェヴィキになることはありえませんし、ロシアと協調したからといって諸外国と問題が起こることもありません」。そのための保証人こそ彼が統率する国軍であるはずだ。かくてラッパロ条約はドイツ軍と赤軍にとって、新たな共通目標へ向けてのスタートの号砲となった。

はやくも条約調印から二週間後の四月三十日に、ユスト機長の操縦するフォッカー360PS機がモスクワのヒョーデンカ飛行場に降り立った。こうしてまずベルリン―ケーニッヒスベルク―リガ―スモレンスク―ハリコフ―モスクワを結ぶ定期航空路線が開通する。

ソ連側の高級将校の訪独はもう少し遅く、一九二三年夏に赤軍航空隊司令でトロツキーの義弟に当るアルカディ・ローゼンゴルツがドイツ軍指導部と折衝のためベルリンにやってきた。モスクワからの客はゼークトやシュライヒャーといった高級将校以外に、ヴィルヘルム・クーノ首相とも個人的に会うことになった。折衝によってはっきりとした結果が生まれた。国防省においてローゼンゴルツは「ロシア軍需工業建設とドイツ用軍需品製造」に関する協定に署名した。

ドイツ側の主導で、モスクワに元ドイツ航空隊参謀長リート＝トムゼン大佐を主任とする「モスクワ・センター」（ZMO）が設立されることになった。従業員は軍から一応退職したことにされ、ロシア滞在中は平服で勤務することになった。

ローゼンゴルツはシュライヒャーから共同開発計画の全リストを渡されたが、それはどのような新型兵器を開発するかについて予め両者の理解を交換しておくためであったが、その内容は航空機（空軍）、毒ガス開発、戦車製作など、どれもヴェルサイユ条約によってドイツが保有と開発を禁じられているものばかりであった。戦車などの軍用車輌と航空機の技術用プラントはドイツの民間商社を通じて納入されることになり、ソ連国内で最新式の航空機と車輌の原型をテストしたあと組立と、場合によっては生産ライン方式による製造も行なうことになった――ドイツ側の費用負担で。その見返りにソ連の軍需工場では、ドイツ軍用の武器弾薬を製造することになった。ヴェルサイユ条約による許容限度以上の蓄積をするためである。航空部隊、毒ガス開発、戦車製造のために、ソヴィエト領内に適当な設計・製作・組立の施設と、実地試験用の充分な広さのある訓練場を設置することになった。この見返りとしてソ連側は、ソ連国内でドイツの参謀将校による赤軍軍人の教育と、ドイツ軍の演習や作戦兵棋へのソ連将校の参加を求めた。これらの取り決めはすべて「国家機密事項」扱いとされ、ソ連側も同様の処置をとることを求められた。

ドイツ側が準備していた軍事センターのうち、まずボロネジ北方のリペツク飛行場が一九二四年から業務を開始し、毎年二〇〇万マルクがベルリンから支払われた。この年の末には、オランダ製のフォッカー戦闘機一〇〇機によって、元戦闘機乗りのための訓練が可能となり、二年後には「青年候補生」が参加するようになった。この高等学校卒業生は将来の航空士官見習いとして教育のためにリペックに派遣されたのである。一九二八年からは偵察訓練教程も設けられ、より広い基礎の上に立って最新式の航空技術が試験された。こうして幹部要員の数は年々増加し、センター開設時に六〇名だったのが、一か月後には一四〇名となり、実習参加者は二四〇名になった。

「モスクワ・センター」とドイツ国防省兵務局［事実上の参謀本部］にとって最大の問題は、機材の輸送と要員の派遣をどうやって擬装するかであった。国境検問と税関審査にひっかからないようにするため、バルト海経由の海路、またはリトアニアやラトビアを通る陸路――ポーランドを迂回する――が選ばれたが、その際全員が旅券と通行査証を偽名で登録していた。ソヴィエトに派遣される軍人は出張前に正式の退役手続きをとり、それによって万一この秘密事業が露見した場合でも、これらの軍人を「無責任な冒険家」であると弁解できるようにした。ソ連当局は預かり知らぬことである、という具合に。だが訓練参加者が事故で死亡した場合は厄介であった。ヴィルヘルム・シュパイデル空軍大将がのちに証言しているところによると、遺体を収めた棺入りの箱はドイツに搬送する時に機械部品として申告するか、あるいは税関で「傷みやすい食料」として申告されたという。遺族には、東プロイセンでの射撃訓練で命を落としたと説明された。

一九二六年にドイツ外相グスタフ・シュトレーゼマンと駐独大使ニコライ・クレスチンスキーとの間で独ソ友好中立条約が調印されると、年末には二番目の軍事センターとして、ヴォルガ河下流のオレンブルクに毒ガス戦学校の開設がきまる。この間に、元チエーカー部員で今はベルリンの大使館付武官であるヤーコブ・フィッシュマンが赤軍化学兵監に昇進し、一九二八年始めから「学校」の業務を担当した。

訓練センターの三番目はカザンに設立された戦車センターである。この町はヴォルガ中流にあって、モスクワ——スヴェルドロフスク鉄道の駅があり、ダイムラー、クルップ、ラインメタルの各社が開発したキャタピラ付き装甲車輛の試験が行なわれることになった。重量二三トンまでの車種を「大型トラクター」、一〇トンから一二トンまでの型は「軽トラクター」という隠語名が使われたのである。

この間にモスクワ近郊のフィリ工場ではドイツ軍用飛行機の第一号が完成し、トゥーラの武器工場からはドイツ向け軍需品を積んだ最初の列車が出発した。こうしてベルリン＝モスクワ間の軍事協力はどんどんテンポを上げていった……。

■独ソ両軍の人的交流

だがドイツ国軍に利益をもたらしたのは条約や協定だけではなかった。一九二七年末に、初めてベルリンで赤軍の高級将校がドイツ軍の参謀訓練教程に参加することになり、ここから独ソ両軍の幹部同士の個人的接触が始まった。最初の参加者はキエフ軍管区司令官ヤキールである。ソ連の軍人達はドイツ側にすばらしく良い印象を与えたようで、シュパイデルは、

参謀訓練教程ではソ連の将校の方が向学心の点でドイツ側を凌いでいることを思い知らされた。語学上のハンディキャップにも拘らず、彼等はドイツ語の教本をほぼマスターし、しまいには大抵のドイツ側の「同期生」をも凌ぐようになった。

この当時ドイツ国防省兵務局長であったヴェルナー・フォン・ブロンベルク少将は、一九三三年にヒトラーから国防相に任命される軍人だが、一九二八年八月から九月にかけてソヴィエトを視察し、モスクワとレニングラードで協議したあと各地を見学している。カザン戦車学校、ヴォルスクの毒ガス試作場、リペツク飛行学校、ヴォロネジの飛行訓練場を訪問したほか、ゴミョルでは航空演習を、そしてキエフではウクライナ軍管区の演習を見学した。この時に見聞したことはブロンベルクに深い感銘を与えたらしく、帰国後の十一月十七日付で「機密司令部事項」扱いの厖大な報告書を作成している。

ロシア国内での我が国の事業（飛行学校・戦車学校・毒ガス試作）は基盤の健全さの点では完璧である。これらの施設は我が国の再軍備にとって死活的重要性を有するがゆえに、今後も維持拡大をはかるべきである。赤軍は発展途上の段階ではあるが、重要な要素として計算に入れておかなければならない。赤軍を味方とすべき

なのは当然のこと、我が軍との協力においても大なる価値を有する。

さらにブロンベルクは「赤軍側の応接がどこでも友好的で、極めて手厚い心のこもったものであった」ことを強調しつつ、自分に同行した陸軍人民委員ヴォロシーロフや参謀総長ボリス・シャポシニコフをはじめとするソ連軍の首脳についても詳細な観察を行なっている。そしてレニングラード軍管区司令官トハチェフスキーについては、

年齢三十四～三十五歳。若々しく壮健で、洗練され好感が持てる。今年初めまで参謀総長。更迭の理由については、一説によると、対ポーランド予防戦争を主張して政府の承認を得られなかったからと言われ、別の説によると、その政治的信条が疑われ、万一のクーデターの際の軍事的指導者と恐れられたからだとも言われている。政治に関わる問題では話を留保していたが、作戦や戦術の分野のことでは非常な話好きで、良く的を絞った質問をした。極めて注目すべき人材である。

それから四年後――一九三二年九月――、この「極めて注目すべき人材」のトハチェフスキーは一一人の軍人を同行して、ドイツ陸軍の秋季大演習に参加のため訪独した。同行者の中には、赤軍総務局長ボリス・フェルトマン、レニングラード軍管区司令官代理ヨナ・ガルカヴィー、トハチェフスキーの副官ガズーキンなども加わっていた。

この時のトハチェフスキーのドイツ滞在は四週間に及び、これまでの独ソ両軍間の協力の頂点を記すものとなった。トハチェフスキーがベルリンに着いたのは九月十八日で、

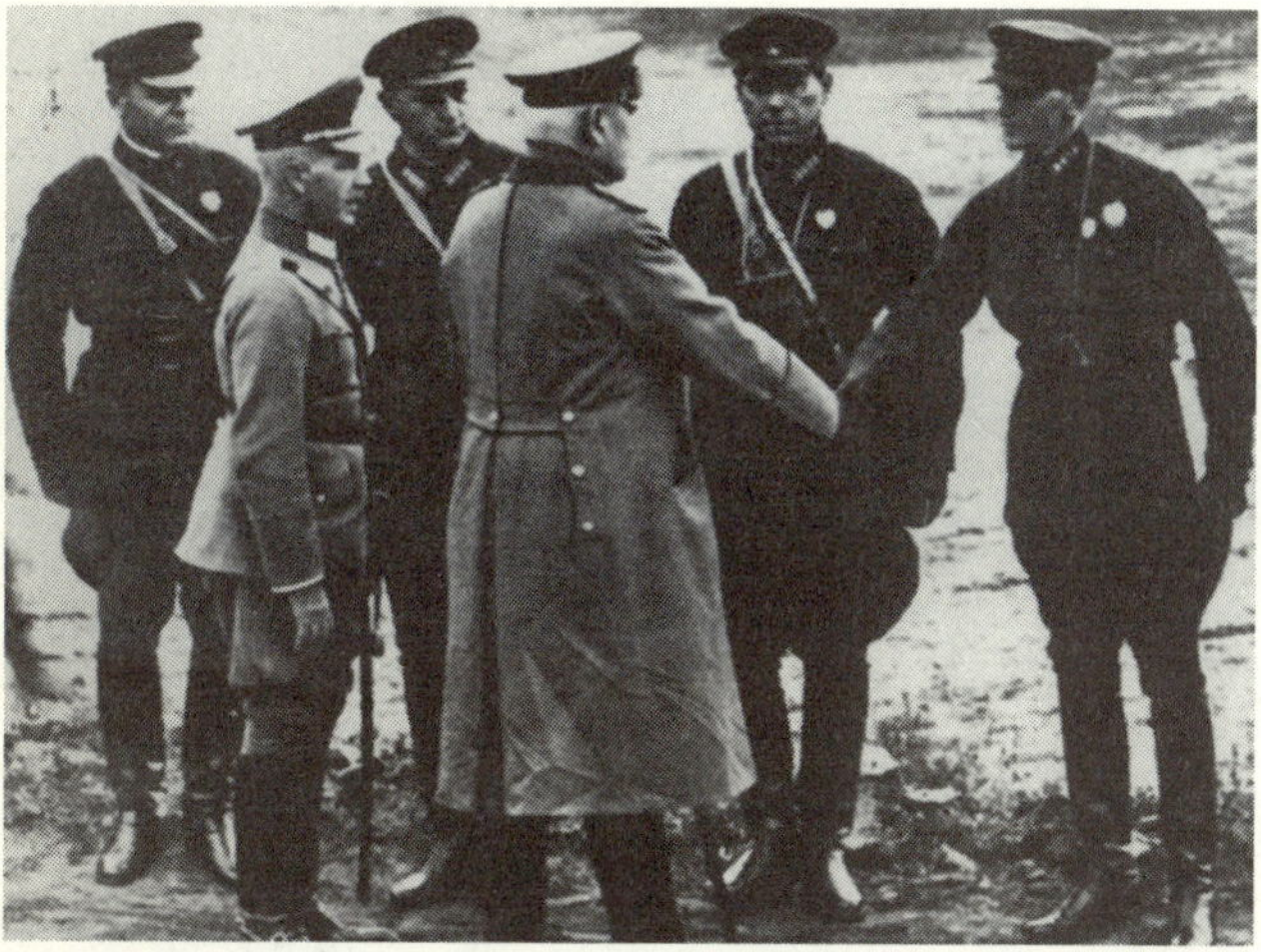

1932年の独軍秋季大演習でソ連軍将校を歓迎するヒンデンブルク
大統領。左から3人目がトハチェフスキー

二日後シュプレー河上流のバート・ザーロフで行なわれたドイツ陸軍秋季大演習を査閲した。彼に随行したドイツ国防省T［兵務局］三課のクレプス大尉は二十七日付で、演習に参加した「外国軍将校」についての印象を本省に報告している。クレプスは自分の任務を「トハチェフスキー付き」と表現しているため、当然最大の注意が払われている。

> バート・ザーロフに行く途中、トハチェフスキーが特別に関心を払ったのはイタリアとトルコの武官に対してである。またアメリカ武官（ヴュスト中佐）への接近も特に目をひいたことで、T［トハチェフスキーのこと］は極めて率直に、軍需工場見学のために是非誘って欲しい、そのためにいつでも出張する用意がある、と希望を伝えた。……これ以外の国では、日本の坂西《ばんざい》中佐とリトアニアのスキルパ大佐がTと昵懇になろうと何度も試みた。坂西のあからさまな接近の試みに対して、Tは品位ある、だがきっぱりとした態度で対応することを忘れなかった。本官も加わった歓談の中で、Tが外交政策上の意見を明確に口に出したことは一度もない。

クレプス大尉はこのほかに、スウェーデン武官フォン・デア・ランケン大佐の意見として、「精力的かつ教養のある人物」という言葉も紹介している。これまでドイツ軍将校にとって、ロシアの「犯罪者」「悪党」との交際は「大変痛ましい」ものと思われていたためである。トルコ武官チェブデット中佐は「この歓談の席で繰り返し、ロシアとトルコの協調義務」について力説した一方、チェコスロバキア視察武官ネメチェク大佐は、クレプスの表現によると、「ロシア人と距離をおいているのが目立つ」ほどであった。

この演習中に、トハチェフスキー一行にとって政治的にも社交的にも一つの頂点を記すような出来事があった。そしてこれは後世の歴史に残るに違いなかった。すなわち、ドイツ大統領パウル・フォン・ヒンデンブルク元帥が直々に赤軍将校を歓迎したのである。ヒンデンブルクとトハチェフスキーの握手する写真はスクープとして新聞に載り、世界中を駆け巡った。これこそ両国間の軍事協力を示す動かしがたい証拠とみられた。

演習の査閲が終るとトハチェフスキーはフェルトマンを伴なって、各地のドイツ軍部隊を見学してまわった。だがトハチェフスキーは軍事上の問題だけに関心があったのではない。九月二十七日にクルト・フォン・ブレドウ大佐は上官のシュライヒャー将軍に対して、「ロシア側の指揮官団、特にトハチェフスキーから、十月一日の晩餐会にドイツ陸軍首脳を招待したい」との申し出がフィッシャー大佐を通じてなされているとのことで、「全般的な政治上の理由から、将軍閣下がこの招待に応じられるのであれば大変ありがたい」と要請している。

「その戦略的才能には定評がある」とドイツ軍側の文書でも証明されたトハチェフスキーからの晩餐会招待を、シュライヒャーとしても手荒に無視するわけにはいかなかった。この席でシュライヒャーは「トハチェフスキーの人柄をすべて再確認することができ」、こう結論している。「きたるべきロシアの軍事的、そしておそらくは政治的な発展において大きな役割を果たすのに、トハチェフスキーは最適であると思われる。トハチェフスキーは現赤軍指導部内の最も有能な人材の一人であり、今後より高い地位に就くであろうことは疑いない」。

■独ソ蜜月の終焉

一九三三年一月三十日に狂信的な反共主義者のアドルフ・ヒトラーが首相になった時、これできっと独ソ両軍間の協力も解消されるに違いない、という観測が流れた。だがヒトラーの首相就任からわずか数時間後に、モスクワ駐在のヘルベルト・フォン・ディルクゼン大使はソ連外務人民委員代理クレスチンスキーに、新しい「国民結集政府」は外交方針には何等の変更も考えていないことを保証している。

さしあたりは赤軍指導部もナチスの政権奪取を平静に受けとめており、長年にわたり両国軍間の緊密な協力を斡旋してきたブロンベルク将軍が国防相に就任したことが、特別な変化をもたらさないことの現れとみられた。さらにこの年の五月一日からドイツで開講される指揮官代理養成講座に、北カフカース軍管区司令官代理ヴィターリィ・プリマコフやスヴェルドロフスクの第十三軍団長セミョン・ウリツキィ等五人の高級将校が参加する予定で、その後彼等は六月一杯ドイツでの各種部隊の演習にも加わることになっていたから、モスクワでの観測はあたっているように思われた。

ところが急に変化が起こった。ただしヒトラーが長年にわたる赤軍との良好な協力関係を解消したのではない。すでに前年からドイツ国防省内で、今後もソヴィエト国内に擬装した訓練施設を維持する必要があるのかどうか検討がなされていて、トハチェフスキーが秋季大演習のために来独した際にもドイツ側は、リペツクの飛行学校をすぐにでも休校にする、とほのめかしていた。ただしベルリンでも、協力関係の完全な解消までは考えていなかった。

一九三三年になると今度はソ連側が逆ねじをくわせてきた。ドイツ側がトムカでの毒ガス試作の再開と、リペツクでの飛行訓練課程の一部移転を申し入れたところ、ソ連側は即座に拒否し、さらに五月になると、今度は意外にもこの拒絶を取り消してきた。と同時に、一九三四年度は財源難のためにこれ以上の試作の継続は困難であるとも伝えてきた。

そこで五月八日、今後の協力について赤軍参謀本部と協議するため、ドイツ陸軍兵器局長フォン・ボッケンベルク将軍がモスクワに赴いた。この会談に出席したドイツ大使館参事官グスタフ・ヒルガーによるとその時の様子は次のようであった。

善意と協調の精神に満ちあふれていた。……ドイツ大使主催の晩餐会でも、独ソ双方の気分はすばらしいものであった。ここに出席したのはドイツ軍の代表団とソ連最高軍事評議会のメンバー全員であり、その席でヴォロシーロフは、両国軍同士の結び付きをこれからも維持していく、との確固たる見解を表明し、ボッケンベルクはソヴィエトの友人達の善意の希望を土産にして帰国の途についた。ところが彼の一行がベルリンに着く前に、突然赤軍側から、ロシア国内でのドイツ軍の事業をすべて引き揚げるよう要求してきた。しかもロシア側は、ドイツの陸軍大学への参加も全部断ってきた。

軍事協力の解消はあきらかにスターリンの政治的配慮による。赤軍は協力打ち切りには何の関係もなく、何度もドイツ側にそのことを説明している。カザン戦車学校長オットー・ルッツ中将のお別れ会がモスクワで開かれた時、出席した多数のソヴィエト軍人が、今後も長く個人的な交際を希望しているようであり、現在の協力の「中断」については口にしたものの、決して解消とは言わなかった。

■トハチェフスキー、ドイツ側に打診

十月末、ベルリンに帰任するディルクゼン大使のお別れ会では、大使館参事官フリッツ・フォン・トヴァルドフスキーと陸軍人民委員代理トハチェフスキーが一時間近くも話し合った。トヴァルドフスキーは十一月六日に本国外務省に宛て、「秘密」扱いで、

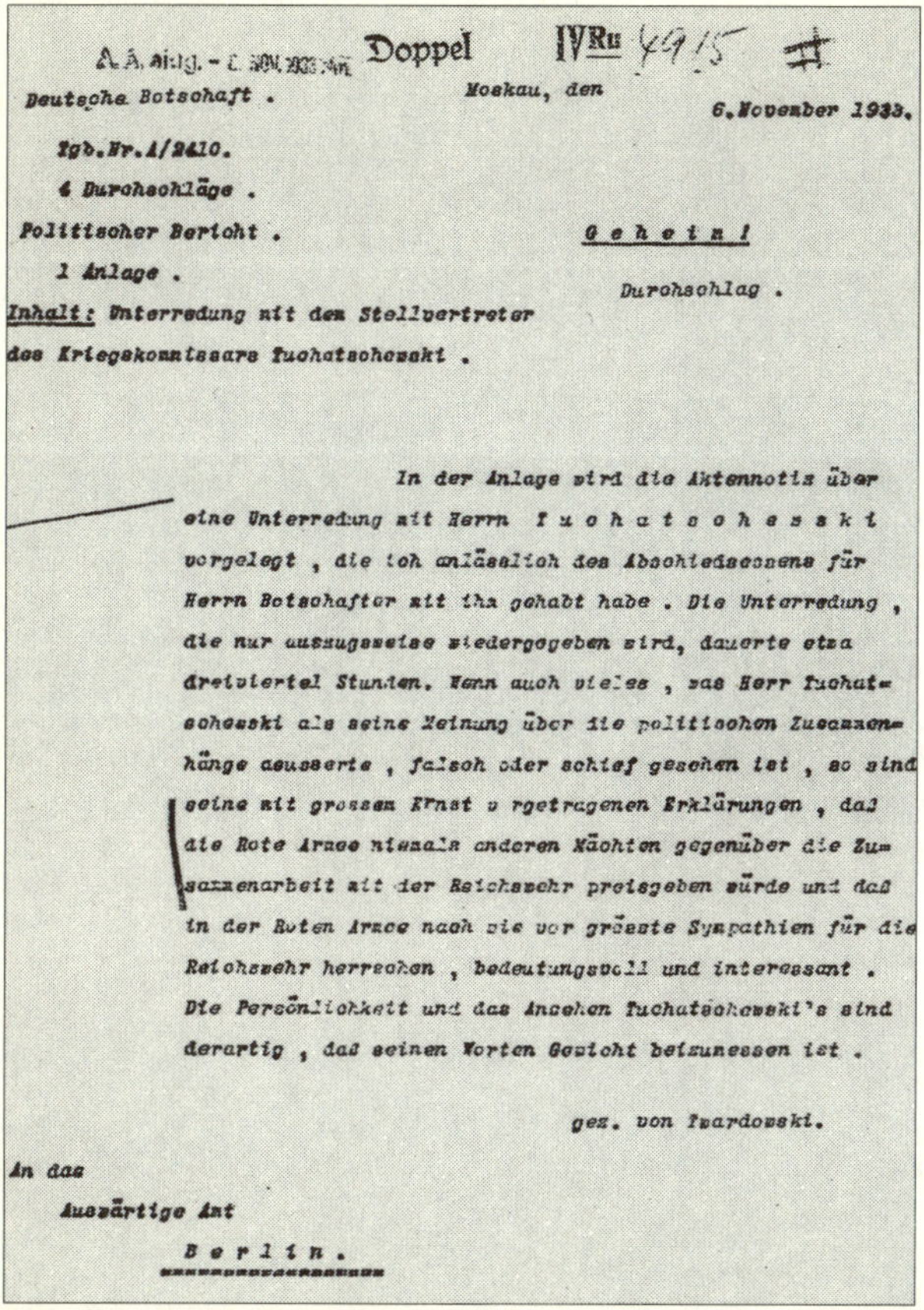
A.A. Abtg. - E. Doppel IV Ru 4915

Deutsche Botschaft . Moskau, den 6.November 1933.

Tgb.Nr.A/2410.

4 Durchschläge .

Politischer Bericht . Geheim!

1 Anlage . Durchschlag .

Inhalt: Unterredung mit dem Stellvertreter des Kriegskommissars Tuchatschewski .

In der Anlage wird die Aktennotiz über eine Unterredung mit Herrn T u c h a t s c h e w s k i vorgelegt , die ich anlässlich des Abschiedsessens für Herrn Botschafter mit ihm gehabt habe . Die Unterredung , die nur auszugsweise wiedergegeben wird, dauerte etwa dreiviertel Stunden. Wenn auch vieles , was Herr Tuchatschewski als seine Meinung über die politischen Zusammenhänge aeusserte , falsch oder schief gesehen ist , so sind seine mit grossem Ernst vorgetragenen Erklärungen , daß die Rote Armee niemals anderen Mächten gegenüber die Zusammenarbeit mit der Reichswehr preisgeben würde und daß in der Roten Armee nach wie vor grösste Sympathien für die Reichswehr herrschen , bedeutungsvoll und interessant . Die Persönlichkeit und das Ansehen Tuchatschewski's sind derartig , daß seinen Worten Gewicht beizumessen ist .

gez. von Twardowski.

An das

Auswärtige Amt

B e r l i n .

トハチェフスキーとの談話についてのトヴァルドフスキー報告
(1933年11月6日付)

トハチェフスキーとの懇談に関する六ページに及ぶ報告を送った。その添え書きで、

これまでトハチェフスキー氏の政治上の意見なるものの多くは誤解されたり曲解されてきたけれども、今回彼が表明したことは極めて重要かつ関心をひくことであると思われる。すなわち赤軍はこれまで一度も、ドイツ軍との協力に際して払ったほどの献身をそれ以外の国の軍隊に対してしたことはなく、今も赤軍がもっとも強く共感を持つのはドイツ国軍に対してである、と。トハチェフスキーは誠心誠意こう語ったのであり、その人柄と声望からして、この発言の重要性は考慮されるべきである。

ヒトラーの権力奪取から一〇か月後の時点でトハチェフスキーが言わんとしたことについて、ベルリンではある種のセンセーションを巻き起こしたに違いない。トヴァルドフスキー報告は続けて、

トハチェフスキー氏は何度もこう力説した。すなわち、政治上の展開は非常に遺憾なことであるが、ドイツ国軍とドイツ国民に対する赤軍の感情は従来通りであり、赤軍建設においてドイツ国軍が決定的な支援をしてくれたことを決して忘れはしない、と。

そこでトヴァルドフスキーが、ソヴィエト連邦がフランス・ポーランド両国との協力へと方針を転換してドイツ軍の内情をこの両国に通報するのでは、とのベルリンで広ま

っている懸念について質問したところ、トハチェフスキーはそのような非難を断固として否定した。そして彼は続けた。

かかる報道はあきらかに人を欺こうとする政治的陰謀の決まり文句である。……軍人と名誉の観念は不可分のものであって、たとえ赤軍とドイツ国軍が世界観的に異なっているにしても、軍人としての栄誉心は全く同じであり、かような懸念には断固として異議を申し上げたい。

それからドイツ軍施設のロシアからの引き揚げと、ソ連軍人のドイツでの参謀教程不参加の件が話題になり、さらにトハチェフスキーは、ナチスの理論家アルフレッド・ローゼンベルクと右翼保守派でヒトラー内閣の閣僚となったヴァルター・フーゲンベルクの反ソ的発言を批判し、ソ連と赤軍がフランスへと向きを変えるのでは、とのトヴァルドフスキーのほのめかしをあらためて否定した。もしそのようなことになるとしても、それはすべての協力を拒否したドイツ側にもっぱら責任がある――トハチェフスキーの説明による。

両国間の軍事協力を再開できぬ理由などない。ソヴィエトがフランス・ポーランド両国ともできるだけ友好的な関係を作りあげていくよう努力するのは当然のことである。それはソヴィエト政府の全面的平和政策に合致している。といって軍同士の緊密な協力とは何の関わりもないことである。ラッパロ政策こそ今でもソヴィエト連邦で最も支持されているものであって、あの困難な時代にあって、ドイツ国軍は赤軍の恩師だった。そのことを我々は決して忘れてはいないし、これからも忘れることはない。

二人の会話は「他人が割り込んできた」ために打ち切られてしまい、それからトハチエフスキーはトヴァルドフスキーとドイツ大使に別れを告げて席を辞した。その際トハチェフスキーは大使にフランス語でこう言った。「我々を隔てているのは政治であって感情ではありません。ドイツ国軍に対する赤軍の友情を御忘れなく」。

トハチェフスキーがドイツ大使館参事官にこのような詳しい話をした狙いは何だったのだろう？　それがベルリンに報告されるであろうことは百も承知の上で。ドイツ軍首脳へのシグナルとみるべきか？　ヒトラーとスターリンの政策と意思に反逆して、この二人の独裁者を排除するために協力しよう、との申し出だったのか？　だがもしトハチエフスキーがそのつもりだったとしたら、彼は非常に失望させられることになる。ドイツ軍将官団からは何の返答もなかった。この時期、ドイツ軍では赤軍と協力して反ヒトラー陰謀を企む気など全然なかった。ドイツの国内情勢が緊迫していたのである。ヒトラーの突撃隊（ＳＡ）が街頭を制圧し、ＳＡ幕僚長エルンスト・レームは国軍を褐色の「国民軍」に改組して将軍達を排除すると公言してはばからなかった。軍への支配権を失うのでは、という亡霊と悪夢が、将軍達をヒトラーの腕のなかに飛び込ませた。彼等にとって敵とはヒトラーではなくレームなのであって、軍を乗っ取ろうとするレーム一派の勇者を排除するためにはヒトラーに従うよりほかなかったのである。

SAとの抗争の決着がつかない以上、ベントラー街［独国防省］がトハチェフスキーの「申し出」に反応するはずもなかった――ただしそれもトヴァルドフスキーに詳しく説明したことがドイツ側に正しく理解されていたとしての話である。そしてトハチェフスキーが赤軍との協力に関心を持つ勢力にシグナルを送ったつもりであったとしても、一九三四年一月のドイツからの「返答」は彼に肘鉄砲をくらわすのも同然の仕打ちであった。

すなわち二十六日ベルリンで、ソ連の不倶戴天の敵ポーランドとドイツが一〇年間有効の不可侵条約に調印したのである。これでトハチェフスキーは今後の進路変更を迫られることになり、トヴァルドフスキーとの話し合いの時には隠していた、フランスとの軍事協力を推進することになった。そして外交上の活動と並んで、できるだけ速やかに赤軍の戦力を強化することが彼の課題になる。一九三三年度のソヴィエト連邦の軍備支出は二二億六四〇〇万ルーブル――約四九〇〇万マルク――だったのが、翌三四年度は約五〇億ルーブルへと、ほとんど倍増する。ヒトラーの権力奪取二周年にあたる一九三五年一月三十日に、トハチェフスキーは今年度のソ連の軍事予算を六五億ルーブルと公表したが、実は軍備のための財源が他の多くの項目の中に「隠されて」いたのであって、ドイツ国防省の内部研究によると、赤軍は戦時に総計一八一個師団の編成が可能であるとされていた。

一九三五年三月十六日の午後一時を期して、ヒトラーはまったく出し抜けに、義務兵役制の導入に関する「ドイツ国民への布告」を発表し、同時に、もはやドイツはヴェルサイユ条約の軍備制限条項に束縛されない、と公言した。こうして全く公然たる再軍備への道が開かれたのである。ヒトラーの宣伝相ヨーゼフ・ゲッベルスは大急ぎで、この新たな事態についての理由付けに取り掛かった。すなわち、これまでドイツはヴェルサイユ条約の軍備縮小義務を完全に履行してきたのであって、義務兵役制の導入はドイツにとっては防衛の手段にすぎない、と。そして第一次世界大戦後ドイツが破棄もしくは連合国側に引き渡した武器は、大砲五万九八九七門、機関銃一三万五五八挺、飛行機一万五七一四機、大型艦二六隻、潜水艦三一五隻にのぼる、と。第三帝国の宣伝主任は、ドイツ国軍が一九二〇年代半ばから赤軍と協力して講和条約のすり抜けをやってきたことを隠していた……。

■仏ソ接近とトハチェフスキー

トハチェフスキーはいつも不意討ちには強かった。

一九三五年三月三十一日にソ連共産党機関紙『プラウダ』に、一日遅れで政府広報紙

『イズベスチア』と赤軍機関紙『クラースナヤ・ズヴェズダ〔赤い星〕』に、「今日のドイツの戦争計画」なるトハチェフスキーの論説が掲載される。すると、それからわずか数時間後にモスクワ駐在のドイツ大使シューレンブルクは、この記事についての詳細な報告を特電第五七号としてベルリンの外務省に送った。

トハチェフスキーは次のように論じている。ドイツは将来にわたりソヴィエト連邦との交渉の余地を残しておく、とのヒトラーの説明は単に西ヨーロッパと南ヨーロッパに対する復讐と領土強奪計画の意図を隠蔽するためのものにすぎないと。トハチェフスキーはドイツの軍備について、実態をはるかに上回る誇張された数字を挙げている。トハチェフスキーによるとこうである。ドイツは爆撃機・偵察機合計二一〇〇機、戦闘機とその他の補助機一六〇〇機以上を保有し、空軍の総人員は六万名で、さらにこれ以外に六万名を訓練中。兵力五四六〇名からなる歩兵師団は戦時に一〇八個の編成が可能で、これに五個騎兵師団、一〇個自動車化連隊が加わる。歩兵と騎兵の各部隊には砲兵が含まれ、これだけで五万四〇〇〇名以上になる。自動車化師団には四個機械化旅団と一二個戦車大隊を含み、人員は三万三〇〇〇名になり、工兵部隊は二万三〇〇〇名、士官学校その他の国防省関連の研究・教育機関の人員は六万名、海軍は二万二六〇〇名になる。この結果、今年の夏までにドイツの全兵力は九〇万九〇〇〇名に達するはずで、これには訓練中の飛行士八四万九〇

○○名は含まれていない、と。

さらにシューレンブルクは「第五七号電関連」と銘打った別電で、トハチェフスキー論説の政治的影響を詳しく取り扱っている。

ソ連国防当局のこれほどの高官が反ドイツ宣伝のためだけにこのような架空の数字を署名入りで公表したということは、ソ連当局のはっきりとしたドイツ敵視を具現したものである。そこで本使はリトビノフに抗議するとともに、武官を通じて赤軍に必要な措置をとらせるつもりである。

ドイツ外務省もこのシューレンブルクからの申し出を了解し、ベルンハルト・フォン・ビューロー外務次官は大使への密封電報で指示した。

トハチェフスキー陸軍人民委員代理の煽動的記事についてリトビノフに抗議すること、及びその際、この記事が極度に悪意に満ちた誹謗を叙述している点を詳しく説明すること、ことに彼が誇張され故意にねじまげたやり方で、ドイツ再軍備以外にドイツの侵略計画なるものについてもほのめかしている点を指摘すること。……ただし、ドイツの軍備の実情に関する議論には一切関わらぬこと。

トハチェフスキーの記事が掲載されて五日後の四月五日にドイツ外務省から国防省に、ソ連外務人民委員リトビノフとシューレンブルク大使との会談の内容が報告された。それによると大使は、訓令に基づき、誹謗記事の件で抗議を申込み、その際、同記事が最低の部類の中傷であることを詳しく説明した。リトビノフは、トハチェフスキーの記事は単にソ連の一般への解説用であって、決して他国への誹謗などではなく、トハチェフスキーが「計算違い」をしたとしか考えられない、と弁明した。

だがトハチェフスキーはわざと「計算違い」をしていたのである。彼が挙げたドイツ国防軍の各部隊についての数字の内、空軍と海軍に関しては実際にはありえないひどく誇張されたものになっているが、だからといってトハチェフスキーがドイツ国防軍の戦力を見誤っていたわけではない。

では何のつもりで彼はドイツ国防軍を非難したのであろうか？ そうすることによってドイツ軍将官達と決定的に絶交し、ソ連を恒久的にフランス寄りにする政策を始めるつもりであったのか？

トハチェフスキーがモスクワ＝パリ同盟を決断するのでは、との憶測はそれから数週間以内に確認された。彼にはヒトラーの東方征服構想は明白であり、『プラウダ』の記事——四月八日のブロンベルク国防相の講演用メモにも記入されている——も『我が闘争』を研究して立証したことであって、単なる駄弁ではなかった。彼はヒトラーの東方政策がソヴィエト国家の存亡に関わる危険性があることを察知した。

こうして、トハチェフスキーの記事によってモスクワ＝ベルリン間に対立が引き起こされてから一か月後の五月五日、フランス外相ピエール・ラヴァルと駐仏ソヴィエト大使ウラディーミル・ポチョムキンはパリで一つの協定に調印した。それによると、フランス・ソ連両国は、「ヨーロッパのある一国の側から挑発的攻撃」を受けた場合に、相互に支援する義務を負うことになっていた。この匿名の「ヨーロッパの一国」がどこを指すかについては何の秘密もなかった。ヒトラー・ドイツ。それから二週間ほどたった五月十六日には、チェコスロバキアがこれとほとんど同じ内容の友好条約をソ連と結ぶ。ただし当然プラハ側によって、その第二条で赤軍介入に条件が付けられていた。すなわち、フランスが紛争に巻き込まれた場合にのみ、赤軍はチェコスロバキア救援に駆けつけることができる、と。

こうしてカードは切り直しとなり、敵味方がはっきりした。幕を上げて芝居を始める用意ができた。この劇で一番重要な役の一つをトハチェフスキーが引き受けることになった……。

SS集団長ハイドリッヒは自分が取り扱う事柄について徹底的に研究し、わずか数時間でドイツ軍と赤軍の協力に関するあらゆる細目を頭にたたきこんだ。

たくさんのノートとメモ。こうするうちに彼には、最大の打撃を与えるにはどうしたらいいのかはっきりしてきたが、なお解決しなければならない問題が二つあった。トハチェフスキーと赤軍将官達がスターリンの排除と軍部独裁実現を計画中であることを異論の余地なく証明している資料を、どうやってスターリンの手に握らせるか。それから、証拠資料を伝達するのは、この独裁者に信頼されている決して欺瞞工作の疑いをかけられないような人物でなければならない。

ハイドリッヒの脳裏には謀略の輪郭が浮かび上がってきた。

一九三六年も押しつまったある日の午後、ハイドリッヒはSDの東方課長ベーレンツを呼んだ。

こうして秘密作戦「トハチェフスキー」が開始された……。

■ドイツ側謀略についての伝説

ここにも数々の伝説のたぐい……。

伝説、噂、独断。半世紀以上も経ってからこれらを濾過して、そこからほんのわずかな真実を採り出すのは容易なことではない。

ソヴィエトのニクーリンはそのトハチェフスキー伝の中で、一九六一年十月の第二十二回ソヴィエト共産党大会での党第一書記ニキータ・フルシチョフの演説を引用している。フルシチョフによると、トハチェフスキーなどの赤軍指導部を一掃するため「我が国への奇襲を準備していたヒトラーは、自分の秘密機関を通じて一つの偽造文書を投げてよこした。それによると、同志ヤキール、トハチェフスキーその他何人かがドイツ秘密機関の工作員である」という。それからニクーリンは——西側の資料も引用したうえで——、トハチェフスキーとその同志に対する陰謀がどうやって生れたかをドラマチックに描いている。

一九三六年の中頃、ヒトラーの保安部長ハイドリッヒはドイツ対外防諜局長官のカナリスを訪ね、トハチェフスキーのサインを偽造できるような筆跡学の専門家を都合して欲しい、と頼んだ。彼の説明では、ヒトラーから委任されている最高機密任務のためにこの専門家が必要で、偽造した文書をロシア側に掴ませるつもりである、という。慎重なカナリスはまずその計画なるものの全体情報を要求した。ハイドリッヒが再びカナリスを訪れた時、彼は文書偽造について別のやり方を見つけた、と言って満足そうだった。その方法とは、ワイマル共和国当時のドイツ軍統帥部とトハチェフスキーとの間で取り交わされた書簡類を参考にすればよい。その偽造文書では、トハチェフスキーがソヴィエト権力の転覆を決意した、ということになっており、文書作成作業はヒトラーから委任されたものである、とカナリスに説明した。

アメリカのジョフリー・ベイリーも、ハイドリッヒはトハチェフスキーに対する秘密作戦の準備のためカナリスに援助を求めた、と信じている。カナリスが単なるほのめか

国防軍・ＳＳ交歓会でのカナリスとハイドリッヒ（右）

し以上のことを聞き出そうとするとハイドリッヒは、これはヒトラー直々の委託である、としてそれ以上のことに触れるのを断った、という。それでカナリスは「陸軍総司令官フォン・フリッチュ上級大将——反ナチスとして知られていた——の命令がなければ、いかなる公文書も利用できない」と返答したはずだ、というのである。

フランスのアンドレ・ブリソーによると、ブリソーもやはりハイドリッヒとカナリスの密談なるものについて触れている。ブリソーによると、ハイドリッヒはカナリスを食事に招き、その席でカナリスに、国防軍文書館に保管されている、ヒトラーの政権奪取以前の時期にドイツを訪問したソ連軍諸将のサインのある文献の持ち出しを頼んだ、という。これを聞いたカナリスはハイドリッヒの「方法」なるものを知って、「さりげなく」この件から身を引いたという。ブリソーは二人のやりとりを描写している。

（ハイドリッヒ）「総統は政治の分野での赤軍首脳についての報告を望んでいます。そして私にその報告の件を一任しました。私はある必要な証拠について不足しているためにこうして閣下に御願いするのであります」。「はなはだ残念ではあるが」とカナリスは答えて、「総統の署名がある文書の命令がないと、自分としては参謀本部の書類を御渡しするわけにはいかない」。

納得したハイドリッヒはこう言った。「わかりました閣下。では私がそのことを総統に報告いたします」。

信頼できるカナリス伝の著者カール・ハインツ・アプスハーゲンでさえ、次のような間違いをしている。彼は、ハイドリッヒがカナリスに「ドイツのゼークト、ハンマーシュタイン両将軍とトハチェフスキー元帥以下のソ連軍諸将の手書きの書類」を請求した、と信じている。ゼークト、ハンマーシュタイン両名と文書を交わした、との理由で一九三七年にソ連でトハチェフスキーを訴追するのはまったく不可能である。なぜなら、ゼークトもハンマーシュタインもずっと前からベルリンで重要な地位に就いてはいなかったのである。ゼークトは、すでに一九二六年に統帥部長官の役職を退いており、その後一九三〇年から一九三二年まで国会議員だった。ソ連の「陰謀家」がドイツ軍将官と再度の接触を試みようとしていた、とされるまさにその時、すなわち一九三四年から一九三五年にかけては、ゼークトは蒋介石の顧問として中国にいた。そしてゼークトは一九三六年に死んでいる。トハチェフスキーがハンマーシュタイン将軍と接触があった、などというのも信じられない。同将軍は一九三〇年に統帥部長官に就任するが、一九三四年にはナチスとの見解の不一致のために引退している。

トハチェフスキーに関してハイドリッヒ＝カナリス会談などまったくなかったのは確かである。一九三七年六月にトハチェフスキー以下の将軍が訴追されて粛清されるまで、カナリスはモスクワでの「陰謀」のことも、そしてドイツ軍将官の関与なることもまるで知らなかった。

当時ドイツ参謀本部の「外国軍課」のロシア専門家カール・シュパルケ中佐は国防省首脳に対して、トハチェフスキー処刑とモスクワでの新たな展開についての講演を行ない、その時カナリスとも話を交わしている。トハチェフスキーの排除におけるカナリスの積極的な援助のことをハイドリッヒが吹聴しているのをカナリス自身は知っているのかどうか、シュパルケは聞き出そうとした。カナリスは非常にうろたえ、対外防諜局の部員に早速この噂の出所を追跡させた。だが追跡調査は骨折り損に終った。そうして何週間もたってからカナリスはハイドリッヒ本人から、トハチェフスキー事件の背景と自分の関与について打ち明けられたのである。ただしその際もハイドリッヒはことの仔細にまで立ち入るのは避けていた。

当然のことだが、トハチェフスキーその他の赤軍諸将のサインの実物がなくても、ハイドリッヒが人を信用させられるだけの文書を偽造することは可能だった。これまで多数の著書で、ハイドリッヒの保安部が偽造に必要な実物の書類を手に入れた方法が叙述され、同時にハイドリッヒ＝カナリス会談なるものが実在したとされているが、どれも根拠のない夢物語なのである。

ブリソーはわざわざこんな話を持ち出している。

ある天気のよい朝、カナリスは、昨夜ベントラー街の国防省にある対外防諜局と参謀本部の一角で発生してひどい被害を出した火災に関する報告を受けた。カナリスは自分で火事のあった現場を検証し、予想した通り、火は他の部署とならんでT三課を荒らし尽くしているのを確認した。ここには今でもドイツ軍と関係のあるソヴィエトの将軍達が書いたロシア語の文書が保管されていたのだ。

「謎に満ちた」侵入のことをドラマチックに描くドイツの作家もいる。その上この作家は侵入を企んだ者まで知っている。ドイツ刑事警察長官アルトゥール・ネーベだという。ネーベはハイドリッヒのために「自分のある特別部から優秀な専門家を募り、みずから侵入の指揮に当った。この侵入班はハイドリッヒにとって〝活用できる〟材料を見つける作業に当った」。

侵入班を指揮したのは保安部所属のゲルト・グレーテだった、とする著者もいる。グレーテの部下が侵入の痕跡を消すために公文書室に火を付けたのだという。だが「放火」の件を辿っていくと、色々な説がある。その中の一説では、ネーベの侵入専門家は非常な熟練者で、火を付けてもさほど大きな被害を出さなかった、という。これに対して別の説では、グレーテの部下の仕事はそれほど上手ではなく、火災で在庫のかなりの部分が破損したという。これ以外にも、警報によってベルリン中から駆けつけた消防車の放水によって、さらに多くの公文書が破損してしまった、とする説まである。

■シェレンベルク説の影響

ハイドリッヒが国防軍の公文書を利用させて欲しい、とカナリスに要請したなどという噂を世間に広めたのが誰かはわからない。しかし第二次世界大戦後に対外防諜局長官カナリスの部下の誰かが、長官はトハチェフスキー事件に無関係だったと証明しようとして証言した、というのはありそうな話である。それよりも、ベントラー街の国防省公文書室への謎めいた侵入説はその出所まで辿ることができる。

一九五二年三月三十一日、イタリアのトリノで四十二歳の男が死んだ。ヴァルター・シェレンベルクである。彼は一九三四年以来ハイドリッヒに最も近い腹心であり、一九四二年ハイドリッヒの死によって、SS全国長官ヒムラーから国家保安本部第六局長――情報局――に任命され、一九四四年にカナリスが対外防諜局長官の座を逐われると、軍情報機関の指揮も引き受けるまでになった。シェレンベルクの遺品の中から、SDの活動に関する目もくらむような多数の記録が見つかった。それにはシェレンベルクみずから関与したものの他、詳しい報告を受けた件に関するものもあり、その中にトハチェフスキーの一件に触れたメモ類もあった。

シェレンベルクが死んで四年たった一九五六年に、ロンドンで彼の『回想録』が出版され、その中にトハチェフスキーに対するハイドリッヒの活動についてのシェレンベルクなりの説が発見されたのである。シェレンベルクは、偽造文書によってトハチェフスキーを排除する計画のことをハイドリッヒがカナリスに打ち明けたのは確実だ、と断定

ヴァルター・シェレンベルク

している。「国防軍首脳は、ヒトラーの厳命によって、トハチェフスキーの件には一切関わることを許されなかった」から、カナリスは何も手を出せなかったのだ、と言う。「ヒトラーの命令で（ハイドリッヒのではない）国防省と対外防諜局の文書室への侵入が実行された」と言い、ネーベのもとで「侵入班」が編成された、とも主張している。さらに、「ドイツ軍と赤軍指導部との協力に関する本物の証拠を見つけ出した。夜間の侵入の痕跡を消すために、侵入場所にあった書類に火を付け、引き上げる際に偽装の目的で火災報知器を鳴らした」とまで言い切っている。

シエレンベルクによって事実として描かれた侵入説は、その後全然検証されることもなく引き継がれ、中にはこの侵入を実行したのは投獄中の本職の犯罪者だったはずだ、と暴露めいたことを主張する論者まで現れた。ここでは、秘密保持についてヒトラーが厳命した任務だとする一方で、公文書室に秘密侵入——そのうえ放火まで——したとする点の矛盾はさておくとしても、もしそんなことがあればすぐに大がかりな捜査が始まるはずではないか。国防軍も対外防諜局も、消えた書類が誰の手に落ちたか、そして火事でだめになったのはどの書類かを確認するために全力を上げていたはずではないか。

まったく馬鹿馬鹿しいことである。当り前のことだが、ハイドリッヒが対外防諜局の「筆跡専門家」に助けを求めたことなどあるはずがない。保安部は自分のところに高度の偽造の専門家を抱えていた。ただし、もし手本となる原本がなければどんな名人でも途方にくれるだろう。

では、ベントラー街の国防省文書室への不吉な「侵入」などありはしなかったとすれば、ハイドリッヒは偽造用の「手本」を一体どこから調達したのであろうか？ この疑問についても実に様々な解答があり、中には次のような変わった説もある。それは、保安部が一九三七年二月にポツダムの国立公文書館で元ロシア帝国陸軍中尉ミハイル・トハチェフスキーの捕虜名簿の引き渡しを要求した、とするものである。それによると、名簿にはトハチェフスキーの捕虜収容所時代、特にインゴルシュタット第九堡塁でのことがすべて記録されていて、それを保安部はプリンツ・アルブレヒト街八番地に持っていったに違いない、という。だがこの説も当てにはならない。というのも、トハチェフスキー中尉の捕虜時代の書類がポツダムに保管されたことは一度もないのであって、それらはずっとミュンヘンのバイエルン軍事公文書館に納められていたのだ。

ラインハルト・ハイドリッヒは冷徹な実務家であった。いつも自分の活動内容を世間にバラしてしまうような華々しい動きをはばかっていた。そのため、これまでも冒険的な家宅侵入とか放火、襲撃などはしたことがない。それにハイドリッヒ配下の偽造者が無心してきた原典は一か所からのものだけではなかったのである。

ＳＤの専門家が作業の手本に使ったのは、一九二六年のソヴィエト空軍への技術援助に関する秘密協定にあったトハチェフスキーのサインで、これならゲーリンクの航空省文書室にあったからハイドリッヒが調達するのに何の問題もなかった。もっと有望なのがドイツの大銀行にもあった。ソ連軍将校のドイツ軍大演習視察と会合、そして参謀教程参加など、ドイツ滞在にかかる費用はドイツ側が負担していたのであって、赤軍の参加者は全員、トハチェフスキーもプトナもコルクも小切手を所持していた。サイン済みの小切手は銀行に保管されていた。この方法なら保安部が金融機関に疑いをもたれずにすんだであろう。そして最後に、トハチェフスキーの原典書類を入手するのに最も可能性のある方法があった。このことに初めて気付いたのは、トハチェフスキー事件からかなりあとの一九五六年、当時まだ生存していた関係者の一人によってである。何者もあえてそこからの要請を断れないある機関があった。すなわち総統官邸である。ドイツ国軍と赤軍との協力に関する記録、資料、書類の閲覧はここから要請され、これらの資料をハイドリッヒが利用できるよう手配され、SDの偽造者にとって用済みになったところで再び元の持ち主に返却された。ソ連軍将校のサインや記録に接するのにこれ以上安全な方法はなかったろう。総統の命令と要請にあえて逆らうような者が果たしていたであろうか……。

■SDによる偽造作業

ハイドリッヒに委託されて偽造に必要な証拠資料を入手してきたのは、SS上級突撃大隊長［中佐相当］ヘルマン・ベーレンツである。彼は一九三二年、学位をとった翌年にナチスに入党した法律家である。ハイドリッヒは保安部を設立する時、この若い野心に満ちた法律家のベーレンツに注目した。すでに一九三四年にベーレンツはハイドリッヒから、あるデリケートな任務を託されている。同年七月末、重態に陥っていたヒンデンブルク大統領の命があと二、三日しかないのがはっきりした時、SDとSSは領地のノイデックで死と闘っている大統領を外部世界から完全に遮断することになった。またその少し前の六月三十日に、ヒトラーは党内の敵レームの粛清に乗り出したが、その際ベーレンツ指揮の特別班はハイドリッヒの指示によりシュレージエンでの殺人を実行している。ヒムラーがはっきり留保した——ことによると全然その気なし——にも拘らず、ハイドリッヒはベーレンツにSD東方課の指揮を任せた。ベーレンツは一九三七年に三十歳にしてようやく、あるエネルギッシュな女性と結婚するが、彼は新妻に自分の輝かしい未来を立証したかった。ベーレンツは赤軍首脳に対する秘密作戦をうまくやってのければ、出世の大きなチャンスだと考えたのである。

SD東方課本部はヤーゴウ街にあり、ここはハイドリッヒが押収したユダヤ人百貨店主の邸宅の別棟であった。一九三七年一月中旬、ベーレンツはハイドリッヒに計画中の偽造作業に必要な証拠資料がすべて手元にそろったことを報告した。これで本当の作業が開始できる……。

ベルリン郊外グリューネヴァルトのデルブリュック街六番A。広い庭の中に蔦のからまった古い家がある。SD第六課Fの本部である。

「家主」のSS上級突撃中隊長［大尉相当］アルフレッド・ヘルムート・ナウヨックスは、ハイドリッヒから全幅の信頼を得ていた。彼は、ハイドリッヒが海軍士官だったキール時代からの親友で、二人そろって一九三一年にSSに入隊している。当時ナウヨックスは港湾労働者相手のアマチュアのボクサーだったが、元々は工科大学の出身で技師だった。彼が党内で頭角をあらわすのは、街頭闘争や党の「集会防衛」での働きによってである。一九三四年に友人のハイドリッヒからSDに呼ばれた。

一九三五年初め、ナウヨックスは外国での最初の「課題」の証明試験を受ける。暗殺班を率いてプラハにちかいモルダウ渓谷の小さなホテルで一人のドイツ人亡命者を消した。ハイドリッヒから指示された作戦の目的とは、ドイツに定期的に流されている反ヒトラー宣伝の短波放送を遮断し、それを発信しているシュトゥットガルト出身の電波技師ロルフ・フォルミスを殺すことだった。

第六課Fの任務は特殊であった。ナウヨックスの指揮下に、デルブリュック街の本部にSDの在外課報員用の文書や旅券、身分証明書、記録などを偽造する作業所があった。一九三七年に入って早々、ナウヨックスはハイドリッヒから、トハチェフスキーと赤軍の同志が反スターリン陰謀を巡らしていることを「立証する」文書偽造の仕上げを任さ

ラインハルト・ハイドリッヒ（右）と
部下のアルフレッド・ナウヨックス（1934年）

れた。だがナウヨックスは、最新の技術をもってしても自分のところだけで仕上げるのは無理で、どうしても部外者の助けが必要になる、と気落ちした様子で返答せざるをえなかった。彼のところには製版に熟達した者がいなかったのである。

そこでナウヨックスは関係書類作製のための製版師を探すことにしたが、それには三つの条件を満たす者でなければならなかった。第一にナチスの党員であること。次に、仕事上の秘密を確実に守れる保証があること。そして——優秀な専門家であること。

SDからせっつかれたナチス党ベルリン大管区は、数時間のうちに党員名簿の中から入党歴の古い印刷屋と製版屋をすべて洗い出した。およそ六人の名前があがり、その中からすべての条件を満たす者を物色した末に、ナウヨックスは有望な人物を探り当てた。

このことがあってからおよそ二〇年経った一九五六年に、この偽造工作の最後の生き証人と自称する人物が名乗り出た。この「ベルガー」なる変名を名乗った人物——おそらく当時まだ存命中だったナウヨックスのこと——は、SDが偽造作業に協力させるために選び出した製版屋との出会いについて、次のように描写している。この人物はフランツ・プツィッヒといい、ベルリン・アドラースホーフのアドラー区で「プツィッヒ印刷所」という小さな店を開いていた。

ベルガーは店に入っていった。

印刷屋プツィッヒはベルガーを見て、「いらっしゃいませ、何をお求めでしょう？」と言った。

「党の注文に関わることだ」とベルガーは答えた。

「党の注文ですと？」とプツィッヒはくり返した。「そうですか」。

「これは最も高度な注文だ」とベルガーは言い、プツィッヒはうなずいた。

この場合、彼には決して断れないのがわかっていた。

「君は普通とは違う仕事をやってくれる用意があるかね」とベルガーはたずねた。

一瞬プツィッヒは躊躇した。

ちょっとためらったプツィッヒを安心させるため、「ベルガー」はSDの身分証明書を示したが、プツィッヒは何か文書になった注文書はないかとたずねた。当然そんなものをSDからもらえるわけがない。そこで「ベルガー」はある「解決法」を思いついた。彼はプツィッヒに、明日プリンツ・アルプレヒト街八番地のハイドリッヒのところに来るようにすすめ、それで製版屋もすぐに注文に応じた――ご希望通り。

「ベルガー」の証言。

次の日、印刷屋プツィッヒはハイドリッヒの前に立っていた。彼は、ドイツのゼークト、ハンマーシュタイン両将軍とトロツキー、トハチェフスキー、それに駐独ソ連大使だったゾーリッツのサインのステロ版を作製することになった。

「わかりました、集団長殿」とプツィッヒは答えた。

「君はこの仕事を一人でやるのだぞ」
「わかっております」
「仕事は夜間だけだぞ」
「わかりました」
「君はこの仕事が他人にばれたら、自分の身がどうなるかわかっているな」
「わかっております、集団長殿」

ベルガーはほっとした。

ベルガーはプツィッヒにサインの手本となるものを渡したが、これ以外にも印刷屋はドイツ国防省・赤軍、そしてソ連大使館の公用便箋を本物そっくりに印刷しなければならなかった。仕事は四日かかり、五日後、ベルガーは自分でアドラースホーフまでサインのスタンプと便箋を受け取りにいった。それらはまさしくドイツ職人芸の傑作であった。

■偽造をめぐる諸説

フランスのブリソーは、これほど責任ある「仕事」を引き受けさせられるとしたら、そんな小さな印刷屋がハノドリッヒから個人的に請けることなどありえない、と信じている。彼の著書では、プツィッヒはアドラースホーフではなくツェーレンドルフにいて、その名はマンフレッドではなくてフランツで、単にナウヨックスの「上司」または権限のあるナチス党地区指導官に自分の住居のことで相談したにすぎない、となっている。

ブリソーによると、もしこの話の中でプツィッヒが書類の形になった注文票を請求したとすれば、その中で党員として無報酬でこの仕事を引き受ける、との一項があったはずで、注文票はプツィッヒに手渡されたはず、というのである。ところがもしブリソーの言うように、実際にプツィッヒとの取引がそのような経過をたどったとすれば、秘密機関が厳守しなければならぬ二つの重要な規則を同時に破っていることになる。すなわち、プツィッヒとナウヨックスとの話に部外者であるナチス党地区指導官を立ち会わせていたことになり、さらにプツィッヒはナウヨックスから、注文主がSDであることを証明してしまう文書を手に入れたことになる。

さらにブリソーは、ナウヨックスとの間で条件についての話がまとまったあとで、プツィッヒは初めて仕事に取り掛かることができたはずで、SDが手に入れた原本を「毎晩ナウヨックスが自分でプツィッヒの仕事場に」運んだはずだ、とも言っている。ブリソーの著書から引用すると「製版屋の仕事はすばらしいものだった。どのサインのスタンプも正確で傑作だった。一つ一つの作品が出来上がるたびにナウヨックスは叫んだ。『すばらしい。君は天才だ』。用紙には本物そっくりのやり方でロシア語の透かしが入っていて、左隅には鉛筆で走り書きまで入っており、完璧な書簡となっていた」のである。

一九五六年の証言で「ベルガー」は、偽造作業がいかに困難だったかを描写している。「ベルガー」は二日二晩自室に籠もり、証拠のでっち上げにかかった。その間にベーレンツが手本となるトハチェフスキーやトロツキー、ゼークト等の手紙と公文書類を探し出してきた。「ベルガー」はまず、染料を使って偽造しようと試みたが、スタンプの版型では自筆のサインより多くのしみがでてしまう。スタンプを水で洗ってから、今度はインクでやってみた。インクを溶かし、それに石灰を混ぜたが、そうすると押し型がざらざらででこぼこになってしまった。そのあととうとう彼は自分流の「方法」を発見した。石灰をガラス板の上に分けて慎重に薄くのばし、その上にサイン用の版型を押しつけ、それをもう一度インクで浸したスタンプ台に押し当てた。だがある専門家——もしその人物がこの偽物を見たとしての話だが——が、「ベルガー」の作製した文書類を即座に偽物と見破ってしまったために、写真のコピーによる偽物が作られることになった、という。

ハイドリッヒはそのでき映えに極めて満足であった、という。一九五六年の「ベルガー」証言によると「合成写真は見物《みもの》だった。ソ連大使ヤコブ・ゾーリッツが追放された〝犯罪者〟トロツキーと親密に話をしているように見せかけていた」のである。

ここで「ベルガー」は明らかに一つの間違いをしている。当時のベルリン駐在ソ連大使はゾーリッツではなく、ヤコブ・ズーリッツであった。同じように「ベルガー」は、

「トロツキーと陰謀を巡らしている」ズーリッツ大使をなぜスターリンは一九三八年七月までベルリン駐在の地位に留めたのか、について説明する義務があろう。しかも「不利な証拠がある」はずのズーリッツは、こののち一九四三年九月にスターリンの信任を得て、戦後のドイツの秩序回復計画を担当する委員会のメンバーに指名されているのである。

印刷屋プツィッヒの助けなしには、ハイドリッヒの作戦用の証拠偽造が中止になっていたであろうことは確実である。また懸案の疑問、すなわちプツィッヒの仕事場はどこか、そして彼の名は何というか、については今日解明することができる。マンフレッド（フランツではない）・プツィッヒの印刷・製版工場はベルリン・アドラースホーフのアドラー区二三九番地にあり、電話番号は一九三六年版のベルリン市電話帳によると七三〇八番である。

■アレクサンドロフ説のでたらめ

西側でも有名なソヴィエトのジャーナリスト、ヴィクトル・アレクサンドロフはある「秘密」を解明しようとした。彼の説によると、偽造文書の草稿を書いたのはSD東方課長ベーレンツとその部下ではなく、ハイドリッヒから内密の委託を受けたスコブリンだった、という。このソ連の作家はスコブリンの活動の内幕をドラマチックに面白おかしく描いている。

一九三七年一月二十二日――アレクサンドロフによる――ハイドリッヒ配下の三人の工作員がスコブリンを自動車（メルセデス）でドイツに連れていくため、パリにやってきた。かれらはラフェ街のとあるカフェの奥のサロンでスコブリンに会い、地下鉄ジャスマン駅前に停めてあった車で、午後三時過ぎにパリをあとにした。

かれらはモー市の街道を抜けてノジャン、シェル、モンフェルムイユを通り過ぎた。途中の休憩はとらず六時間後に車はケールの橋の袂に着き、そこでカチッという踵の鳴る音と「ハイル・ヒトラー」の声に迎えられた。そこからベルリンに向かうのではなく、シュトゥットガルトに向かう別の道を進んだ。ハイドリッヒは工作員たちを迎えるのに時間を浪費したくなかった。彼はバーデン・バーデンの壮麗な「パルク・ホテル」で待っていた。……この当時のバーデン・バーデンはほとんど眠ったようなひなびた小さな鉱泉町で、陰鬱な感じだった。……ホテルの入口で制服を着たポーターがうやうやしく扉を開け、「どうぞこちらへ、閣下」と言った。二階の大広間に上ると、ハイドリッヒはスコブリンに近づいてきて、骨張った赤いやや湿った手を差し出した。

シェレンベルクはその『回想録』の中で、ハイドリッヒの腹心ヤーンケから聞いた彼の性格について述べている。ヤーンケによると、「俺が恐いのはただ一人、それはハイドリッヒだ。彼は山猫よりも危険だ」。

その「山猫」ハイドリッヒはこれまでで最大の成果が見込まれる秘密作戦、すなわち赤軍指導部の粛清の企てに取り掛かっていた。とすれば、作戦の成否に関わるような格好付けをしてまでスコブリンと会見するなどということはありえない。本当に彼がそこに来ていたとして、ケールでは他に目撃者がいるかもしれない場所で諜報員スコブリンを「カチッと踵を鳴らし」「ハイル・ヒトラー」で迎えさせ、「眠ったような田舎町」のバーデン・バーデンの「パルク・ホテル」のポーターは、たった今パリから来たばかりの客が将軍だと知っていて、それから客を大広間へと案内し、そこには山猫よりも危険な人物ラインハルト・ハイドリッヒが待っていた、ということになる。

そもそも、アレクサンドロフが述べている、SD工作員の案内によるスコブリンのバーデン・バーデンへの急な旅行なるものの理由それ自体が疑わしい。

SD長官はテーブルの上に文書類を広げて、スコブリンに吟味してもらった。

……スコブリンは目の前に広げられた書類に急いで目を通した。それらは時を経て変色したロシア語の個人的な書類であって、トハチェフスキーがドイツ軍で研修を受けていた時に書かれた報告と、個人的なメモであった。ハンマーシュタイン、フリッチュ両将軍宛ての手書きの書簡もあり、そのほか精算書と演習中の写真が何枚かあった。初見でスコブリンは、ロシア語の専門家の助けをかりてこれらの文書類ハイドリッヒはを「証拠」として作り替えるには少し時間がかかる、と説明した。注意深くスコブリンの意見を聞きながら、小さな手帳に何かを書き込んだ。

アレクサンドロフによると、この話し合いは「二時間以上」にわたり、「夕方になって」やっと終わったことになっている。

時間の経過についてアレクサンドロフはあまりにもいい加減である。スコブリンがSDの工作員とともにメルセデスでパリをたったのが午後三時過ぎで、六時間のドライブののち――これですでに午後九時のはずである――、ケールで「ハイル・ヒトラー」で迎えられた。ケールからバーデン・バーデンまでこの時、一時間かかっている。「パルク・ホテル」でのスコブリンとハイドリッヒの会談は、アレクサンドロフ説によると、「二時間以上」続いたことになる。すると会談が終わったのは真夜中であるはずだが、アレクサンドロフ説では「夕方になってやっと」終わったことになっている。

矛盾するのは時間の経過だけではない。ハイドリッヒが自分の工作員――スコブリン――に「工場」での偽造品の鑑定をさせるなどということは絶対にありえない。そしてスコブリンもその偽造品の検査などやっているわけがない。だがアレクサンドロフによると、そのうえスコブリンの「ロシア語の専門家」が偽造された書類を鑑定したことになっている。「山猫」ハイドリッヒがそんな格好付けを許すはずがない。

■謎解き

どのくらいの量の文書が偽造されたのだろうか？ 偽造者が作業を完了するのにどれくらいの時間がかかったのだろうか？

「ベルガー」の主張によると、印刷屋プツィッヒは偽造品の完成に五日を要している。「ベルガー」自身も約一〇日で仕事を終えている。

アレクサンドロフに言わせると、スコブリンがバーデン・バーデンで書類に初めて目を通したのが一九三七年の一月二十二日のことで、それを一度パリに持ってかえり、「信頼のおける専門家」に検査させたことになっている。ところがそうなると、一月中に偽造文書がハイドリッヒの手元に返されることはないはずである。

一九五六年、ソヴィエト共産党第二十回大会のしばらくあとで、当時のポーランド共産党第一書記ウラディスワフ・ゴムウカがワルシャワでトハチェフスキーの件について発言している。それによると、ハイドリッヒによって偽造された文書類は、すでに一九三七年の二月末もしくは三月初めにはモスクワに渡っていた、という。

もう一つの時間的経過に関する説を作り上げたのはヴァルター・ハーゲンである。これは変名であって、実は長年にわたってドイツ国家保安本部に所属していたSS中佐ヴィルヘルム・ヘットルのことである。ハーゲン（ヘットル）の証言。

ベルリンのプリンツ・アルプレヒト街にあるゲシュタポ本部の古びた地下室で組

織的な偽造作業が始まったのは一九三七年四月であった。ベーレンツがあらゆる装置を実験室に用意してこの仕事を完成させた。彼みずから作業を監督し、作業場は厳重に封鎖され、入室を許されたのは特別に編成された部門の直接の関係者だけであった。

このハーゲン（ヘットル）のあげている偽造作業開始の日付はおそろしく遅い——一九三七年四月。これに対してシェレンベルクは、「すでに四日後には偽造書類をヒムラーの手からヒトラーに提出することができた」と主張している。これはすなわち、すでに一月中にヒトラーは、トハチェフスキーに罪を着せることになる資料に目を通していたことになる。どうやってそんなに早くできたのかという点についてシェレンベルクは、ハイドリッヒが手元に集めたのは「目的にすぐ役立つものだけをそろえた」に違いないから、という。「そこでは大がかりな偽造作業は必要なかった。……ただばらばらに集められた書類の中のいくつかの〝欠損〟を穴埋めするだけで充分だった」。

これに対する異論もある。「三月末になってようやく最後の穴も埋まり、浩瀚《こうかん》な一件書類が完成した。ハイドリッヒは自慢気にそれを上司のヒムラーに提出し、ただちにヒトラーのもとに届けられた。ヒムラーが赤の書類用封筒から開いたものに対して総統から最高度の感謝が述べられた」。ソヴィエトのトハチェフスキー伝作者ニクーリンは「赤封筒」の中身についても知っているといわんばかりである。

トハチェフスキー元帥の書簡集の中には、どうやったらシビリアン・コントロールから解放されて国家権力を我が手に収めることができるか、について友人に書き送ったものもあった。手紙は単に筆跡だけでなく、トハチェフスキー独特の文体も似せるように試みられた。手紙の上に本物のスタンプが押された。「ドイツ対外防諜局」と「極秘」である。手紙類が最も重要な証拠書類となった。この一件書類は全部で一五枚あり、ドイツ軍の将官がサインした様々な公文書類までそえられていた。

こうしてニクーリンによって一五枚の文書という説が出来上がった。これに対して、スターリンの見世物裁判に詳しいイギリスのロバート・コンクェストは、「公文書」は三二ページからなっていた、と断言し、さらに書類以外のものも含まれていた、とまで言っている。「ドイツ側の当局者と一緒に写っているトロツキーの写真まで添えられていた」。

ほんのいくつかの資料(シェレンベルク)、一五枚の文書(ニクーリン)、三二枚の文書と一枚の写真(コンクェスト)。

プツィッヒとナウヨックスによって、どれだけの量の偽造がなされたかを今日の時点で確認することができるだろうか? しかも、これらの偽造資料類は現存しているのであろうか? 答えは明らかである。一九八九年七月にドイツ第二テレビ(ZDF)は、一九三九年八月二十三日のヒトラー＝スターリン協定（独ソ不可侵条約）の付属秘密議定書についての独ソ両国の歴史家による討論番組を放映した。ソ連側の参加者の中に、この時のソ連指導者ミハイル・ゴルバチョフの外交顧問で元西独駐在大使だったヴァレンティン・ファーリンがいた。ファーリンは秘密議定書の存在については一応否定したが、同時に、偽物の存在をすべて排除してはならない、とも言明し、さらにこう言っている。「遺憾ながら私はこれまで実に多くの偽物を見てきました。シェレンベルクによるトハチェフスキーの一件書類をはじめとして」。

こうしてファーリンは、ハイドリッヒの作業場から出た偽造文書を収めた「赤封筒」を見たことがあるのだ。だが未だにモスクワではその中身は秘密扱いである……。

■ドイツ側偽造工作の真実

これほど多くの証言と憶測から確認できるものは何か？　クレムリンが旧KGBの公文書を公開しない以上、ナチス保安部による偽造の量がどれくらいだったか、との問いに対する答は出てこない。だが、もう一つの重要な問いについては確実に答えられる。それはハイドリッヒがいつ偽造文書を手元にそろえたか、という点である。

すべては一九三六年十二月六日に始まった。この日、元ロシアの将軍スコブリンはハイドリッヒに、トハチェフスキーを筆頭とする赤軍の最高幹部の一団がソヴィエトの独裁者スターリンの失脚を策している、と通報した。

遅くとも十二月二十日、あるいはその二、三日前、ハイドリッヒはこの情報を上司のSS全国長官ヒムラーに打ち明けて、ただちにヒトラーに連絡するよう頼んだ。どちらの処置を採用するかは総統が決めることである。すなわち、陰謀の件をスターリンに通報するのか、それとも赤い将軍達の行動に目をつぶっているのか。

十二月二十四日――ミュンヘン出発の前日――総統はモスクワでの動きについてヒムラーから知らせを受けた。ヒトラーの決断は、ドイツ軍将官も加わってトハチェフスキーがソヴィエト連邦で軍部独裁を計画中、との偽造文書をこっそりスターリンに握らすべし、とのことであった。ヒトラーは、この「証拠」を理由にスターリンが陰謀者達に血まみれの一撃を与えることを期待していた。それからヒムラーはすぐにヒトラーの決断をハイドリッヒに伝えた。

一九三六年の暮もしくは一九三七年初め、ハイドリッヒはシェレンベルクに、一九二三年から一九三三年までの赤軍とドイツ国軍との協力に関する全体的な調査研究を命じ、その調査結果は遅くとも一月中にハイドリッヒに届けられた。

同じ頃、SD東方課長のベーレンツはハイドリッヒの命令によって、赤軍の指揮官が書いた、あるいは走り書きがなされているようなものを求めて、航空省や旧国軍文書室と各銀行保管の記録書類、手紙、報告、協定などを検索した。またドイツ軍の演習や参謀教程に参加した赤軍軍人のサインのある小切手と受取証も捜索された。これらが証拠の偽造用の手本として使われた。この証拠資料によって、トハチェフスキー以下の赤軍軍人達がドイツ軍将官と共謀して陰謀を企んでいることが発覚するはずであった。偽物の作製はナウヨックス指揮のSD第六課Fが担当し、必要な手本類と用紙はベルリンのアドラースホーフにいた印刷屋マンフレッド・プツイッヒに渡された。

一月末、あるいは遅くとも二月初めには偽造作業は完了し、ベーレンツとナウヨックスから上司のハイドリッヒに届けられた。これで技術面の作業は終了した。これらは憶測であろうか、それとも事実なのか？　以上の時間的経過を証明することは可能なのか？

可能なのである！

すでに一九三七年二月七日には、SS集団長ハイドリッヒによって念入りに仕組まれたトハチェフスキー秘密作戦の第二幕が始まっていた。

第IV章 傀儡

■プラハ城での秘密会談

一九三六年十一月十三日、金曜日。

秋のプラハは寒く湿った陰欝な日で、モルダウ河には薄霧がたれこめていた。午後四時少し前、プラハ城内のチェコスロバキア大統領官邸玄関に、黒塗りのエレガントなタトラ［チェコスロバキア国産の乗用車］が乗りつけた。ずっと前から玄関先で待ち受けていた大統領秘書官スムトニーは、二人の来客にいささかしまりのない握手をした。それから二人を二階に通じる広い階段へと案内した。二階には大統領執務室がある。

いつものように端正なグレーの背広姿のエドワルド・ベネシュ大統領は来客に、この会談が実りあるものとなるよう望んでいる、とドイツ語で挨拶した。客の方も丁重に謝意を表した。

それから大統領はコーヒーを用意させ、給仕が部屋から立ち去ると、明るいクリスタル・シャンデリアの下で主人と来客は本題に入った。のちにベネシュが証言しているように、話し合いは四時間に及んだ。

■一九三六年夏

ナチス党外交政策局のアルプレヒト・ハウスホーファーは局長のヨアヒム・フォン・リッベントロップに対して、「東南方面における政治的可能性」なる覚書を提出した。この中でハウスホーファーは次のような見通しを明らかにしている。すなわち、チェコスロバキアはドイツの侵略を恐れており、その国土防衛はフランスの支援があって初めて可能なこと、ソヴィエトからの救援についてプラハはその可能性を疑問視していること、チェコスロバキア共和国防衛のために全国民を動員するのはとても無理であること。そこでハウスホーファーは、こういう有利な状況を利用してドイツ側からチェコスロバキアに不可侵条約を提議し、その中でチェコスロバキアの国境地帯［ズデーテンラント］のドイツ系住民がドイツ本国とは別のものであることを銘記し、その見返りにチェコスロバキア側にズデーテン・ドイツ人の文化的・経済的平等を保証させ、かつ、両国間の経済関係の改善と新聞キャンペーン合戦の「停戦」を提案した。そして結論で、隣接する両国間の協力を「反ハプスブルク戦線」へと発展させてはならない、とした。

その後二、三か月間は何も起こらなかった……。

十月十八日になってやっとベルリンで、チェコスロバキア公使ヴォイチェク・マスト

ベルリン駐在チェコスロバキア公使
ヴォイチェク・マストニー博士夫妻（1932年）

ニーとハウスホーファーとの会談が開かれ、そこにドイツ労働省高官のマクシミリアン・カール・ツー・トラウトマンスドルフ伯爵も同席した。彼は八月十四日にフランス大使館でのパーティの折、公使に紹介された人物である。トラウトマンスドルフ伯はオーストリアの古い貴族の出で、第一次世界大戦後もしばらくはチェコスロバキア国籍であり、その後ベルリンに移っていた。実弟のフェルディナント・ヨーハンは今もチェコスロバキアに住んでおり、ボヘミア西部の小都市フロチュフ・ティネツ近くに農場を所有していた。

あの時トラウトマンスドルフは公使に、両国間の協調の可能性についてチェコ側の意向を探るよう上から指示されていると伝えた。ただしこの件でチェコ側と接触する場合の条件として、チェコスロバキアのベネシュ大統領からもドイツとの協調について提案すること、そして協議の進め方については外交上の形式をすべて抜きにしたものとしなければならないことをそっと打ち明けた。しかも今ここで話していることも厳重に秘密にしておかなければならず、ドイツ外相コンスタンティン・フォン・ノイラート男爵にも内密にしている、と公使に囁いた。

マストニー公使はびっくりしたが、すぐにこれは独断で決定できない重大な案件がからんでいるのを悟った。それから三日後の八月十七日、マストニーはこの件をベネシュに伝えるため休暇をとってプラハに帰った。

マクシミリアン・カール・ツー・
トラウトマンスドルフ伯（1933年7月）

休暇でマストニー＝トラウトマンスドルフ間の話し合いは一時中断されたが、九月にベルリンに戻ってくると、公使はただちにトラウトマンスドルフにもう一度連絡をつけようとした。すると十月十六日にトラウトマンスドルフの方からマストニーに、ヒトラーはベネシュへの使節派遣を希望しているが、同時に極秘の内に進められるべきだとも強調している、との連絡があった。ベネシュからの訓令でマストニーが承諾の返事をすると、その翌日には早くもトラウトマンスドルフが、ベネシュとの協議のためヒトラーはハウスホーファーをプラハに派遣する予定であることを知らせてきた。これによって、ヒトラーがプラハとの接触を特別に重視していることが明らかとなった。そして二四時間後の十月十八日の金曜日には、ベルリンのチェコスロバキア公使館でハウスホーファー、トラウトマンスドルフとマストニー公使との間の第一回目の話し合いが行なわれた。

プラハ城での最初の会談については双方共念入りに準備をした。マストニーは十月二十二日に、ベネシュとカミール・クロフタ外相に相談するためプラハに向かい、ベルリンではハウスホーファーがリッベントロップと相談し、さらにヒトラーにも報告された。ヒムラーはヒトラー付の副官カール・ヴォルフSS旅団長［少将に相当］から、チェコスロバキアとの差し迫った交渉の件についての連絡を受けていた。今や、ヒムラーとハイドリッヒが帝国の南に隣接する国に対するヒトラーの計画に関与しているのは確実と見てよかった。

■秘密会談の進展

こうして本章の始めに話は戻る。ハウスホーファーとトラウトマンスドルフは大統領の書斎に座って、入れたてのコーヒーの快い香りを楽しみながら、ベネシュの苛立ちをかきたてるような話をした。それは大統領が、ヒトラーの考える両国の善隣友好関係なるものをよく承知していたからである。

会談は出だしから険悪だった。ベネシュのメモによると、ことの起こりはトラウトマンスドルフがいきなりズデーテン・ドイツ人問題を持ち出してきたからであった。怒ったベネシュは、この問題はすでにドイツのシュトレーゼマン外相がチェコスロバキアの国内問題であると表明している、と応酬したため、全般的な政治問題に討議を移すことになった。

ベルリンからの客は、大統領がフランス及びソ連邦との友好条約をどう位置付けているのか知りたがり、ハウスホーファーはプラハとモスクワの密接な結び付きのことを持ち出した。するとベネシュは話をさえぎり、きっぱりと「私はドイツとだって条約を結ぶことができる、私は古くからの革命家だがそのことを別に何とも思っていない」と言った。

これ以外の件については大統領も譲歩の用意があることを示した。話がチェコスロバキア国内での民主派亡命ドイツ人の活動に及ぶと、ベネシュはドイツ社会民主党の『新フォーアヴェルツ』紙とオットー・シュトラッサーの保守系の『ドイツ革命』紙を発禁としたチェコスロバキア当局の処置を説明したが、今後のズデーテン・ドイツ人の文化的自治〔主として学校・官庁でのドイツ語使用のこと〕については明言を避けた。

立場に歩み寄りがみられて、双方ともほっとして会談を終えた頃、すでにプラハはとっぷりと暮れていた。ベネシュ、ハウスホーファー、トラウトマンスドルフの三人は、今後も協議を継続させるべきだ、という点で一致した。

ハウスホーファーとトラウトマンスドルフがベルリンに戻ってみると、思いもかけないことになっていた。ヒトラーが急に、ベネシュとの接触は中止にはしないが交渉の重点をもっと別のところに移すべきだ、と言い出したのである。十一月末にハウスホーファーがベネシュとの会談に関する報告書を提出した時も、ヒトラーはこう説明した。まず第一に重要なのはチェコスロバキアとの経済協力の緊密化であり、ズデーテン・ドイツ人問題は後回しにしてもさしつかえない、むしろドイツ人亡命者の活動についてもう一度話を持ちかけてみるべきで、その際チェコスロバキアにドイツに敵対する意志がまったくないことを確約させるべきである、と。チェコスロバキア・ドイツ両国間の不可侵条約締結が問題なのではなかった。

ハウスホーファーとトラウトマンスドルフにとって、この新たなヒトラーの指示は予想もしなかったことだが、クリスマス一週間前の十二月十八日に二度目の会談のためにプラハに出発した時は、二人ともかなり楽観的な気分だった。先月と同じように今度もプラハ城内フラッチャニ宮殿の大統領の書斎で、外部と厳重に遮断して延々七時間に及ぶ「金曜会談」の続きが行なわれた。

夜遅く、ハウスホーファーとトラウトマンスドルフがベネシュのもとを辞去する頃には、双方共解決への糸口が見いだされたように感じた。ベルリンと協調していくための活路が開けたと思ったベネシュは、クリスマスから元旦までの間——のちに『回顧録』で書いているように——ドイツとの不可侵条約についての考えをまとめていた。

だが結びの言葉はベルリンから発せられるはずである。アドルフ・ヒトラーの口から。

そして、その言葉を待っている別の人物がいた……。

■衝撃的なトラウトマンスドルフの告白

何日かたった。ベルリンはまだ沈黙している。

一九三七年一月二十三日になって、ハウスホーファーがマストニー公使のもとを訪れ、ドイツとチェコスロバキア間での条約締結の可能性は八〇％の見込みがあると伝え、総統代理のヘスやリッベントロップそして経済相ヒャルマール・シャハトとの話し合いでも期待に沿うような方向で進んでいること、ただしすべての障害が取り除かれたわけではないので、なお辛抱すべき点もある、と告げた。

それからまた何日か過ぎて……。
・・・
二月九日の月曜日にトラウトマンスドルフからマストニー公使に会見の申込みがあった。ヒトラーの決定を待ち切れなくなっていたマストニーが早速これに応じると、その日のうちに伯がやってきた。

トラウトマンスドルフの持ってきたのは悪い知らせであった。総統はチェコスロバキア側の態度に立腹している、というのである。マストニーが、一体何事があったのか、と質すと、トラウトマンスドルフが明らかにしたその理由とは、ブカレスト駐在のチェコスロバキア公使ヤン・シェバの著書『世界政治におけるロシアと小協商』にある、というのだ。シェバは一九二〇年夏のワルシャワ正面での赤軍の敗北を残念がり、この著書で、もし赤軍が勝っていたならチェコスロバキアはソヴィエト連邦と国境を接することになったはずで、そうなれば万一チェコスロバキアがドイツと軍事衝突を起こしてもソヴィエトが救援に駆けつけるのが可能になっていただろう、と述べている。トラウトマンスドルフが言うには、ヒトラーはこの説こそ「いかにチェコスロバキアがロシアと強く結び付いているかを示す」証拠だと考え、二週間以内にこの件の説明がなければプラハとの交渉を再開するわけにはいかぬ、とのことだった。

そのあとでトラウトマンスドルフが言ったことを聞いた時、おそらくマストニーは顔面が蒼白になったと思われる。すくなくとも同日付のベネシュ宛の報告からはそのように読み取れる。

彼は交渉が延期となってしまったことに関しては完全に秘密にして欲しい、と特に要望しつつ、こう打ち明けた。ドイツ首相の躊躇している本当の理由は、ロシアの確かな筋から得られた情報として、スターリンとリトビノフを失脚させて軍部独裁を樹立するという秘密計画が進んでいることに対して懸念しているからである。もしそんなことが実現すれば、おそらくドイツ首相はロシアに対する態度を全面的に変更せざるをえなくなり、解決策としては西欧、東欧の同時相互条約の方向しかないだろう。

ベネシュにあまりひどいショックを与えまいとしたマストニーは、ソ連情勢の新展開についてのトラウトマンスドルフの秘密の情報の意味を何とか弱めようとした。そして、これはあまり信憑性がない、とし、さらに、「ロシアでスターリンの失脚と軍部独裁の実現がさし迫っている」というのは「はっきり言って疑問である」と付け加えた。

大統領は事の重大さにふさわしい反応をした。すぐにマストニーがプラハに呼ばれた。トラウトマンスドルフが「内密に通報」した二日後の二月十一日、マストニーはフラッチャニ宮で大統領と、それからチェルニン宮ではクロフタ外相と協議した。狼狽したベネシュは普段のように週末を田舎で過ごすのをやめて、十三日の土曜日にマストニーと二時間以上も話し合った。ただ何が話されたかはわかっていない。二人共この密談については記録を残していないのである。そしてこれはベネシュにとって異例のことであった。大統領はどんな会談についても学者ぶったメモを作るので有名だったからである。

さきに挙げた、トラウトマンスドルフとの会談に関する一九三七年二月九日付のマストニー公使の報告は確かに実在する。これによって、ソヴィエト連邦でのさし迫った軍事クーデターのことを外国の外交官が最初に知った日付ははっきりと特定できる。だが、巨大な偽情報作戦遂行に際してハイドリッヒが残していった痕跡を最も熱心かつ興奮して追求したのは、エドワルド・ベネシュ大統領その人なのである。

■ベネシュによる「追跡調査」

一九四七年十月にプラハで出版された『回顧録』の中でベネシュはまず、ハウスホーファー、トラウトマンスドルフとの秘密会談の件が不用意な軽口のせいで、ドイツ外相ノイラートに知られてしまった、と嘆いている。当時のチェコスロバキア首相ミラン・ホッジャがプラハ駐在のユーゴスラビア公使に、フラッチャニ宮でのドイツとの秘密交渉のことをほのめかしてしまった、と告発している。だがベネシュによると、トラウトマンスドルフもまた口が軽かった。彼はプラハに来ていた時、たまたまオーストリアのマルク公使と出くわしてしまい、滞在している訳をほのめかしてしまったのだ、という。

エドワルド・ベネシュ大統領
（1935年）

それで公使は本国政府に連絡し、ウィーン経由でこの情報はベルリンへ、そしてノイラートまで達したのだ、という。

ベネシュはまた、なぜベルリンとの交渉が急に停滞してしまったのかについて、その原因はベルリンにあり、そこで何かとんでもないことが起こったのだ、と明言している。「その件に関して私がベルリンから非公式の情報を得たのは一月の中旬であった」。

さらにベネシュはベルリンからの「情報」の内容について、脚注でもっと具体的に述べている。

トラウトマンスドルフがおしゃべりの中で知らず知らずに打ち明けてくれたのは、ドイツがトハチェフスキー元帥、ルイコフその他のソ連の反スターリン陰謀家と取引をしていることであった。そしてヒトラーはこの取引がうまく行くことを期待していた。だからこそ彼は我が国との問題について、急いで交渉を妥結させることに何の関心もなかったのである。もしこの取引が成功してソ連の国内情勢が変化していたならば、実際のところ、ヨーロッパ全体の情勢が変化していたであろう。だがスターリンの反撃は良いタイミングで行なわれた。私が即座にトラウトマンスドルフ＝マストニー会談で知り得たことを、プラハ駐在ソヴィエト公使セルゲイ・アレクサンドロフスキーに連絡したためである。

一九四七年、プラハでの大統領『回顧録』発表とほとんど時を同じくして、カナダのモンタギュー・コンプトン・マッケンジーがベネシュの認可を受けて、彼の伝記を発表した。ここでも『回顧録』で触れられているのとまったく同じやり方で、ソヴィエト軍部による反スターリン陰謀が進行中であることを、ベネシュがどうやって無分別なトラウトマンスドルフから聞き出したか、が描写されている。マッケンジーは、一九三六年十二月のベネシュとドイツ使節との二回目の会談ののち、次の交渉についてベルリンから合図があるまでマストニーが待たされたことにも言及している。

一九三七年一月十二日にトラウトマンスドルフの方から公使を訪ねてきて、ハウスホーファーと二人でヒトラーにベネシュ大統領との会談について文書で報告した、と伝えた。その時までマストニーは何も知らなかった。ドイツ側がモスクワと取引していることをトラウトマンスドルフが漏らしたのは故意なのか、それとも不注意からであったのかはわからない。当然ベネシュはこの情報に大きな関心を持った。熟慮の末、彼はプラハ駐在のソ連公使をフラッチャニ宮に招くことにした。ベネシュはしばらくの間このロシア外交官を「聴取」してみたが成果はなく、それで彼は自分が知っているある独ソ間の取引についてのエピソードを公使に語ってみせた。一九三五年六月の相互援助条約の調印後、あるソ連の閣僚に、楽屋裏でちょっと耳にした面白いことを知ってるかどうか尋ねてみた。その時ソ連閣僚はそんな取引については何も知らない、と断言したのを見てベネシュは、彼の驚きが本物で、本当のことを言っているのを見落さなかったという。ソ連公使は非常に困惑して、事の次第を詳しく説明して欲しい、と言った。だが大統領は、取引が進められているのはまったく確実だ、と繰り返すだけだった。それが「貴国政府に関すること」だと信じている、と。興奮したソヴィエト公使が大急ぎでこの件をリトビノフに至急電で連絡したのは確かである。

■ベネシュ説の誤り

ベネシュの『回顧録』と、彼が認可した伝記の中には、事実に反する主張が三つある。一九三七年一月中旬にベネシュが、モスクワでソヴィエト軍部による陰謀が進行中、とする情報を知っているわけがない——彼はそう主張している。なぜなら、マストニーが大統領にソヴィエト連邦での差し迫ったクーデターのことを伝えたのはこれより一か月もあと——二月十一日にプラハ城で——のことであって、トラウトマンスドルフがほのめかしてから二日後である。二月十一日以前にベネシュがこの情報に接することは不可能である。それなのに彼がこう主張するからには何か特別の狙いがあってのことかというと、そうでもない。日付の間違いの理由は単に、この件についてのベネシュの証言が何年も後になってからのことに過ぎない、と言うべきであろう。彼がマッケンジーに語ったのは第二次世界大戦中のロンドンにいた時であった。彼はすでにイギリス亡命中から回顧録を書き始め、戦後プラハに戻った時に脱稿したのである。ここで見逃してならないのは、ベネシュがマッケンジーに、陰謀の報告を最初に受けたのは一九三七年一月十一日だと語っている点である。ベネシュがマストニーからトラウトマンスドルフとの会談についての報告を受けるのは一九三七年二月十一日なのに。

第二の誤り。ベネシュが挙げている「謀反人」とはトハチェフスキーとアレクセイ・ルイコフである。ところが、一九三七年二月九日付のトラウトマンスドルフとの会談に関するマストニーの報告では、謀反人なるものの名については全然触れられていない。名前が挙がっているのは――陰謀のターゲットとして――スターリンとリトビノフだけである。この点のベネシュの間違いもやはり説明がつく。トハチェフスキーが処刑されたのはマストニー報告から約半年後の一九三七年六月十一日のことであり、ルイコフの処刑に至ってはそれからさらに九か月も経った一九三八年三月十五日のことである。裁判においてルイコフは、トハチェフスキー以下の裏切り者と共同してスターリンの失脚を狙っていた、ということを幾度か言及した。明らかにベネシュは、このソ連側の公式発表を引用して、それをそのまま自分の『回顧録』やカナダ人伝記作家マッケンジーとの話の中で自説として繰り返したのである。

ベネシュの犯した最大の誤りは、マストニーからソ連国内での事の成行きについての報告を受けてすぐにそれを、ソヴィエト公使アレクサンドロフスキーに直接通報した、と主張していることである。これはマッケンジーも採用していることである。だが一九三七年二月十一日から四月までの間、大統領がアレクサンドロフスキー公使と会っていないことははっきりしている。しかもベネシュは、マストニーが一九三七年三月二十日付の暗号電で再度、ヒトラーは「ロシア国内での革命の可能性とモスクワでの軍部独裁の樹立について」語ったと連絡してきた、としているが、これもあり得ないことである。ベネシュはさし迫った謀反について説明するため、ただちにアレクサンドロフスキー公使に会ったと主張しているが、ソヴィエト公使がプラハ城に呼び出されるのは四月二十二日のことである。しかもその時の会談の目的はスターリンに対する差し迫ったクーデターの危険性についてなどではなかった――これは一九八九年にソヴィエトのジャーナリストで歴史家のヴィクトル・アブラーモフが外務省の半官的雑誌『ノーブイ・ミール（新時代）』で発表したことである。アブラーモフによると、「モスクワはまだ〈陰謀〉の証拠などまったく受け取っていなかった」。彼は誰が最初にスターリンに警告を発したのかを暴露した。

「意外にも最初の通報はフランスから来た」。

このセンセーショナルなアブラーモフの説にはなるほど一面の真実が含まれている。確かに赤軍将官団による陰謀の切迫なる「証拠」の第一報はパリから届いた。ところがこのフランスからの情報の出所は誰あろうチェコスロバキアのエドワルド・ベネシュ大統領その人なのである。

一九三七年三月十六日にパリ駐在のソ連大使は長文の暗号電報をモスクワに発信した。この急報はスターリンとその第一の腹心モロトフ、そして外務人民委員リトビノフに届けられた。ポチョムキン大使からの特電の内容はエドワール・ダラディエ仏国防相との会見記である。

彼（ダラディエ）は、ソヴィエト国内で一部の赤軍指揮官の協力のもとに、ドイツ側が現ソヴィエト体制転覆を目指すクーデター計画を遂行中であるとする仏語の文献を見せた。それについてダラディエは、ドイツ側の企てを示すこの証拠は亡命ロシア人グループから入手した、と付け加えた。また彼は、この情報についてさしあたり具体的な処置はとっていないが、「友好国の義務」として我が国に確かに役に立つものであると見なし、このニュースを届けることにした、と説明した。この通報に対してポチョムキンはダラディエに感謝している。

これに対して本使は、ドイツ側のソヴィエト連邦に対する、ひいてはフランスに対する陰謀に赤軍の指揮官団が参画している、との件に関する情報の出所についての信憑性に重大な疑念を表明した。そして本使は、伝えられた情報が具体性に乏しいことはこの疑念を一層強めるだけである、とも付け加えた。これについてダラディエは、詳細を知ったからこそただちに本使に連絡した、と語った。彼は赤軍内になお一群のトロツキストが存在する可能性を排除しなかった。話のこの部分については本使には矛盾した印象をぬぐえなかった。第一に、ダラディエは「友好的な」会談によって、我が国がさらに大きな信頼を彼に寄せるようにすることに非常な関心があるように思われる。第二に、彼は図らずも、我が国がドイツと結んでフランスに対抗するのではないか、との危惧の念を表明してしまった。

一九三六年から一九三九年までフランスのモスクワ駐在大使だったロベール・クーロンドルも回顧録の中で、ポチョムキンと交わした話について証言している。

昨年の二月に私はダラディエとあるパーティで席が隣になり、その時こっそりと、確かな筋から得たことだ、として私に打ち明けてくれたことだが、ドイツの代表と赤軍最高幹部が会ってボルシェヴィキ政権打倒とベルリンとの協定推進のため、軍事クーデターを準備中だという。

ダラディエが「うっかり」ポチョムキンに情報を漏らしたのでないのは当然である。「亡命ロシア人グループ」からの証拠というのも意識的な牽制である。第二次世界大戦後の一九四六年六月十八日に、フランス議会のトハチェフスキー事件に関する委員会でダラディエは証言している。

一九三六年の初め、その時プラハを訪問していた息子を通じて私は内密に、我が友エドワルド・ベネシュ博士から、ソ連軍指導部内にクーデターの動きがある、との報告を受けた。ベネシュは自国の情報機関――チェコスロバキア情報機関はヨーロッパで高い評価を受けていた――から、ソヴィエト参謀本部の指導者がドイツ側と陰謀を巡らしていることを知った。

ダラディエの間違いは単に日付の点だけである。ベネシュがダラディエの息子ロベールに確かな「内密の」情報を打ち明けたのは一九三六年初めではなく、一九三七年二月のことである。

■軽率なベネシュの行動

ではなぜベネシュが、差し迫った危険をスターリンに警告すべき政治家としてダラディエを選んだのか、については二つの理由が考えられる。

第一の理由。

ソ連軍部の陰謀にドイツ軍将官が加担している、などということはベルリンからの暗示やマストニーの報告でも触れていないのに、チェコスロバキア大統領は勝手にそうしてしまった。一方、「用心深い」外交家ベネシュは、万一モスクワで起こるかもしれない事態についての責任から逃れようとして、マストニーがトラウトマンスドルフから得たこの情報をダラディエに伝えたのである。ベネシュではなくてダラディエこそがもしこの噂が確証されなかった場合のスターリンの生け贄の子羊になるはずだった。

第二の理由は、ベネシュ自身の性格、すなわち大統領時代から有名だった彼の虚栄心に求めなければならない。彼にこっそりと打ち明けた秘密や内密の情報、ほのめかしの類いはそれほど長く隠し通すことができない、というのは周知のことであった。第二次世界大戦中、イギリスの外務省高官のサー・ウィリアム・ストラングとサー・ロジャー・メロウ・メイキンズは連名で政府閣僚に対して、チェコスロバキア大統領のこのような性向について警告している。それによると、ベネシュは「できるだけ多くの人に、チェコ側の最高機密の活動について、自由に喋りまくっている。……それらは秘密厳守の扱いが求められているのに、彼はそれを守るのが無理なようである」。

おそらくこのようなベネシュの性格こそ、まさしくハイドリッヒにとって、自分の偽造品を仲介させるのにうってつけの存在だったのではあるまいか。

フランスの政治家で、ベネシュからソ連軍部の反スターリン陰謀なるものを確認したのはダラディエひとりではない。首相のレオン・ブルムも閣僚のレイノーもチェコスロバキア大統領から似たような情報を受け取ったことを確認している。

トハチェフスキーが粛清された後になってもまだ、このモスクワでの出来事はベネシュにとって興味をそそる話題であったらしい。イギリスのウィンストン・チャーチル首相は、彼の著書『第二次世界大戦史』の第一巻「迫りくる嵐」の中で、この点を報告している。

一九四四年一月にベネシュ大統領とともにマラケシュを訪問した時、彼は次のような話をしてくれた。ヒトラーは一九三五年に、もし独仏戦争になった場合にチェコスロバキアが中立を守ると保障してくれれば、それとひきかえにドイツはどんな場合にもチェコスロバキアの保全を尊重する、との申し出を行なった。……一九三六年秋にベネシュ大統領はドイツ軍高官から、もし彼がこの総統からの申し出を採用するつもりなら急いだ方が身のためである、なぜなら近々ロシアである事件が起こり、それによって彼がドイツにどんな支援をしてもすべて無駄になってしまうだろうから、との通報を受けた。ベネシュがこの不吉な警告について首をひねっているうちに、プラハのソ連代表から、ロシアの高官とドイツ政府高官との間で何らかの連絡がとられている、との報告が耳に入ってきた。これは、軍部と古参党員による陰謀、すなわちスターリンを打倒して新たに親独政策を採る体制を樹立せんとしている、と称するものの一部であった。すぐさまベネシュ大統領は自分が確認できた事柄のすべてをスターリンに通報した。

かくて又もやチェコスロバキア大統領が主人公の新説である。このチャーチルの証言を信用するなら、今度はベネシュは、ドイツからの協議の申し出の日付を一九三五年としている。これは、実際にベネシュ、ハウスホーファー、トラウトマンスドルフの三者で第一回目のプラハ城会談が行なわれたのより丸一年も早い。モスクワでの陰謀なるものについて最初に耳にした日時も実際より早まっている――一九三六年秋だ。そしてとどのつまり今度は、「ドイツ軍の高官」からの情報ということになった。

どうしてチェコスロバキア大統領エドワルド・ベネシュは、日付と関係者をもつれさすことにそれほど熱心だったのであろうか……。

■プラハ――各種スパイ活動の中心地

ハイドリッヒは陰謀ゲームでのカードの切り方が上手だったのである。ゲームの場としてプラハを選んだのも上手だった。ここ何年にもわたって、プラハは反ボルシェヴィキ派の亡命ロシア人の最重要拠点の一つだった。世界中に広まったソ連軍高官による反スターリン陰謀なる噂が最初に流れ出したのも、ここプラハからであった。トハチェフスキーがスターリンによって倒されるずっと前の一九三五年十二月から翌年の四月まで、亡命ロシア人の月刊誌『ズナーミヤ・ロシーイ（ロシア国旗）』にソヴィエト国内での抵抗活動を扱った記事が連載されたが、それによると反対派の中心勢力は赤軍指導部であってスターリン打倒を目指している、となっていた。

モスクワでの権力闘争に関する噂は止むことがなかった。一九三六年のクリスマスの頃、チェコスロバキア外務省はワルシャワからある報告を受け取った。それによると、元ベルリン駐在のウクライナ公使ローマン・スマールスツキーから、ベルリンはソヴィエトでの革命を準備中と連絡してきた、というのである。そして謀反人とはトロツキストと野心家の赤軍将校だという。プラハでは十月にあったある事件との関連でこの情報が注目された。その事件とは、ソ連公使館付き武官の事務所に侵入しようとした数人のゲシュタポの工作員なる者が警察に逮捕された件である。取り調べに際してこれらの容疑者は、ソ連軍将校と示し合わせてやった、と自供した。しかし、彼等はドイツ対外防諜局の工作員だったのである。

一九四五年までチェコスロバキア軍防諜部長であったヨセフ・バルチク将軍によると、ベネシュ大統領は一九三六年初めに、ソ連軍将官団による反スターリン陰謀についての報告を受けたが、この情報の出所は「ドイツ人実業家テュッセン」であったという――以上のことはルドウィク・スボボダ将軍（一九六八年にチェコスロバキア大統領になった）の証言である。

カレル・ゴリアト＝ゴロフスキーは第二次世界大戦が始まった一九三九年秋にポーランドで亡命チェコスロバキア軍団の政治委員となり、その後長い間ソヴィエトの矯正収容所暮らしをした人物であるが、ベネシュ大統領がモスクワの軍部の陰謀について通報を受けたのは一九三六年のことだった、と証言している。彼は一九八六年に当時の西ドイツの亡命チェコ人出版社から出版した著書『スターリン矯正収容所からの報告』の中で、バルチクの証言よりもっと夢物語めいたことを主張している。

トハチェフスキーはチェコのマリエンバートで密かにドイツ参謀本部の軍人と会った。会話の一部始終はレコードに録音された。プラハの参謀本部で鑑定したところ、極めて破壊的な内容に関することが明らかとなった。そしてそれらは文書に起こされてベネシュ大統領に届けられた。

バルチク同様、ゴリアト＝ゴロフスキーも自説を証明する根拠を何も示していない。トハチェフスキーが一九三六年にチェコスロバキアにいた、などと立証するのは不可能である。その一方で、トハチェフスキーが「秘密の任務」のために滞在していた、とするチェコスロバキア参謀本部や軍情報部の関係者もいる。

これらの噂はすべてソ連秘密機関の課報員によって、入念に記録されていたのは確かである。とくに一九三五年のチェコスロバキア＝ソヴィエト相互援助条約の締結後は、ソ連秘密警察であるＮＫＶＤばかりでなく、赤軍参謀本部第四局（軍情報部）の将校までもがプラハに駐在するようになった。そしてチェコスロバキアの秘密軍事情報機関である参謀本部第二課もモスクワと密接に連絡をとっていた。のちにチェコ軍情報部長となるフランチェク・モラヴェッツ大佐は著書『スパイ・決して信用されぬ者』の中で、ソヴィエトとの協力について証言している。それによると、一九三六年夏に初めてチェコ軍情報部の将校がソヴィエトに出張したという。ソ連との接触をポーランド側に察知されぬように、六人の将校はワルシャワを避けて、ルーマニアから迂回するコースをとった。彼等はモスクワでソ連軍情報部（GRU）長官のセミョン・ウリツキー将軍に会い、それから一週間毎日最低八時間をかけて情報機関の任務についてソ連軍に指導を与えた。モラヴェツ大佐は、ソ連側のつかんでいるドイツ情報が極めて不完全なものであるのに驚いた。

ドイツ軍の機甲部隊やその他の大部隊の数量、配置、日付、あるいは再軍備におけるドイツ軍の機械化の実態、ドイツ空軍の建設についての資料などの点に大きな不備のあることが判明した。ドイツの潜在的軍事力強化計画やドイツ軍最高司令部の戦略計画についても、ソ連側がまったく無知であるのが確認された。

モスクワ滞在中、チェコ軍将校は二度もトハチェフスキーに会っている。モラヴェツは彼に大きな感銘を受けたらしく、「彼こそはソヴィエト連邦最高の軍人として有名で、国民的英雄というにふさわしい」と述べている。

■ソ連・チェコ情報機関協力の実態

この両国軍間の協議からわずか数週間後、最初のソ連情報機関の常駐代表がプラハに到着した。その人物の年齢は四十歳くらいで、元帝政軍人であって、白ロシア出身だった。身分証明書にはドイツ語名で「ノイマン」となっていて、チェコスロバキア側の担当者とはドイツ語で話し、隠語名は「ルドルフ」であった。

「ルドルフ」のチェコスロバキア首都駐在が正式に認められたことにより、ソヴィエトの諜報活動も公認されたことになる。今やモスクワは、ソ連側のどんな活動に対してもチェコスロバキアは是認しているだけでなく支援もしてくれる、と思いこんだ。当時オランダのハーグにいた、ソヴィエト課報機関のクリヴィツキーは、ＮＫＶＤがプラハ在住のドイツ共産党員で元プロイセン邦議会議員のアントン・グリレヴィッツの逮捕と身柄引き渡しをどうやって要求したか、を証言している。ソ連側からトロツキストと断定されたグリレヴィッツは実際にチェコ警察によって逮捕され、彼が何か月も前に友人に預けていたスーツケースの中から、過激な内容のビラや営業用の通信文、個人的な小物類が見つかった。だがチェコの法律に違反するようなものは何もなかった。それでもチェコ当局はこのドイツ人亡命者を逮捕し、すぐに身柄は別の担当者に引き渡され、そこでグリレヴィッツはいきなり三点の偽造書類を見せられた。それは、ズデーテンラント占領に関するドイツ側の秘密計画と透明インクで書かれた手書きの指令であった――どれも彼のスーツケースから発見されたものだとされた。

グリレヴィッツはそのまま拘禁され、チェコ警察は尋問中に、ソ連諜報機関が身柄の引き渡しを要求していることをほのめかした。グリレヴィッツは自分に対する告発に反駁して、スーツケースの中に「不利な証拠」がまぎれこまされたことを立証するのに成功し、四か月たってやっと釈放された。

一九三八年にアメリカに亡命したもう一人のNKVD将校オルロフも、プラハでのソ連諜報機関の作戦について証言している。一九三六年夏、ベルリンの大使館付NKVD駐在員のイスラエロヴィッチは、プラハのとあるカフェでドイツ参謀本部の二人の内通者に会った。そして、

任務の伝達がすむと、二人のドイツ人は用心のために一定の時間をおいて別々にカフェから立ち去った。ソ連側の客はボーイに支払いを済ませ、目立たないようにして表通りに出た。それから数分で彼はチェコ警察に逮捕されて署まで連行され、持物の中から何本かのフィルムが発見されたが、それはたった今二人のドイツ将校から受け取ったものだった。……イスラエロヴィッチは完全に錯乱してしまった。私は彼が病的な臆病者だというのを知っている。どんな尋問も拒否し、ソ連公使館に連絡するよう要求して、弁解を始めた。

このソヴィエト諜報機関の駐在員はドイツのスパイだ、とする容疑を必死になって否認した。逆だったのだ。ドイツ人が彼のために働いていたのだ。さらにオルロフによると、

チェコ側の当局者が間抜けだとはどうしても考えられない。この警察の担当者は自分の成果を自慢するかのように、イスラエロヴィッチをチェコの情報機関に連行した。イスラエロヴィッチは警察で知っていることを洗いざらい調書にとられ、そ

れに署名してから釈放された。この件はただちに外務省に通報され、そしてベネシュの知るところとなった。

ベネシュはこの件をソ連側に通告し、イスラエロヴィッチはモスクワに召還されて五年の懲役刑を宣告され、白海にあるケム島の矯正収容所送りになった。

後のチェコスロバキア大統領スボボダも、一九七一年にプラハで出版した回顧録『生涯の途上にて』の第一巻で別の事件について触れている。ただしオルロフの話の方が面白い。スボボダが扱っているのは一九三八年のことで、彼がバルチク将軍から聞いたことである。それによると、プラハの警察が三、四人のドイツ語を話す容疑者を逮捕した時、報告を受けたバルチクは咄嗟にそれがカナリス提督のドイツ対外防諜局のスパイだと思った。「ところが全く驚いたことに、彼等はソ連のスパイであることが判明した」。それはウィーンからやってきたオーストリア政府関係者で、プラハでソ連諜報機関の駐在員に会う手筈になっていた。だがもし期日までにウィーンに戻らなければ正体が露見する恐れがあるので、バルチクはソ連を「助ける」ために、オーストリア人スパイが持参した記録類を焼却させた。それでこのスパイ達は行動を妨害もされず、正体がばれもしないでウィーンに帰ることができた。翌日、ソ連の駐在員がバルチクのもとを訪ね、彼の援助に感謝した、という。

オルロフが語った一九三六年夏のイスラエロヴィッチの件も、そしてスボボダが伝えている一九三八年初めのソ連諜報機関へのチェコ側の「援助」の件も共に、両国の情報機関同士の緊密な協力を証明するものである。それはまた、対ドイツ・オーストリア活動において、いかにソ連諜報機関がプラハを利用していたかを裏書きするものである。そして当然、ハイドリッヒがこの事を知らないはずがなかった。だからこそなおさら彼は、トハチェフスキーの反逆に関する証拠がプラハから来たものならばスターリンはその信憑性に疑いをいだくはずがない、との確かな読みをしていたのである――まして持参したのがベネシュ博士であればスターリンは信用するに決まっている……。

■ハイドリッヒ、強襲にとりかかる

一九三七年の一月末から二月初めにかけて、ベルリンの対トハチェフスキー準備は最高潮で進められていた。偽造の作業はまだ完了していなかったが、ベーレンツとナウヨックスから届けられた最初の部分のでき映えは、すぐにも作戦を発動しようとハイドリッヒに決意させるほど満足のいく仕上がりであった。

だがハイドリッヒには心配もあった。それは、年が明けてからさらに新たな将校の逮捕を伝える報告がモスクワから来ていないことである。しかも、スターリンと赤軍の確執を報ずる噂は消えていた。そこでハイドリッヒは外務省に働きかけてモスクワの状況をさぐってみた。二月六日に外務次官エルンスト・フォン・ヴァイツゼッカー男爵はモスクワのフォン・デア・シューレンブルク大使に暗号で、「ソヴィエト連邦内の動揺、ことにスターリンとヴォロシーロフの間の緊張についての相反する内容の新聞報道に関して、連絡を乞う」と訓令した。二月八日に返ってきたシューレンブルクからの回答は、彼をがっかりさせるものであった。「スターリンとヴォロシーロフの間の緊張に関する兆候はこれまで当地では特に何も見受けられず」。

だがハイドリッヒは強襲を決意した。彼のもとにはヒムラーの副官ヴォルフから定期的にチェコスロバキアとの交渉の様子が知らされていた。ここでトラウトマンスドルフがハイドリッヒの書いたシナリオの中の役を演じたわけである……。

■トラウトマンスドルフの役割

彼は真相を打ち明けられていたのだろうか？　それとも、古いタイプの几帳面な官吏としての良心に動かされたのか？　トラウトマンスドルフが一九三七年二月九日に、ベルリン駐在チェコスロバキア公使のマストニーに対して、ソヴィエト連邦での新たな事態の進展についてほのめかした動機は何だったのか？　彼はどこまで知っていたのか？　彼に赤軍の反スターリン陰謀が差し迫っている、と教えたのは誰か？　シューレンブルクがスターリンと赤軍の間の緊張は見受けられない、とベルリンに返電してからわずか二四時間後、トラウトマンスドルフは「無分別」なことをしたのである。この時、彼が

ＳＳ制服姿の文書偽造者アルフレッド・ヘルムート・ナウヨックス

マストニーに喋ったのは、ヒトラーがロシアから入手した「確かな情報」と思われるもので、「突然に革命発生の恐れ大、スターリン、リトビノフの失脚と軍部独裁の樹立」というものだった。ではヒトラーは一体誰から、そしてなぜこの「情報」を得たのだろうか？　そしてトラウトマンスドルフにモスクワでの陰謀について吹き込んだのは誰か？

トラウトマンスドルフが「トハチェフスキー作戦」のことをハイドリッヒから打ち明けられていた、というのはありえない。といって彼が、ベルリンで進行中の何か「大事」についてまったく知らぬままでいた、ということもありえない。彼みずからこの推測を遠回しに証明している。

一九六二年一月十五日――トハチェフスキー事件から二五年後――に、『フランクフルター・アルゲマイネ』紙の「編集者への手紙」欄にトラウトマンスドルフからの投書が掲載された。そこで、彼が「チェコ大使マストニー博士」にベルリンが「赤軍内部の反ソヴィエト・グループと取引」しているとほのめかしたのだ、との説に対する弁解を試みている。そしてさらにこう述べている。

トハチェフスキー事件との関連でハイドリッヒが仕組んだ偽造工作については、私は一九四七年にＣＩＣ（アメリカ防諜局）の尋問を受けるまで全然知らなかった、と断言できる。私が外務省の役人だったことは一度もなく、当時は労働省のある部局にいた。だから私は決してマストニーなり他の誰かに、そのような件について話をするような立場になかった。

トラウトマンスドルフの言うことはある程度まで賛成できる。彼は実際、「ハイドリッヒの仕組んだ偽造工作」の全容など「全然知らなかった」。これには全く異論はない。しかしトラウトマンスドルフはこの投書を書いた時、自分が話したことについてのマストニーの報告が残されているのを知らなかった。またトラウトマンスドルフはベネシュの回顧録の内容にも反論しているが、ベネシュはトラウトマンスドルフ伯がドイツ労働省に勤務している、と正確に記述しているのであって、彼が外務省の職員だったとはしていない。したがってトラウトマンスドルフが、ベルリン＝プラハ間の接触での自分の立場を悪意のないものにしようとしているのには納得できない。ヒトラーが隣国の国家元首との交渉を「小役人」に、しかも外務省にも知らせずに一任した、などとはとても考えられない。

問題はそれだけではない。トラウトマンスドルフは、なぜベネシュとの会談をハウスホーファーとともに一任されたかの言い訳をしようとして、一つの間違いをしている。彼によると、「私は当時のベルリン駐在チェコスロバキア公使とは長年にわたるつき合いがあって、よく彼のところに客となった」。この主張はまったくのでたらめである。トラウトマンスドルフは一九三六年八月十四日のフランス大使館でのパーティの席で、初めてマストニーに、しかも自分の方から望んで紹介されたのだ！　するとこの出会いは、彼が見せかけようとしているような全くの「偶然」などではなかった、と解さねばなるまい。一九三六年十月三十日付のマストニーの報告からも判明しているように、トラウトマンスドルフは公使との最初の出会いの席で、「与えられた指令により、総統がずっと前から大きな関心を寄せている両国間の和解の件について」語ったのである。ドイツ労働省の職員である彼が、一体誰からこの「指令」を受けていたのかについては、トラウトマンスドルフは用心深く口をつぐんでいる。

一九六二年一月十五日付のトラウトマンスドルフの投書にはこれ以外にも事実に反する点がある。二人のヒトラーの使節とベネシュが会談したのは、一九三六年十一月十三日と十二月十八日である。そして十二月の話し合いのあとでベネシュはドイツ＝チェコスロバキア間の条約の構想を練った。だがトラウトマンスドルフはこう言っている。「二回目の話し合いは一九三七年一月、フラッチャニ宮で行なわれた」。これもやはり誤報である。

なぜトラウトマンスドルフが、二回目のプラハ滞在を一九三七年一月としたかについては説明できなくもない。彼は投書の中で何度もベネシュの回顧録を引用している。だがこの回顧録自体が、モスクワでクーデターが切迫中との情報を一九三七年一月十二日に得た、としており、ベネシュ伝にも誤って一月半ばとなっている。もしベネシュによる日付が正しければ、実はトラウトマンスドルフこそマストニー報告の出所であったことを誰にも気付かれずに済んでいただろう。マストニーがモスクワでの陰謀について何等かのことを知ったのは二月であったと。それからトラウトマンスドルフはもっと具体的に説明している。「ハウスホーファー教授はベルリンに戻ると、リッベントロップに詳しい調書を提出した」。

実際にハウスホーファーがリッベントロップに調書を提出したのは一九三七年一月十三日であるが、これもまた、一月十二日にベネシュと二回目の会談をした、とするトラウトマンスドルフの主張とは食い違っている。ハウスホーファーが調書を作製したのは、単にリッベントロップのためにではなくて、ヒトラーに提出されるからなのである。だからベネシュとの会談からわずか二四時間で作製するのはとても無理なのであって、フラッチャニ宮での会談はトラウトマンスドルフの主張する時期よりもずっと前に行なわれていたはずである。その日付ははっきりしている。一九三六年十二月十八日なのだ！

トラウトマンスドルフは、自分がマストニーや、ましてベネシュにソ連での陰謀を通報したことなどない、とする抗弁にもっと重みを加えようとして、『秘密戦線』の著者ハーゲン（ヘットル）の宣誓供述書まで引用している。ハーゲン（ヘットル）は一九五一年に署名入りでこう供述している。「トラウトマンスドルフ伯から当時ドイツ側が偽造した証拠を手渡されたか又は提供された、とベネシュが回顧録で主張しているとすれば、それは執筆中に進行した老化によるベネシュの間違い、あるいはこの人の意図的な歴史の偽造、ということができる」。

確かにエドワルド・ベネシュ博士は、常に自己の目的を道徳の原理と調和させて追求するような政治家ではなかった。だがハーゲン（ヘットル）は宣誓供述の中で、決してありえないベネシュの意図なるものをあげつらって、逆にいくつもの重大な誤りを犯している。

『回顧録』を書いていた頃、ベネシュは決して老衰などしてはいなかった。トハチェフスキー事件の前史における自分の役割を叙述する際、ベネシュに歴史を偽造しようとする意図があったわけでもない。ベネシュは、トラウトマンスドルフが偽造記録を「手渡した、又は提供した」などとは一度も言っていない。彼は単にこう言っているだけである——ここでマストニー公使からの報告を引用しつつ——、トラウトマンスドルフはマストニーにソヴィエト連邦で軍事蜂起があるかもしれないとほのめかした、と。

このようにトラウトマンスドルフの投書は事実に合わない部分が沢山含まれている。だが一九三七年二月九日に彼がマストニー公使を訪問して話をしたのは確かであるし、偶然そうなったのでもない。すでにハイドリッヒが準備した作戦が雪崩をうって開始されていたのである。

■焦るハイドリッヒ

一九三七年二月。SS集団長ハイドリッヒにとっては一息つく暇もない毎日だった。ベーレンツとナウヨックスから定期的に偽造作業の進み具合が報告され、二月中旬には全部の「コレクション」の引き渡しができるまでになった。

だがプラハからは、騒ぎとか動揺の徴候は何も聞こえてこない。まさかダラディエがチェコスロバキア大統領から赤軍のスターリン打倒計画のことをすでに教えられていた、などとはハイドリッヒは夢にも思わなかった。しかもベーレンツとナウヨックスによる作業が完了しても、ハイドリッヒにはなお未解決の問題が残っていた。それは、どうやったら確実にベネシュに偽物を掴ませることができるか、そして、ベルリンで偽造されたものだ、と疑われないようにするにはどうすればよいか、の二点である。

ピヤタコフ＝ラデック裁判の判決が公表されてからのモスクワは再び静寂が戻ったようであった。ヴィシンスキーによる尋問の際に、ラデックが何度もトハチェフスキーのことに触れたのを当然ハイドリッヒは見過ごさなかった。ソヴィエトでの事の成り行きを一つも見逃すまいとして、さらにハイドリッヒはソ連で起こったことやベルリンで知り得たことを細大漏らさず報告させた。三月初めにハイドリッヒは、卓越したソヴィエト問題専門家のヨアヒム・フォン・シュトゥルプナーゲル歩兵大将が外務省に送った報告の一部を手に入れた。そこでハイドリッヒは、シュトゥルプナーゲルが独ソ両軍の協力時代にトハチェフスキーとも知り合いであったことを知る。一九二五年九月の日記にシュトゥルプナーゲルはベルリンのソ連大使館での晩餐会について書いた。

ドイツ軍機構の視察にロシアから将校が又やってきた。代表となっているのは、およそ三十歳くらいのロシア西部方面軍司令官トハチェフスキーである。……大抵のロシア将校は流暢なドイツ語を話し、驚くほど戦史に通じている。ある者はクラウゼヴィッツを研究している。トハチェフスキーとは特別に理解し合えた。夜遅く、彼は私に、もう一度ワルシャワで会おう、と言った。

このトハチェフスキーとの初めての出会いから一二年たって、今ではシュトゥルプナーゲルも赤軍軍人にそれほど良い印象を感じなくなっていた。外務省のために作製した報告で第一に分析されているのは、「いわゆるリトビノフの引退、赤軍政治部長ガマルニクの逮捕、その他」についてのニュースであるが、シュトゥルプナーゲルによると、「軍指導部とスターリンの間の意見対立に関わる報道はどれも全くの的外れで間違い」だった。

ソ連国内の政治上の展開を包括的に分析したあとでシュトゥルプナーゲルは、繰り返しスターリンと赤軍との関係について、「最近スターリンと赤軍首脳との意見対立がしばしば報じられているが、そのようなニュースの出所はすべてセンセーショナリズム的際物《きわもの》だと言ってよい」。

ハイドリッヒが特に興味を持ったのは、シュトゥルプナーゲルによる赤軍最高幹部の分類である。

第一の区分に属するのは、プロレタリア出身の無能者（ブジョンヌイ、ヴォロシーロフなど）である。この連中はスターリン＝カガノヴィッチにしがみついている。……赤軍指導部の第二の区分はいわゆる専門家で、たとえばトハチェフスキー。この面々は心底からの共産主義者かどうかは断定できない。……ただし、軍の最高幹部に日夜尾行が付けられている、などという説は全く無視してよい。実際、彼等が反対分子と連絡をとるのは不可能であるし、そこまで彼等が狡猾になるのも無理である。

ハイドリッヒはシュトゥルプナーゲルの分析に冷水を浴びせられたような気がした。ソ連通として著名な将軍の見解は、諜報員スコブリンからの報告と矛盾するではないか。ハイドリッヒが入念に用意した秘密作戦の成否は、かかってスターリンと赤軍幹部との抜き差しならぬ対立にあるのであって、クレムリンの独裁者はトハチェフスキーを深く疑っていなければならない。

だからといってすぐにハイドリッヒがあきらめたわけではない。彼は自分のツキを信じることにした。悪いカードを引いてしまったようだ——だがゲームはまだ始まったばかりなのだ。

■スターリンの粛清開始宣言

プリンツ・アルプレヒト街八番地にあるハイドリッヒの本部から数百メートルしか離れていないチェコスロバキア共和国公使館では、マストニー公使が疑惑と不安で苦しむ日々を過ごしていた。二月十二日に、プラハの大統領へ赤軍の反スターリン陰謀に関する情報を持参してから、何も新しい訓令を受け取っていない。ベネシュは沈黙したままである。クロフタ外相は自分から何も聞こうとしない。これまでマストニーは何回か外相に、何をしたらよいかの指示を求めようとしたが、その都度それを自分の胸の内にしまいこんでいた。

三月二十日になると、さすがにマストニーの辛抱にも限界がきた。外相に宛て、二月にプラハに持参した件についての「より詳細な指示」を待ち続けている、と苦情を言った。

だがクロフタの返事が戻ってくるよりも早く、突然公使を驚かすような大きな動きが始まった。

モスクワで、ピヤタコフとラデックを頭目とする「反ソヴィエト・トロツキスト・センター」の被告一七名中一三名に対して死刑が宣告されてから丁度三週間後の一九三七年二月十八日、ソヴィエトの新聞は、最高人民経済会議議長でスターリンの忠実な戦友、グリゴリー（セルゴ）・オルジョニキッゼが心臓麻痺で急死したことを報じた。世界が彼の死の真相を知るのはそれから二九年後のことであった。一九五六年二月のソヴィエト共産党第二十回大会での秘密報告で、フルシチョフは、オルジョニキッゼの死後すぐに広まった噂が本当であることを認めた。オルジョニキッゼは一九〇二年にスターリンと監獄生活を共にし、一九一二年にスターリンがプラハでのボルシェヴィキ会議で中央委員に選ばれた時の保証人になったにも拘らず、スターリンの命令で殺された。その動機。重工業人民委員のオルジョニキッゼは、自分に最も近い腹心のグリゴリー・ピヤタコフがトロツキスト裁判で死刑を宣告されたことについて、スターリンに恩赦を求めたからであった。

オルジョニキッゼ急死から何日も経たぬうちに、スターリンの血にまみれた粛清を合法化するためのソヴィエト共産党中央委員会が招集された。スターリンは党書記長としての資格で、みずから「党務における欠陥とトロツキスト及びその他の二枚舌分子精算の方法」と題する基調報告を行なった。

我々は汚らわしいこの理論を覆し、粉砕してしまわねばならない。その理論とは、我々が前進するに従って、一歩一歩階級闘争は穏健化し、階級の敵を素早く屈服させればそれだけ我々の成果は大きくなる、というのだ。これは汚らわしいばかりか、危険な理論でもある。なぜなら、それによって我が人民を眠らせてしまい、階級の敵がソヴィエト権力に反対する闘争へ結集する余裕を与えてしまうからである。この「有名な」テーゼは、社会主義建設に伴って階級闘争もますます尖鋭化するはずだ、とするもので、スターリンの存命中に何百万人もの殺害を正当化することになるテーゼはこうして誕生した。スターリンによると、敵はどこにでもいて、党と社会主義国家への攻撃を準備しており、ソヴィエト国内でも外国でもまったく同じであるという。

一九五六年のフルシチョフ報告によると、

一九三七年二月から三月の中央委員会でのスターリンの報告は、社会主義への途中の段階で階級闘争はますます尖鋭化せざるをえない、との口実のもとに、大量テロルを理論的に正当化しようとしたものであった。スターリンは、この認識を歴史とレーニンの著作から引き出した、と断言した。……この時スターリンは大量テロルの執行に党とNKVDを利用した。だが途方もない大量テロルを適用する根拠は何もなかった。

ソヴィエト国家と党の敵に対する闘争の尖鋭化を呼びかけたのはスターリンだけではない。NKVD長官のエジョフも、そしてスターリン第一の側近モロトフもこの主題で講演した。エジョフは「日本やドイツやトロツキストの工作員による害虫的・転向者的スパイ活動からの教訓」について語り、モロトフは赤軍内の状況について、多数の指揮官が「軍における人民の敵に対する闘争」を拒否している、としてそのような態度を鋭

内務人民委員（ＮＫＶＤ）
ニコライ・エジョフ

く批判した。そしてスターリンもまた、二日間にわたる――三月三日と五日――長い基調報告の中で、赤軍について触れることを忘れなかった。彼は警戒心を高めることを求め、「赤軍の列に加わっている一部のスパイが我が国土に及ぼしかねない」損害についても言及した。

これは単なる脅しで終らなかった。中央委員会が開かれている間にも、スターリンは打撃を加えつづける。中央委員会の指導的メンバーのニコライ・ブハーリンとルイコフが逮捕されて、ルビャンカの地下牢に拘禁された。「社会主義の敵と裏切者、階級敵の回し者とスパイ」に対する苛責ない追求が始まった。

有名な映画監督のアレクサンドル・ドブジェンコはすぐさま、映画『空港都市』の脚本に、スパイであることが判明した最良の親友を主人公が殺す場面を最初のシーンに付け加えた。「誰もが敵・スパイでありうるのだ、おまえもだ」――こうしてドブジェンコは映画の基本的傾向を説明した。

スターリンによる中央委員会での演説以後ソヴィエト連邦を支配した雰囲気については、歴史家アレクサンドル・ネクリッチが言った一つの恐るべき「冗談」によってはっきりとその性格を言い表すことができる。「一人の人間が鏡を覗き込んで言った。おまえかそれとも俺か！」。

中央委員会でのスターリン報告の詳細は、それから三週間後の三月二十九日になって初めて党機関紙『プラウダ』に掲載された。この翻訳は三十一日にハイドリッヒの手に入った。

保安部長兼ゲシュタポ長官には即座に、大きなチャンスがやってきたのがわかった。クレムリンの主スターリンが彼にボールを投げてよこしたのだ。今度はハイドリッヒの番である。そして彼は、もはや誰も自分の成功を邪魔する者はいない、と確信した……。

■ゲーリンク＝マストニー会談

四月七日、水曜日。マストニー公使は急にゲーリンクから内密の相談に呼ばれた。第三帝国の要人が小国チェコスロバキアの公使と差しの話し合いを望んでいるとはまったく異例のことであり、事の重要性を察したマストニーは即座に招待に応じた。

この日の午後にマストニーとゲーリンクの会談が行なわれ、その五日後の四月十二日にマストニーはプラハ宛の電報で、極めて重大かつ緊急の用件であるとして大統領に接見を求めた。

大統領の返事が来るまでマストニーはそれから五日も待たねばならなかった。四月十七日になって――ゲーリンクとの話し合いから一〇日後――やっとマストニーはベネシュに会えることになった。

マストニーがベネシュからの返事を五日も待たねばならなかった、というのは興味あることである。一介の外交官よりも国家元首の方が色々仕事が多いのは当然である。ところが――なぜマストニーはゲーリンクとの話し合いから五日もたってベネシュに接見を催促したのであろうか？

ゲーリンクとマストニーとの間で交わされた話の中身については何もわかっていない。だがゲーリンクに会ったあとでマストニーが繰り広げた行動から、二人がモスクワでの最近の情勢の展開について詳しい意見交換をした、と結論してもさしつかえあるまい。ゲーリンクはマストニーに、ソヴィエトでの軍事反乱が切迫していることについて、単なる噂ではなくはっきりとそれを確証するような具体的な証拠を示したのではあるまいか。以前の、トラウトマンスドルフによる陰謀についてのほのめかしとは違って、今度は軍部による陰謀の首謀者の名前が挙げられていた。マストニーがゲーリンクから聞かされたのは、赤軍の最も著名な将軍トハチェフスキーが権力奪取をねらう不満派軍人の頭目だ、ということではなかったか。

ゲーリンク＝マストニー会談については何の記録も残っていないので、見たところ対等とはいえないこの二人がそんなに親密な間柄だったのか、との当然の疑問が生まれよう。ゲーリンクは本当に小国チェコスロバキアの公使にこんな重要な情報を打ち明けるほど親密だったのであろうか？

二人の関係は良好だったのだ。マストニーは一九三二年以来ベルリンに駐在し、一九三三年一月のヒトラー政権成立後は、いつも陽気で親しみやすい風采のゲーリンクとは気のおけぬ話し相手になった。ドイツ=チェコスロバキア関係に暗雲がたれこめるようなことがあっても、マストニーはゲーリンクとのざっくばらんな話し合いで解決してきた。戦後の一九四六年にニュルンベルク国際軍事法廷で、ゲーリンクはマストニー公使との良好な関係について証言している。

だがゲーリンクまでもが、トハチェフスキーの陰謀の証拠となるはずのハイドリッヒの作業場で偽造された記録類を仲介したのであろうか？　そうでなかったことは確かである。SD部長ハイドリッヒの偽情報ゲームはそこまで大規模ではなかった。いくらハイドリッヒでも、ナチス体制の大物を一介の「使い走り」にまで貶《おとし》めることは無理である。ハイドリッヒのシナリオでのゲーリンクの役割とは、差し迫った赤軍内の反スターリン陰謀なる噂を本当らしく見せることにあった。そしてゲーリンクはこの役を、ハイドリッヒが充分満足するほど上手にやりおおせた。

実際の「手仕事」はあまり知られていない二人の人物に任され、ハイドリッヒのシナリオで厳密に役割が割り当てられていた。ゲーリンクが心理的な土台を用意したところで、今度はカミール・ホフマンとカール・リヒャルト・アルベルト・ヴィティヒが舞台に上がる番になった。史上最も血腥いドラマにおいて、ハイドリッヒが一番大切な役を与えたこの二人の役者は一体何者であろうか？

■カミール・ホフマンの役割

「帝国首都の外交舞台で、カミール・ホフマンは一つの例外現象だった」、と長年の友人ヨハン・ヴォルフガング・ブリューゲルは表現している。

ボヘミアの詩人にしてチェコスロバキアの社会民主主義者であるホフマンにとって、一九二〇年代の芸術家的・リベラル左派的なベルリンは職業的なエリート外交官として以上に魅きつけられてやまない街だった。同僚の外交官仲間の間でも、ホフマンの個人的な人脈の多彩さ、ドイツの内外政治に関してと同時に文化の分野での知識の豊富さは際立っていた。ホフマンの知的関心がこんなにも多岐にわたっている理由の一つは、一八七八年十月三十一日生まれの彼の中部ボヘミア・コリンの開放的なバイリンガルのユダヤ人家庭にある。

今世紀初頭、ホフマンはウィーンのリベラル左派系日刊紙『ディ・ツァイト』の編集者として職業人生を踏み出した。ウィーンで——すぐにフーゴー・フォン・ホーフマンシュタールを中心とする若い詩人達のサークルに加わる——一九〇二年に最初の詩集『静かな夕辺のアダージョ』を発表し、さらにシュテファン・ツヴァイクと共同で、シャルル・ボードレールの『韻文と散文による詩集』を翻訳している。

それからホフマンはドナウ河畔の都市からエルベ河畔の都市ドレスデンに移り、『ドレスナー・ノイエステス・ナハリヒテン』紙の文芸欄を担当する一方、『愛の手紙』のような文芸作品のほか、十八世紀と十九世紀の書簡集の編纂者としても実力を示した。

一九一八年十月にチェコスロバキア国が創設されるとそのわずか二、三か月後、ホフマンはベルリンの公使館付新聞担当官となる。それから二〇年以上にわたって――一九二一年の短い中断を除いて――彼はベルリンに駐在し、チェコスロバキア政府の半官的ドイツ語新聞『プラーガー・プレッセ』の発行に彼の存在が不可欠となっていた。

ホフマンの公使館付新聞担当官としての公けの立場と、実際に彼がプラハに対して持っていた影響力とは全然釣り合わないものであった。定期的なモルダウ河畔への帰郷の折にはいつでも、マサリク大統領も、外相でのちに一九三五年から大統領になるベネシュからも、そして同じ時に外相となるクロフタからも大歓迎された。ホフマンからのベルリン情報と情勢分析はチェコスロバキアの指導部から高く評価され、絶対的な信用をかち得ていた。ホフマンはベルリンの各国外交団やドイツ人からも、物知りで洗練された社交家として歓迎された。彼の知人は数え切れないくらいで、作家、ジャーナリスト、俳優のほか、将軍、実業家、各種の色合いの政治家も含まれていた。

ホフマンがヴィティヒと知り合いになるのは一九三四年の中頃である。ヴィティヒはベルリン生まれで、この時丁度三十五歳であった。ヴィティヒを紹介したのが誰だったかはホフマンも覚えていない。だが初めて会ってから二、三週間後にはもうヴィティヒは、第三帝国の内部事情に関する信頼できる通報者になっていた。ホフマンは一九三二年からつけている日記の中で、しばしばヴィティヒからの報告や証言のことを引用している。ホフマンとヴィティヒの関係について最も興味をひくのは一九三五年一月末の記述である。

ヴィティヒは、ちょっと前にヒトラーから呼び出しがあって、その時に交わした政治の話に関するメモを持ってきた。その内容は、昔からの対ロシア構想、その場合のチェコスロバキアへの攻撃、中部ヨーロッパ圏における「潰瘍」。マストニーは私が得たこの記録に大きな意義を見出して喜んだ。来週それを彼はベネシュのところに持参する予定だが、仏ソ両国政府もその内容は摑んでいるはずだ。

二月二日の記述はこうである。

マストニーは何日もプラハにいた。彼はヴィティヒとH［ヒトラー］の話をベネシュ外相に渡した。この話はベネシュに強いショックを与えたはずだ。彼が決して［ヒトラーの］平和演説など信用してはいなかったとしても。ヒトラーがソヴィエト・ロシアに対する本来の計画を断念してはいなかったこと、そしてチェコスロバキアを滅ぼさねばならない国と見なしていること、が文書になった証拠を手にして初めて確信できた。昨日マストニーは、ベネシュの了解のもとに、この記録の写しをフランソワ・ポンセ［ドイツ駐在フランス大使］に渡し、きょうはフィップス

カール・リヒャルト・アルベルト・
ヴィティヒ
（ある偽証裁判で—1970年代）

［ドイツ駐在イギリス大使］にも渡す。二人はすぐに自国の政府に連絡しただろうか？　ロンドンでフランダン、ラヴァル、サイモン、イーデンの会議が開かれる。ヒトラーとの会談に関するヴィティヒの報告はちょっとしたセンセーションだった。この時まだ外相だったベネシュは英仏両国公使に、ホフマンのメモの写しを渡している。二月中旬、ベネシュはヴィティヒ報告の件でホフマンにプラハに来るよう言ってきた。ホフマン日記によるとこうである。

十六日、ベネシュのところで一時間。……ベネシュはヴィティヒとヒトラーの話に関心がある。ヒトラーがここで言明した政策を本当に実行する気なのか、と考えている。いやまさに、ヒトラーは二重の外交を実行している。私はその通り、と答えておいた。というのも、ヒトラーは二重の外交を実行している。一つは外務省を通じての、もう一つは党を通じて、すなわちローゼンベルクの在外ドイツ人機関を通じて。

三月一日の部分に面白い記述がある。

……プラハ行きの前にポンセから、ヴィティヒの件で話がしたい、との申し出があった。私が彼のところに行かなかったので、マストニーを通じて私に来るように申し入れてきた。彼は、なぜW［ヴィティヒ］が私に打ち明け話をしたのか、そしてその話が本当なのか、私の説明を聞きたがっている。パリがもっと詳しいことを知りたがっているのは明らかだ。ということは、あのメモの影響だ。Fr，P［フラン

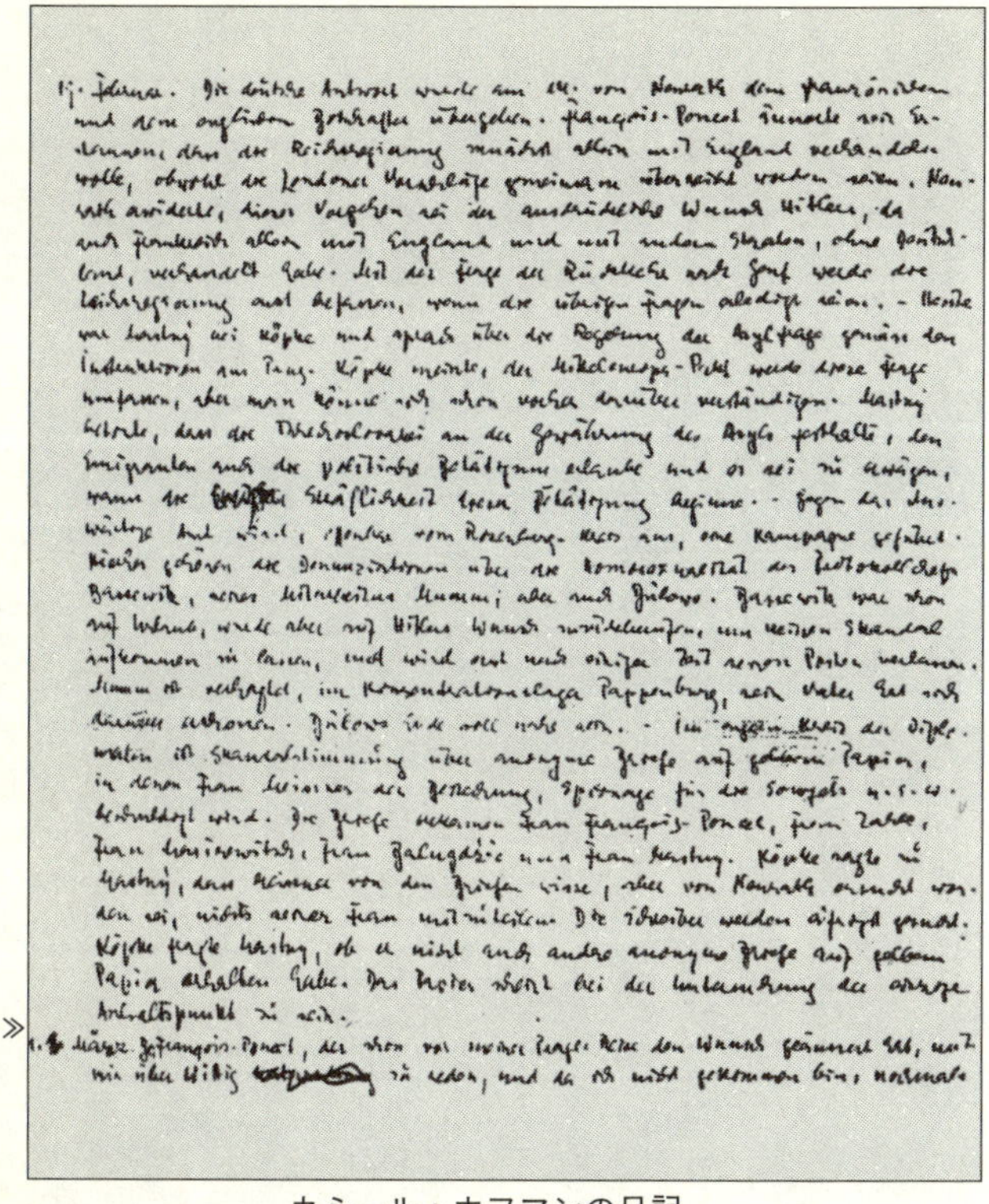

カミール・ホフマンの日記
»1935年3月1日の部分で、「プラハ旅行する前に、フランソワ・ポンセ仏大使にヴィティヒからの情報を打ち明けた」と記している

ソワ・ポンセ」に、どうしてヴィティヒが私のところに来るのか、そして彼の来歴、極右やルーデンドルフやAEGとの関係、外国旅行のこと、ナチス党議員団との協力などについて話す。ヒトラーの政権掌握後もルーデンドルフに政治報告を送っていたために逮捕され、強制収容所に送られたこと、そしてブリュックナーの干渉のこと等々。ヴィティヒの反体制的活動のこと。現在のクーベやゲッベルスとの話の様子も。シャハトやゲッベルスと一緒になってヴィティヒがパリとロンドンの情報機関のために取引していること。……ヴィティヒのメモは外交活動において相当の値打があると思う。というのも、それはロシアに対するヒトラーの昔からの構想を証拠立てるものだからだ。

■怪人カール・ヴィティヒ

突然、閣僚や大使が関心を持つようになったこのヴィティヒとは何者か？「汚らわしい唾棄すべきスパイ」と、彼の最も身近な敵であった元西独憲法擁護局長官オットー・ヨーンは一九八九年に評している。

だが一九三〇年代にホフマンが確認していることからすると、ヴィティヒの別の面が推測できる。

カール・リヒャルト・アルベルト・ヴィティヒは一九〇〇年七月十一日生まれ。商業学校を了えたあと、一九二四年に在独アメリカ商業貿易協会にレポーターとして入社し、一九三〇年から一九三三年まで、AEGとプフェッファー・ウント・エルビス社という二つの電機コンツェルンの重役の政策顧問となり、そのころルーデンドルフ将軍と知り合いになった。

だがルーデンドルフがヒトラー崇拝者から批判者に変わったため、ヴィティイヒにとって困ったことになった。一九三三年に彼はゲシュタポに逮捕され、オラニエンブルク強制収容所に送られた。しかし一九二四年以来の友人である内相ヴィルヘルム・フリックのおかげで、ヴィティイヒは六か月後には釈放され、しかもフリックはこの「旧友」の面倒まで見てくれた――一九三四年にヴィティイヒを内務省の職員にしてやった。ホフマンがヴィティイヒと初めて接触するのはこの頃である。だが別の関係者もヴィティイヒに協力を求めてきた。ラインハルト・ハイドリッヒの親衛隊保安部（SD）である。SDはヴィティイヒの活動が非常に貴重であることを見て取り、ヴィティイヒもSDの信頼すべき工作員になった。ハイドリッヒにとってヴィティイヒの多方面にわたる交友関係は単なる情報源以上のもので、ヴィティイヒを通じてSDは外交官やジャーナリスト、芸術家などのサークルに情報を投げ込んで、自らの正体を明かすことなく情報を広めさせることができた。こうしてヴィティイヒには多くの重要人物と接触する道が開けたのである。ヴィティイヒはベルリン政界の最高度の有力者と話が通じている、というのでどの集まりでも大変な歓迎を受ける客になった。

ヴィティヒがホフマンに対して、自分の「昵懇の間柄」であるとして挙げたナチス党幹部の名は興味深いものである。これはホフマンがポンセ仏大使との話し合いに関して触れていることである。

まずヴィルヘルム・ブリュックナーだが、すでに一九二三年にはミュンヘンの突撃隊（SA）の連隊長だった。一九三〇年にはヒトラー付SA副官になるが、主な役目は副官団とヒトラー護衛隊の統率であり、そのため彼は他のヒトラー付副官ユリウス・シャウプやフリッツ・ヴィーデマンをさしおいて首席副官になった。

次のヴィルヘルム・クーベは一九二八年に入党し、プロイセン邦議会のナチス党議員団長になった。一九三三年の権力掌握後、ゲーリンクによってブランデンブルク州総監に任じられたが、数々の個人的スキャンダルと女性問題のために一九三六年秋には失脚した。だがヒトラーの指示で、その後も「ガウライター［ナチス党大管区指導官］」を名乗ることを許された。一九四一年にクーベは白ルテニア［現在のウクライナの一部］大管区指導官兼帝国管理官に返り咲く。そして一九四三年九月に、ソ連のパルチザンが仕掛けた暗殺計画によって殺された。

ヴィティヒはホフマンとの話の最後に二人の閣僚の名をあげている。シャハト［当時、経済相兼国立銀行総裁］とゲッベルス［宣伝相］。当然ホフマンはヴィティヒが挙げたこのような第三帝国の高官とは面識がなかったから、ヴィティヒの言わんとしたことを疑うべき理由もなかった。ところがその後でヴィティヒは一つの間違いをやってしまった。一九三六年四月五日にホフマンを訪ねた折に——ホフマン日記による——、「ルーデンドルフと話をつけなければ、と力説した。ヒトラーはルーデンドルフを訪問して彼と和解し、新しい参謀本部の指導を要請した。ルーデンドルフはそれに条件を付け、閣議での発言権を要求した」という。

ヴィティヒは節度を踏み外してしまった。さすがにこの時はヴィティヒがルーデンドルフについてどんなことを報告するつもりだったとしても、ホフマンは相手にしなかった。「私は今度という今度は、ヴィティヒの言うことが真実でないと二〇〇倍実感した」。こうしてヴィティヒへの信頼はしぼんでしまった。「彼が出ていったあと手紙は返送する。これからはカール・R・A・ヴィティヒの住所は不明」。

ヴィティヒの方も明らかに、今度ばかりはホフマンに信用されなくなったことを感じ取った。すくなくともホフマンの不信感がぬぐわれるまではしばらく顔を出さない方がよかった。ところがヴィティヒはまたやって来た。ホフマンは「ヴィティヒは長い間、私のところにいた」という。ヴィティヒは今、旧国会議事堂でフリックの伝記制作の仕事をしている、と語った。それから——おそらくそのついでに——こうも喋った。ナチス党の闘争時代に外交政策に関与していて、「モスクワの情報源」も大きな価値があった、と。

突然——一九三六年の後半部分——ホフマンは日記をつける余裕がなくなった。記述はどんどん短くまばらなものになっていき、一つ一つの記述の間の空白がどんどん大きくなっていく。一九三六年の最後の日付は十二月十六日である。その日は次の一文で締め括っている。「一九三六年は戦争の年だった。アビシニア［エチオピア］とスペイン！」。

そのあとホフマンの日記は沈黙してしまう。彼は何も書いていない。一九三七年になってからは六か月と一五日の間、何の記載もない。一九三七年七月十六日になってやっとホフマンはペンを取り直す。丁度半年前に何かを書き留めるはずであったその同じページのところに、彼はこう書いた。「一九三七年七月十六日、金曜日。また休暇。あいにくスペインではない！　きょうはプラハ。それからどこか黒海の方へ」。

この半年間というもの、本当にホフマンは伝えることがなかったのか？　ヒトラーの密使ハウスホーファーとトラウトマンスドルフがプラハ城でベネシュと内密の話し合いをしたことに全く無関係だったのだろうか？　マストニーのプラハ出張について何もコメントすることがなかったのだろうか？　マストニーとベネシュとの長い対談についても全く触れられていない。しかも、その際マストニーがベネシュに渡した書類入れのことも何も触れていない。これらのことはどれも、敢えて記述の労をとるに値しないことだったのであろうか？

それとも――彼が日記にさえ打ち明けるのをはばかるような出来事、事実、事件でもあったのか？ さらに――感じ易い詩人で几帳面なジャーナリストで、しかも信用ある外交官で政治家でもあるホフマンが、なぜ一九三七年七月十六日になって日記に何かを書き直そうという気になったのか？

おそらく、この時期――一九三七年夏――すべてが終わったから、ということではなかったか？ 彼を圧迫していたこと、そしてどこから来ているのか知っている事柄が全て片付いたから。

■戦後も続くヴィティヒの暗躍

「ムーア人はその勤めを果たした。よってムーア人は去らねばならぬ」。カール・リヒャルト・アルベルト・ヴィティヒもまた、ホフマンにトハチェフスキー関係書類を渡すとすぐに、「雇い主」であるSD部長のラインハルト・ハイドリッヒによって棄てられた。彼はあまりに多くを知り過ぎていたために、どうしても沈黙させられることになった。

一九三八年にヴィティヒは、一九三三年の時と同じように「保護拘禁」の処分を受けた。ただし今度は、アルト・モアビットの区裁判所で「法にのっとって」判決が下され

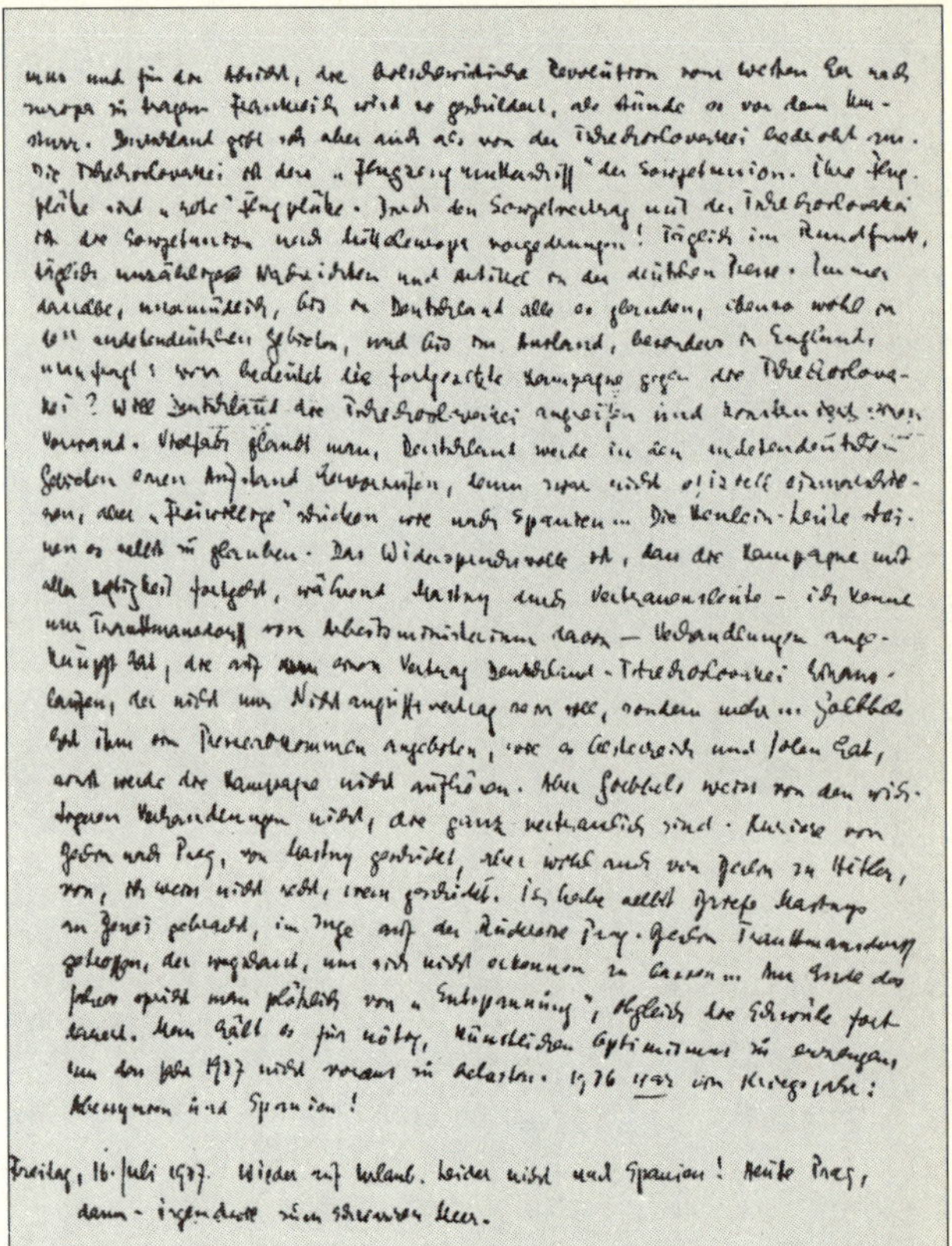

uns und für die Absicht, die bolschewistische Revolution vom Westen her nach Europa zu tragen. Frankreich wird so geschildert, als stünde es vor dem Umsturz. Deutschland gibt sich aber auch als von der Tschechoslowakei bedroht aus. Die Tschechoslowakei ist das „Flugzeugmutterschiff" der Sowjetunion. Ihre Flugplätze sind „rote" Flugplätze. Durch den Sowjetvertrag mit der Tschechoslowakei ist die Sowjetunion nach Mitteleuropa vorgedrungen! Täglich im Rundfunk, täglich unzählige Nachrichten und Artikel in der deutschen Presse. Immer dasselbe, unermüdlich, bis in Deutschland alle es glauben, ebenso wohl in den sudetendeutschen Gebieten, und bis im Ausland, besonders in England. Man fragt: was bedeutet die fortgesetzte Kampagne gegen die Tschechoslowakei? Will Deutschland die Tschechoslowakei angreifen und konstruiert sich einen Vorwand. Vielfach glaubt man, Deutschland werde in den sudetendeutschen Gebieten einen Aufstand hervorrufen, dann zwar nicht offiziell einmarschieren, aber „Freiwillige" schicken wie nach Spanien... Die Henlein-Leute scheinen es selbst zu glauben. Das Widerspruchsvolle ist, daß die Kampagne mit aller Heftigkeit fortgeht, während Mastny durch Vertrauensleute – ich kenne nur Trauttmansdorff vom Arbeitsministerium davon – Verhandlungen angeknüpft hat, die auf einen Vertrag Deutschland–Tschechoslowakei hinauslaufen, der nicht nur Nichtangriffsvertrag sein soll, sondern mehr... Göbbels hat ihm ein Pressestillhalten angeboten, wie es Österreich und Polen hat, auch werde die Kampagne nicht aufhören. Aber Goebbels weiss von den wichtigeren Verhandlungen nicht, die ganz vertraulich sind. Kuriere von Berlin nach Prag, von Mastny geschickt, aber wohl auch von Göring zu Hitler, von, ich weiss nicht recht, wem geschickt. Ich habe selbst Briefe Mastnys an Benes gebracht, im Zuge auf der Rückreise Prag. Gestern Trauttmansdorff getroffen, der vorgibt, um sich nicht erkennen zu lassen... Am Ende des Jahres spricht man plötzlich von „Entspannung", obgleich die Schwüle fortdauert. Man hält es für nötig, künstlichen Optimismus zu erzeugen, um das Jahr 1937 nicht voraus zu belasten. 1936 war ein Kriegsjahr: Abessynien und Spanien!

» Freitag, 16. Juli 1937. Wieder auf Urlaub. Leider nicht nach Spanien! Heute Prag, dann – irgendwo zum schwarzen Meer.

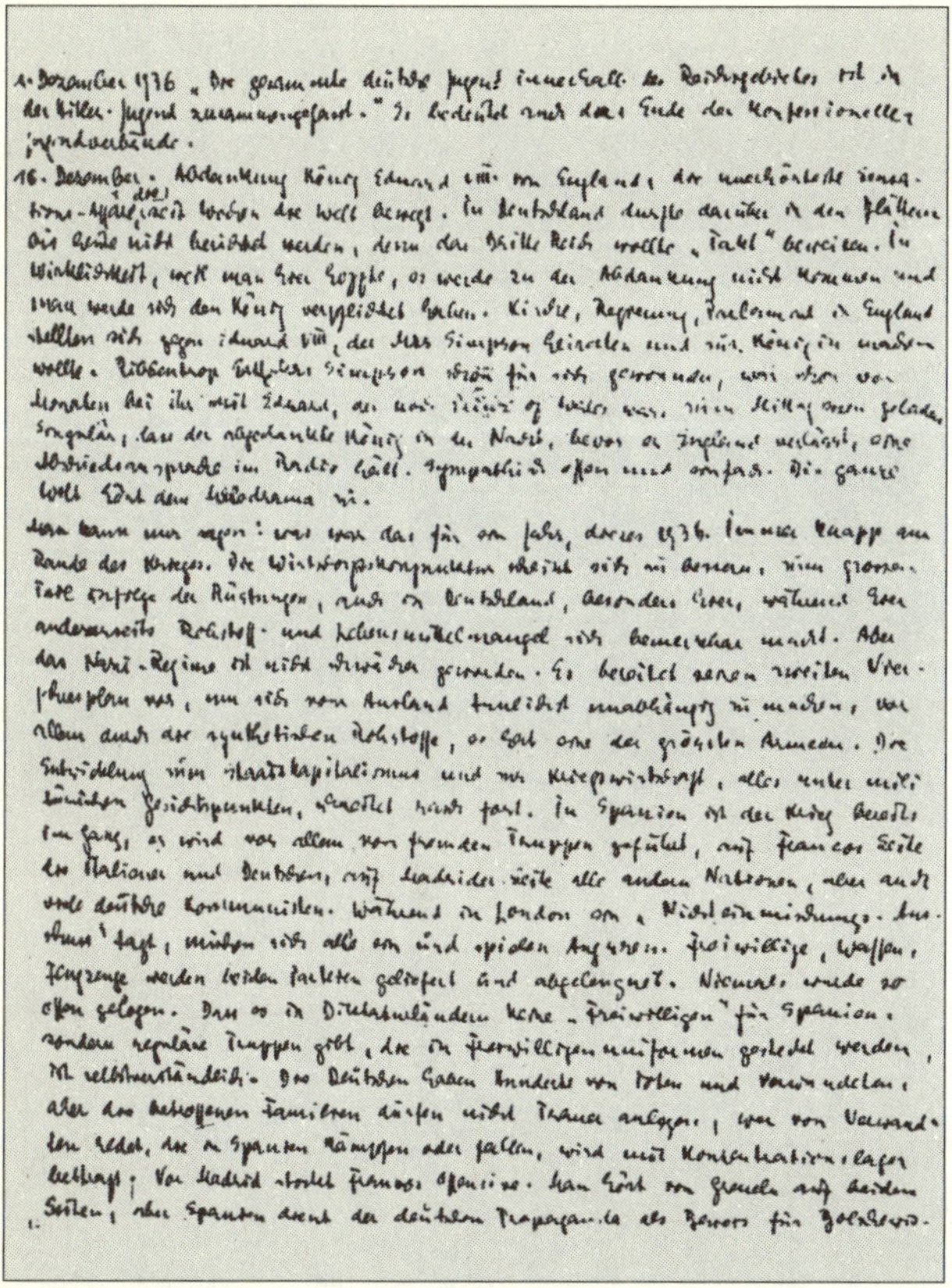

カミール・ホフマン日記の最後の2ページ
»1936年12月16日から»1937年7月16日までの間は何の記載もない

た後、ザクセンハウゼン強制収容所送りになった。あとになってヴィティヒは、アルト・モアビット区裁判所の判決は単に、「これ以上の政治的迫害と強制収容所送りから」彼を守るためだった、と主張している。一九六三年に、カールスルーエでのある裁判の時、弁護士ハンス・ケメラー博士は一九三九年度のアルト・モアビット区裁判所の判決記録を提出している。それによると、ヴィティヒは「連続詐欺の科により、ドイツ民族の名において」、一〇か月間の禁錮を宣告されている。彼はフリック内相、ヘス副総統、レオナルド・コンティ全国医師総監など第三帝国の要人との密接なつながりを利用して、闇の薬事業務に手を出していた、とされた。

ヴィティヒはヒトラー国家の大物との関係を間接的にではあるが区裁判所に証明してみせたが、今度ばかりはそれも効果がなく、一九四二年にはザクセンハウゼンからフロッセンビュルク収容所に移送され、そこでさらに二年間を過ごした。大戦の終わり頃、最も悪名高いマウトハウゼン収容所に拘留された。一九四五年五月五日に米軍によって解放されると、再びヴィティヒの出世が始まる。ヴィティヒはアメリカ側から、マウトハウゼンでのSSによる残虐行為に関する調査と、マウトハウゼン戦犯裁判のための訴追資料の収集を一任された。だが彼はマウトハウゼンには長くはいなかった。というのも、七月一杯で収容所はソ連軍に移管されることになったため、ヴィティヒは急いでフランクフルトに移った。ここでも彼は即座に米占領軍当局にわたりをつけ一九五五年まで、彼自身の言い方によると「全ドイツ関係業務」の「顧問」として米軍に勤務した。彼の主な仕事は、ナチス犯罪の解明と、潜伏しているナチス高級幹部の探索であったが、共産党地下組織の監視も担当した。

アメリカ人上司の賛成、おそらくそれ以上に強制によって、ヴィティヒは再びプラハとの接触に成功した。すでにチェコスロバキアでは一九四八年二月のクーデターで共産党が権力を握っていたのに、ヴィティヒ——長年ハイドリッヒのSDの協力者だった——は、今度はチェコスロバキア国家保安部（STB）のスパイになった。彼の上官に、のちにチェコスロバキア国家保安部防諜局長代理となるラディスラフ・ビットマンがいた。ビットマンは一九六八年八月の「プラハの春」改革運動の挫折によって合衆国に亡命したが、一九六〇年代の初め、東ベルリンでヴィティヒと密かに接触した。ビットマンはヴィティヒとの会見を詳細な報告にまとめ、そのあとすぐにチェコスロバキア共産党情報部に「ヴィッツ」なる隠語名で登録した。

ドイツ連邦共和国在住のチェコスロバキアの諜報員・法学博士ヴィッツはジャーナリスト出身である。……その経歴の中で、戦前に二、三の法に触れるいざこざを起こしている。だが、それが刑事上のかそれとも政治上のかを詮索する必要はない。ヒトラー体制の時期にヴィッツは実際に己れの政治的立場を立証しているのであって、それには何の疑いもない。我々がプラハの公文書館で発見したのは、彼がかつてチェコスロバキア外務省情報機関の政治的な協力者であった、という点である。チェコスロバキア外務省の課報員としてのヴィティヒの最も重要な「業績」——偽造されたトハチェフスキー関係一件書類をホフマンに手渡したこと——はプラハの文書館には残っていなかったのだ。ビットマンがそれ以上のことを知ったのは東ベルリンで課報機関業務についていた時であった。

ヴィティヒは——ビットマンの記憶によると——それほど重要でもない情報でも毎回五〇〇から七〇〇マルクをせしめていたが、一九六一年末に突然東ベルリンで失踪してしまった。ヴィティヒの身に何かあったとビットマンが察したのはその翌日だった。実は東ドイツ国家保安省（SSD）が、ヴィティヒはアメリカ情報機関の「雇われ人」リストにも載っているのを発見したのである。長い間ヴィティヒはSSDのためにも働いていたのにである。こうしてSSDは一九六二年一月に、ヴィティヒが東ドイツ内の連絡員と密会しているところを逮捕したのであった。ビットマンの証言。

何か月もたってから私のところに東ドイツ国家保安省から呼び出しがあって、ヴィティヒの件について確かな忠告をしたい、とのことであった。「我々は貴官に一つのニュースがあります」と担当の将校が言った。「貴官はヴィティヒが戦前に、ベネシュのために課報活動をしていたことを御存知でしたか?」「ええ知っていますと私は答えた。ドイツ側との事前の相談の時にそのことを全く連絡していなかったのに私は驚いた。「では奴がヒトラーの保安部（ＳＤ）とつながりがあったことは？」。私は首を振った。そんなことは我々には全くの初耳だったからだ。「これは我々が奴から無理やり聞き出したことなのですが、奴は実はＳＤの配下でベネシュとも交渉を持っていたことを明瞭に示しています。奴は逆情報の伝達係として利用されたのです。ヴィティヒはトハチェフスキー元帥の運命に関する鍵を握っていたのです。ベネシュが奴から手に入れた記録は実はＳＤの偽造だったのですよ」。驚いたビットマンは最初、ヴィティヒは強制的に自白させられたのではないかと思った。

だがソ連側の反応を見ていくうちに次第に私は、ヴィティヒがソヴィエト連邦に対するナチス秘密機関の高度なゲームで大切な役割を演じたらしいことを確信するようになった。ソ連側も調査の現状とヴィティヒの証言についての通報を受けたが、特に関心を示そうとはしなかった。トハチェフスキー事件の真相を暴露することはソ連情報機関を非常に具合の悪い光の中に晒しかねないからであった。……ソ連共産党指導部もこの時点で、ソヴィエト史の際どい問題を取り上げることには何の関心も示さなかった。……おそらくこのような政治的都合のために、絞首台を前にしてヴィティヒは救われたのであろう。ナチス保安部のスパイであり、ベネシュと西ドイツ憲法擁護局のスパイにして、ＣＩＡのスパイ、かつ東ドイツとチェコスロバキア情報機関のスパイ。逮捕から八年後、ヴィティヒは西ドイツ政府から東ドイツ当局に支払われた八万マルクの身代金によって恩赦を受け、西側へと戻った。

東ドイツの牢屋からのヴィティヒ買い戻しについては、「ヨーン事件」での彼の不透明な役割が決定的な意味を持っている。

一九五四年七月二十日、世界はセンセーショナルなニュースに驚かされる。当時の西ドイツの対スパイ防衛機関である憲法擁護局長官ヨーンが東ベルリンに逃亡したというのだ。八月始めになって、東ドイツ首相のオットー・クローテヴォールは人民議会で、政治的避難所を提供してくれた東ドイツ政府に感謝する内容のヨーンの手紙を読み上げた。

それからしばらくは逃亡した西ドイツ高官の件はなりを潜めた。そして一九五五年の末になって再び爆弾が破裂した。デンマークのジャーナリスト、ヘンリク・ボンデ・ヘンリクセンの助けによって、ヨーンは再度東ベルリンから西ドイツに逃亡したのであった。そしてヨーンの申し立てによると、前年夏の東ドイツへの逃亡は決して自由意志によるのではなく、東ドイツ国家保安省のスパイによって拉致されたのだ、という。

ヨーンは西ベルリンを訪問した時に失神させられ、意識不明の状態のまま拉致された、と主張したが、西ドイツ側ではこれに強い疑念が寄せられた。ヨーンは逮捕され裁判にかけられるが、その際、ある反対証人が、エルフルトのホテル「エレファント」でヨーンから東ドイツに逃げることにした、と密かに打ち明けられたと証言したのである。この反対証人こそヴィティヒであった。

ヨーンは必死になってヴィティヒの証言に反論したが、法廷はヴィティヒを信用し、一九五六年十二月二十二日、元連邦憲法擁護局長官は四年の禁錮刑と総額一〇万マルクの法廷費用支払いの判決を受けた。

東ドイツ・バウツェンの獄で七年間を送ったのち、西独に買い戻されたヴィティヒはすでに人生の黄昏時を迎えていたが、ヨーンの控訴審と上告審でまたもや反対証人として登場する。

ヴィティヒは一九八二年に八十二歳でタウヌスの養老院で死んだ。遺品の中にメモや日記の類いは見つからなかった。

■ハイドリッヒ謀略におけるヴィティヒの役割

では本当にヴィティヒは、ハイドリッヒの「専門家」が偽造したトハチェフスキーの反スターリン陰謀の資料なるものをチェコ側に手渡したのであろうか?——ビットマンはそう確信している。そしてベルリンのチェコスロバキア公使館のホフマンは本当にヴィティヒの「連絡役」だったのであろうか?

この疑問に対する答は、ベネシュの大統領府政治部主任のヤン・ジナが一九四六年十二月二十四日付で、「カール・R・A・ヴィティヒ殿、フランクフルト・アム・マイン、ヴェーアハイム街九番地」宛に出した親書にある。これは公文書番号R一五・〇八八／四六に分類されている。

謹啓　ヴィティヒ博士殿

共和国大統領閣下は一昨日、外務省を通じて貴殿からの貴重なる御手紙を落手いたしました。大統領はこの御手紙によって、我等の共通の友であったカミール・ホフマン参事官とチェコスロバキア共和国に果たした彼の役割について思い起こしておられます。大統領閣下もまた、ベルリンでのホフマンの卓越した働きについては充分存じておられますゆえに、貴簡には大変喜んでおられます。……大統領閣下は、ヒトラー主義の増大しつつあったかの時代に貴殿がカミール・ホフマンを通じて重要な情報を手渡してくれたことを非常によく覚えておられます。とりわけ、一九三五年三月に、貴殿がヒトラーからそのチェコスロバキア共和国に対する構想を打ち明けられた件を報告されたことは、閣下の記憶に強く残っています。ナチス総統との談話に関する、新鮮かつ同時的で真摯な描写は、脅かされていた国民の元首に深い感銘を与えずにはおかなかったからであります。

この親書は「御機嫌宜しく」という最高の結びの言葉で終っている。ヴィティヒはジナから、ベルリンでの話し相手だったホフマンの悲劇的な運命についても教えられた。

KANCELÁŘ PRESIDENTA REPUBLIKY

Čís. R 15.088/46.　　　　Prag, den 24.Dezember 1946.

Sehr geehrter Herr Dr Wittig

Der Herr Präsident der Republik hat durch das tschechoslowakische Aussenministerium vor ein Paar Tagen Ihren werten Brief erhalten, in dem Sie ihm den Namen unseres gemeinsamen Freundes Legationsrates Camill Hoffmann und seine der Tschechoslovakischen Republik geleisteten Dienste in Erinnerung gebracht haben. Ihr Brief hat den Herrn Präsidenten schon aus diesem Grunde erfreut, denn auch er ist sich des ausgezeichneten Wirkens Camill Hoffmanns in Berlin bewusst. Aber in erster Reihe erfreut sich der Herr Präsident Ihres Briefes, weil dieser ein Beweis ist, dass Sie nach den vielen Jahren Ihres persönlichen Leidens während der Kriegs - zeit mit derselben Entschlossenheit, die Sie auch früher immer gekennzeichnet hat, bereit sind, die Augen vor keiner Realität zu schliessen, selbst wenn es sich um eine nicht gerade erwünschte Tatsache handelt. Ich denke dabei an Ihre Konstatierung der neuen Entwicklung in Deutschland.

Der Herr Präsident hat mich beauftragt Ihnen, sehr geehrter Herr Wittig, seinen Dank für Ihren Brief auszusprechen. Er erinnert sich sehr gut an Ihre ihm durch Camill Hoffmann über - mittelten vorzüglichen Informationen aus der Zeit des wachsenden Hitlerismus. Besonders stark eingeprägt bleibt in seinem Gedächtnis der Bericht vom März 1935 über Ihre seinerzeitige Unterredung mit

大統領府政治主任ヤン・ジナのヴィティヒ宛の書簡
（1946年12月24日付）

ヴィティヒがホフマンに自分の反ナチス活動を証明して欲しい、との希望を伝えると、ジナは「残念ながら我等の友人は夫人ともどもアウシュヴィッツのガス室で亡くなった」ために無理である、と返答し、その代わりに「大統領がその職務権限において」ヴィティヒの積極的な反ヒトラー活動の「事実」を証明することは可能である、としていた。

ヴィティヒの偽情報作戦のただ一人の生き証人であるホフマンは、ヒトラーからの過度な要求を実行させられていたプラハの新政府によって、一九三九年一月にベルリンでの新聞担当官の地位を免ぜられた。「チェコスロバキアにはもはや若いユダヤ人の未来はない」と悟ったホフマンは、息子のハンスを無理やり外国に移住させた。娘のエディトはすでにロンドンにいた。隠退したホフマンはチェコスロバキア史の執筆に取り掛かったが、その完成を待たずに一九四二年二月、夫人とともに逮捕されテレジエンシュタット収容所に送られた。

長年の友人であるブリューゲルによると、「それから二年半というもの、ナチスの〝老人用ゲットー〟でホフマンは、ナチス時代を逃れたプラハの友人をいくつもの詩に詠った」という。娘のエディトによれば、

「それらは悲しい詩で、孤独と抑留者の夢を語っている」。

一九四四年十月二十八日――この日はチェコスロバキアの国祭日で一九一八年に共和

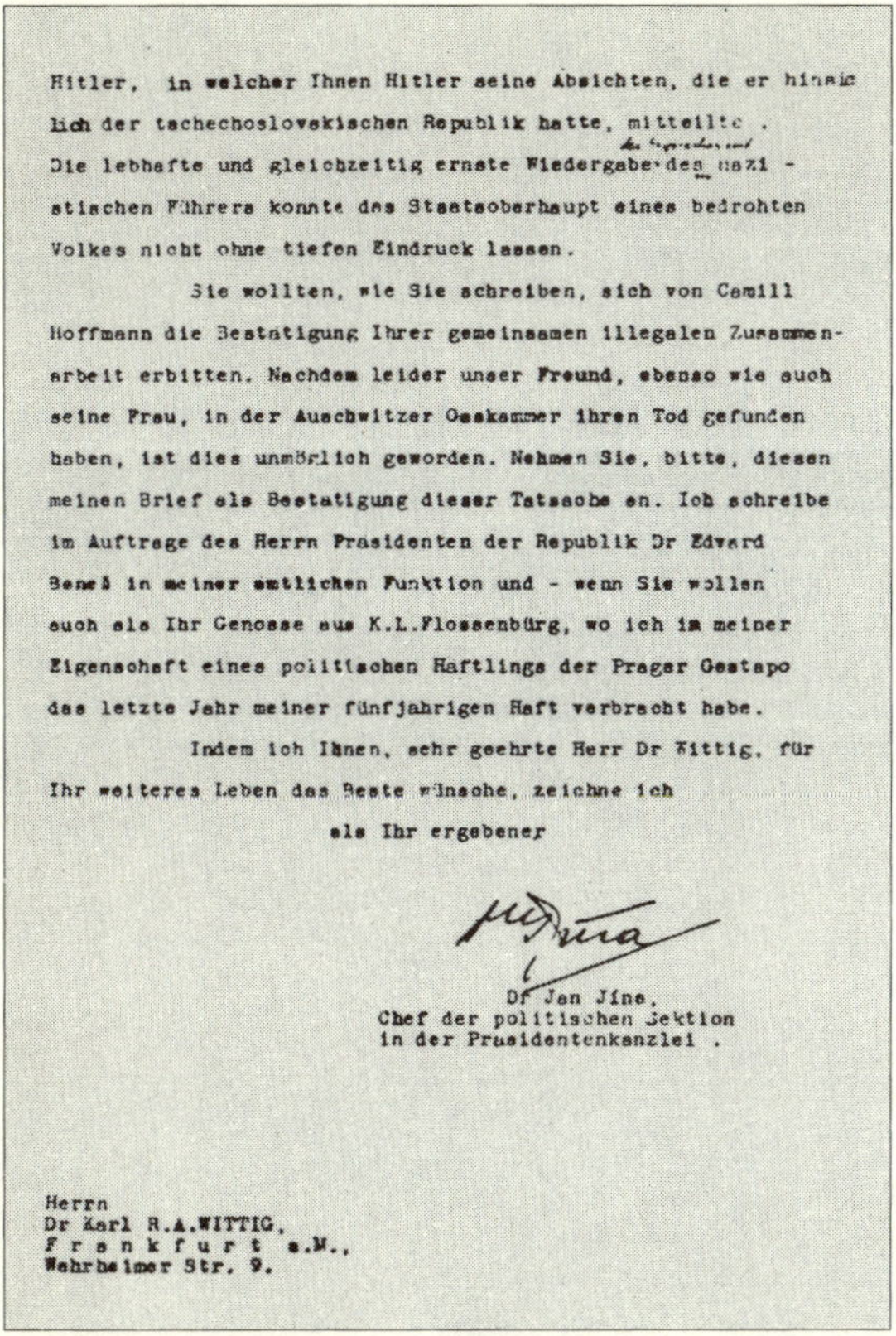
Hitler, in welcher Ihnen Hitler seine Absichten, die er hinsichlich der tachechoslovakischen Republik hatte, mitteilte.
Die lebhafte und gleichzeitig ernste Wiedergabe des nazistischen Führers konnte das Staatsoberhaupt eines bedrohten Volkes nicht ohne tiefen Eindruck lassen.

Sie wollten, wie Sie schreiben, sich von Camill Hoffmann die Bestatigung Ihrer gemeinsamen illegalen Zusammenarbeit erbitten. Nachdem leider unser Freund, ebenso wie auch seine Frau, in der Auschwitzer Gaskammer ihren Tod gefunden haben, ist dies unmörlich geworden. Nehmen Sie, bitte, diesen meinen Brief als Bestatigung dieser Tatsache an. Ich schreibe im Auftrage des Herrn Prasidenten der Republik Dr Edvard Beneš in meiner amtlichen Funktion und - wenn Sie wollen auch als Ihr Genosse aus K.L.Flossenbürg, wo ich im meiner Eigenschaft eines politischen Haftlings der Prager Gestapo das letzte Jahr meiner fünfjahrigen Haft verbracht habe.

Indem ich Ihnen, sehr geehrte Herr Dr Wittig, für Ihr weiteres Leben das Beste wünsche, zeichne ich

als Ihr ergebener

Dr Jan Jina,
Chef der politischen Sektion
in der Prasidentenkanzlei.

Herrn
Dr Karl R.A.WITTIG,
F r a n k f u r t a.M.,
Wehrheimer Str. 9.

ヤン・ジナの書簡の一部
ここでヴィティヒが戦前にチェコスロバキア情報機関のために働いていたことが触れられている

国宣言がなされた――、アウシュヴィッツ行き最終列車がテレジエンシュタットをあとにした。その中にホフマンとイルマ夫人もいた。その最期はナチス殺人工場であるのは確かである。夫妻が殺された日はわかっていない……。

■一九三七年四月十七日　水曜日　プラハ

ベルリン駐在のチェコスロバキア共和国公使マストニーはいつもプラハ城内のフラッチャニ宮まで行くのに決まった道筋を利用していた。ウィルソン駅から繁華街のヴェンツェル広場を抜け、国立劇場の脇を通り、荘重なモルダウ橋を渡る。

しかしこの時の彼は黒塗りのタトラの車中で茶色の皮製の書類入れをしっかり体に押し付けて、プラハ訪問を苦々しくかみしめているようであった。これから大統領と極めて面白からぬ相談をしなければならないことがわかっていたからである。マストニーにとってホフマンが自分で大統領に記録書類を手渡せば一番良かったのだ。だがマストニーは、良いニュースばかりでなく悪いニュースも自ら国家元首に持参するのが公使の務めである、ということをわきまえていた。そして、きょうの彼はベルリンから悪い、非常に悪いニュースを携えてプラハ城にやってきた。

大統領はすぐ来るようにマストニーに言った。公使の眼には大統領が神経質になっているように見えた。ベネシュはマストニーが何を伝えにきたのか、もどかし気に待ち受けていた。

それは凶報であった……。

赤軍指導部内の陰謀が癌のように進行中だ。ベネシュには即座に事の重大さがわかった。もしモスクワでクーデターが成功してスターリンとその側近が排除され、トハチェフスキーがドイツ軍指導部と同盟すれば、その時——長い眼で見て——チェコスロバキアの独立は終わりとなり、その結果政治家としてのベネシュの生涯も終わりになる。

マストニーが大統領に渡した記録は立派なものであった。全部が複写であったが、ベネシュは実際にモスクワで陰謀が進行中であることを疑わなかった。書類の形式も中身も軍人にしか書けないような、しかも軍人でなければ考えられないようなものであって、それが大統領を納得させた。

彼は眼鏡を掛けたり外したりしながら、何度も複写を一枚ずつ手にとって観察した。マストニーは大統領の手がふるえているのに気が付いたが、それも予想した通りであった。ホフマンが最初に書類を持参した時、マストニーもやはり興奮した。いや今のベネシュよりもっと興奮していただろう。あの時マストニーは、文書が偽造ではないのかと質したところホフマンは、絶対に確実な情報源からである、と何度も念を押した。これまでにもホフマンはこの情報屋から沢山の報告を受け取っており、しかもそれはどれもプラハを始め、多くの西側諸国で多大な関心を引き起こしていた。

マストニーにはこの「情報屋」が誰であるか見当はついたが、あえて名前を聞かなかった。

今になって公使は、最後に会った時にゲーリンクがほのめかした意味がわかった。あの時ゲーリンクはヨーロッパ政局の新しい展望について、もし前途有望な国、たとえばソ連とドイツが共同して重要問題の解決に当るなら、ヨーロッパのほとんどの懸案がもっと違う方向に進むだろう、と語った。ゲーリンクがトハチェフスキー元帥以下の赤軍首脳を称賛して理解を示したことも、彼の長期的展望に立った現実主義的な考慮と見なしてよいのであって、マストニーはホフマンが持参した記録文書を照らす別の角度からの光だと思った。ゲーリンクははっきりとモスクワで何が進行中なのかを通報したのだ。二月に中断したままになっているベルリンとの交渉を再開するため、ゲーリンクはマストニーにベネシュを動かせようとしている、と公使は解釈した。今はソヴィエト連邦内での新たな展開によって——それについてゲーリンクは何の隠し立てもしていない——当然、交渉の前提も新しいものとなる。

任務に忠実な官吏であるマストニーはこの帝国首都での五年にわたる在勤中、最も重大な決断の時に出くわしているのを悟った。ただちに大統領に連絡をとらねばならない。電話でクロフタ外相に可及的速やかにベネシュとの会見を取り次ぐように要請した。チエコスロバキア共和国の存亡に関わる一大事だ、と彼はせっついた。一日、いや一時間が決定的だ、と……。

今マストニーは革張りの椅子に座って大統領と向き合っていた。出されたコーヒーはいつの間にか冷たくなっていたが、いずれにしろマストニーはコニャックを注文したい気分だった。ただ残念なことに、大統領は滅多にアルコールをたしなまないのだ。自分が興奮した時でさえ。

ベネシュは次第に気分をとりなおしてきた。マストニーに示された物は確かに棍棒の一撃のように彼にはこたえたが、同時にうろたえることはない、と悟った。彼はいつも冷静な政治家であり、かつ勝負師でもあった。自分の持札を一度に見せなくとも、まだ救えるものは救うことができ、それで勝負に負けずにすむ、と思った。

■第一回ベネシュ＝アレクサンドロフスキー会談

一九三七年四月十九日、金曜日。マストニーからトハチェフスキーの陰謀に関する一件記録を受け取った二日後の一九三七年四月十九日金曜日、ベネシュはクロフタ外相を通じて、プラハ駐在のソヴィエト公使アレクサンドロフスキーに、二十二日の月曜日に相談したいことがあるので来訪されたい、と伝えた。恐らくこの時クロフタはソ連側に、大統領との会談でソヴィエト外交政策の変更なるものについても話題になるはず、とほのめかしたに違いない。
一九三七年四月二十二日に行なわれたアレクサンドロフスキーとの長時間にわたる会談について、ベネシュはメモを残していない。これに対してソヴィエト連邦の公文書館では、アレクサンドロフスキーがリトビノフ外務人民委員に宛てた詳細な報告を閲覧することができる。

本使はベネシュに対して、彼がクロフタから通報を受けていたらしいソヴィエト連邦とドイツの接近なる噂については、繰り返し充分に否定した。これに対してベネシュは極めて強い反応を示し、ではなぜソヴィエト連邦はドイツと接近してはならないのか、チェコスロバキアはそのような接近を歓迎するだけなのに、と質問してきた。これについて本使は非常に心外だ、と告白せざるをえず、質問の意図が解しかねる、と答えた。ベネシュは、外交政策にどんな変更があってもチェコスロバキアはソヴィエト連邦に無条件に忠実であり、いかなる義務も果たすだろう、というようなことをだらだらと喋った。本使が、ソヴィエト連邦のどのような外交政策の変更が問題なのか、と不審の念を表明したところベネシュは、ソヴィエト連邦は単に巨大であるばかりか、アジアとヨーロッパの両方に莫大にして多様な利害を有するまさしく壮大な国なのである、と述べた。ベネシュによると、ソヴィエト連邦のこの利害の多様性が外交政策の一定の変更——たとえば対ドイツもしくは対イギリス面での――を余儀なくさせる理論的な可能性をいつも念頭においている、という。チェコスロバキア共和国がいかなる条件の下でもソヴィエト連邦との友好を堅持する、という点についてはベネシュは何の具体策も示さず、ただその意志のあるところを表明しようとした。

アレクサンドロフスキーはベネシュをなだめようとした。

ソヴィエト連邦の政策には絶対に変更などあり得ず、いかなる場合にも平和政策を追求している。……もし我が国の外交政策に何等かの変更があるとすれば、それは数ある友好国の一つがもし仮に率直に平和の方向へと転針するか、あるいは戦争煽動国の陣営に投ずるような場合にのみ可能である。ただしそれは双方の関係改善、もしくは悪化による。

それからこのソ連外交官はベネシュの真意を分析しようとした。

このような問題にベネシュが敏感なのは明らかである。それゆえ本使はもう一度彼に、現在の情勢では我が国とドイツの接近など全然お話にならぬ、と断言した。

このアレクサンドロフスキーの報告によって、いかにベネシュがうまく「札を切ろう」としたかが判る。ベネシュがモスクワとベルリンの接近を「ただ歓迎するだけ」と保証したことは、アレクサンドロフスキーを当惑させて奇妙な印象を与えてしまったのは確かである。だがこのソ連外交官はベネシュが期待していたような反応を示さなかった。その理由は単純である。アレクサンドロフスキーはモスクワとベルリンで演じられていることを夢にも知らなかったからである。

■ベネシュの「努力」

それからもベネシュは、反スターリン陰謀の現状に関してもっと多くの情報を確保しようとして、舞台裏で熱心に活動した。マストニーからモスクワでのクーデター計画についての偽造記録を手に入れた数日後に、ベルリンで探りを入れるのに適当な機会がやってきた。

四月二十一日に内務省の高官二人が協議のためベルリンに出張することになっていた。その一人はチェコスロバキア政治警察部長カレル・ノヴァクであったが、すぐにベネシュから、ベルリンで誰と協議するのか報告せよ、と指示された。ノヴァクとその相棒が会うことになっているドイツ側の高官とは、ゲシュタポの部長でSS上級突撃大隊長[中佐に相当]ハインリッヒ・ミュラーであって、ハイドリッヒに最も近い腹心の一人であった。

ノヴァクはベルリンに出発する数時間前になって、よく意味のわからない指示を受け取った。国家の最上層部の希望により、ミュラーのところで、ドイツ側とソ連側の間に何か協力作業が行なわれているようなら、その情報を「目立たないようにして」集めてこい、というのであった。

アレクサンドロフスキーと会談して二日後の四月二十四日ベネシュは、ノヴァクがベルリンで特にミュラーと行なった協議に関する報告を受けた。ノヴァクがどんな情報をプラハに持ち帰ったかは不明である。ベネシュ文書にはそれについての記録はないし、ノヴァクも文書の形で記録を残してはいないし、部下や友人にも話していない。ただしそれだけで、ノヴァクがモスクワでのクーデター計画が切迫していることを匂わせるような情報は持参しなかった、と断定することもできない。この推測は、ベネシュが同じ二十四日に——わずか四八時間内に二度も——アレクサンドロフスキーをプラハ城に呼び出していることからも強められる。

ノヴァク＝ミュラー間の協議の目的が、第三帝国に反対するチェコスロバキア在住のドイツ人亡命者の活動に関するものであったことは確かである。そのため早くも四月二十六日にはプラハの内務省から、独墺両国との国境の監視強化に関する通達が出されている。二十九日の夜には、多数の避難民が家宅捜索を受け、内務省の報告によると、監視中の外国人一八七名中五一名に逮捕状が出され、そのうち四一名は身柄をドイツ当局に引き渡された。

■ベネシュ、一件書類を鑑定

一九三七年四月二十四日、ベネシュの求めによって、アレクサンドロフスキーは再度ベネシュと会談した。この時のことについては双方共、何が語られたのかを記録に残していない。ベネシュ文書の中に見つからない理由はよくわかる。一九四八年二月、チェコスロバキアで共産党が権力を掌握すると、ベネシュの個人的な文書も内務省に引き取られた。その目的は——チェコの歴史家ヤロスラフ・ヴァレンタ博士によると——反共産党分子に対する政治裁判の時に使えそうな証拠を捜し出すためである。この関係で、大統領文書からトハチェフスキー事件に関するものが発見されたのは確実である。ただしそれからどうなったのかは全くわからない。ヴァレンタによると、党の最高幹部だけが入ることを許されるプラハのチェコスロバキア共産党中央委員会秘密文書室に保管された、という。だがこれらの一件記録書類は一九五〇年代に、チェコスロバキア国家保安部の「顧問」としてプラハに駐在していたソ連KGB係官の手に入って、モスクワに運ばれた可能性もある。そうなると、これ以後に行なわれたベネシュとの会談に関するアレクサンドロフスキーの報告ともども、モスクワのKGB秘密文書室の中で、ソ連の現代史家さえ近づけないようになっていることになる——ただしこの謀略に関わった者によって廃棄されていなければの話だが。

ところで、ベネシュ＝アレクサンドロフスキーの会談ゲームは四月二十四日の第二回目でも決着がつかなかった。二十六日にまた改めてアレクサンドロフスキーはプラハ城でチェコスロバキア大統領と会談した。だがこの時も双方は何を話し合ったかの記録を全然残していない。

その後一〇日間というもの、プラハ城とソヴィエト公使の本拠テレサ荘では何の動きもなかった。だがベネシュが何もしていなかったわけではない。彼はこの間に、ベルリンからこっそり渡された記録が本物かどうか確認するため、フラッチャニ宮とクレムリン宮とのゲームにチェコ軍の秘密機関を引き込んだ。

トハチェフスキー事件から四〇年後の一九七七年に、有名なチェコ人亡命作家のヨセフ・シュクヴォレツキーがカナダのトロントで出版した書物の中で、長年チェコ軍情報部を指揮していたモラヴェツ将軍の回想記が発表された。当然モラヴェツは、トハチェフスキー事件でこれほど重要な役割を演じた文書についても問題にしており、「チェコスロバキア軍情報部は一度もそのような文書を手にしたことはない」、と強調している。ただし彼はそのような文書の存在自体は否定せず、当時のチェコスロバキアにはこれ以外に内務省と外務省の二種類の情報機関が活動していたことを指摘している。さらにモラヴェツによると、

ベネシュが実際にそのような文書を手に入れたのかどうか、あるいはその存在を知っていたのかどうかは何とも言えない。彼はそのことについては何も私に話さなかった。というのも彼はこの情報を、政治の動きの中で自分が重要と思う作戦に利

用するつもりだったのだ。……この意味で、そのような活動にチェコスロバキア軍情報機関は関与しなかった、というのは真実だった、というか実際そうだった。

モラヴェッツは、軍の機関ではトハチェフスキーの一件の書類が偽物であるのに気付いていたのは確かだ、と主張する。

元プラハ情報機関長の証言を、間接的にではあるが別の根拠から立証することができる。ハーゲン（ヘットル）は著書『秘密戦線』の中で、ある時期ハイドリッヒは実際にこの偽造記録を、チェコスロバキア参謀本部を通じて――そうしてチェコ軍情報機関を通じて――ソ連側の手に渡るようにする、との考えをもてあそんだことがあるが、やがてそれは諦めた、と述べている。ハーゲン（ヘットル）によれば「結局ハイドリッヒの結論はこのやり方があまりに不確実だ、ということになった。……それは、トハチェフスキー側の者に横取りされる恐れがあったからだ」。

しかしフランティシェク・モラヴェッツ将軍にも誤りがある。チェコスロバキア軍情報部の誰もベルリンで偽造された記録の鑑定などしたことがない、とする彼の証言は間違っている。それらの記録は実際に軍情報部によって検査されているのだ――そして本物と認められた。一九八七年にプラハで、モラヴェッツ将軍の部下であった最後の生き証人であるヨセフ・ティシー将軍がヴァレンタ博士に証言している。彼は情報機関がトハチェフスキー元帥の陰謀なるものでどんな役割をしたのかについても語っている。当時すでに九十歳になっていたティシーは文書の形で、モラヴェッツが何を言ったのかを確認した。モラヴェッツはなぜ上司のヨセフ・ハーエク大佐とともにベネシュに呼ばれたのか。

二人でその記録の鑑定をすることになった。それはマストニーが自らプラハに持参したものであって、トハチェフスキーの裏切りとドイツとの協力に関するものである。モラヴェッツはこれに異議を唱えた。おそらく彼はとんでもない結末に関わりたくなかったからだろう。よく私は、なぜ彼がこのことを打ち明けてくれたのか考えてみた。私は、彼が事の重大さを知って興奮し誰かに打ち明けねばと思ったからだと自分なりに解釈している。あるいは彼は、そのことをちょっと自慢したかったのかもしれない。これは彼が王宮から帰ってきたその日のことであった。このニュースをベネシュは、軍情報部の専門家の鑑定抜きでスターリンに送るはずがない、とする説には話の筋が通っているし、当然そうだったはずだ。

ティシーの証言には一つだけ間違いがある。彼はハーエクとモラヴェッツの鑑定を一九三六年春としているが、これは実際よりも一年早い。このことは、ティシーの証言を裏付ける別の証言がなければ、信憑性を弱めることにもなりかねない。チェコスロバキア軍情報部課長エミール・ストランクミュラー大佐はティシーと同じような解釈をしているが、一つだけ異なる点は、モラヴェッツがベネシュのために鑑定に協力したのは第二次大戦中のロンドンにおいてであった、という。一九七七年になってモラヴェッツがトハチエフスキー事件への関与を否定したのはよく理解できる。ということは実際に、もしハーエクとモラヴェッツがこの記録書類を本物であると確認しなかったなら、ベネシュはことによるとスターリンにそれを渡さなかったかもしれないからである。ベネシュにしてみればこの二人の情報将校は熟達した専門家である。だから、ベネシュが偽造者にだまされるのを恐れたとするなら、それはまさしくモスクワで今世紀最大の陰謀が起こる、と彼が確信していたからにほかなるまい。

■アレクサンドロフスキー、モスクワに通報

一九三七年五月七日、金曜日。チェコスロバキア大統領ベネシュとプラハ駐在ソヴィエト連邦公使アレクサンドロフスキーとの間で劇的な会談が行なわれた。きっかり一時間後、このソ連外交官は顔面蒼白になってフラッチャヌ宮をあとにし、公使館に戻るとモスクワに直接連絡をとった。この時にアレクサンドロフスキーが誰と話したのかは現在まったくわからない。ただ外務人民委員部の誰とは話さなかったかははっきりしている。そのためソ連外務省公文書館にはベネシュとの会談に関するアレクサンドロフスキーの報告は見あたらない。

だがこの日にベネシュがモスクワの客に話したことを誰が検討するのであろうか？

わかっていることは、プラハからの報告を受信した者はモスクワに本拠を有していた

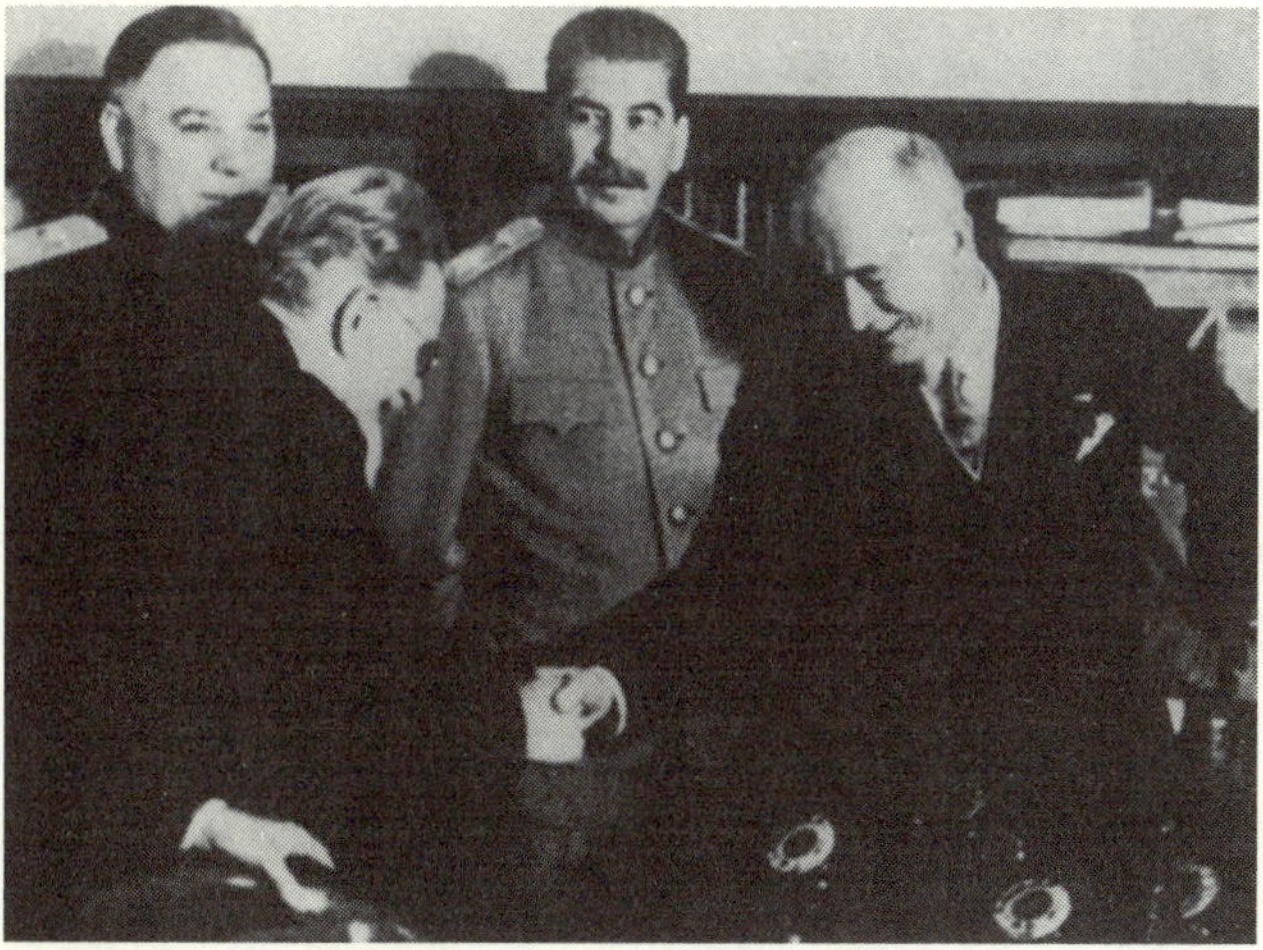

ソ連元首カリーニンと握手するベネシュ
後ろはスターリンとヴォロシーロフ（1943年、クレムリンにて）

ことである。ルビャンカもしくはクレムリン。

ルビャンカはNKVD長官ニコライ・エジョフの本部である。

クレムリンの主はソヴィエト共産党書記長ヨシフ・ヴィッサーリオノヴィッチ・スターリンであった。

第Ⅴ章 フィナーレ

■一九三六年十二月六日モスクワ・ルビャンカ

空から分厚い雪片がモスクワの上に降り注いでいた。NKVD長官エジョフはルビャンカ二階の大きな執務室の窓辺に立って、次第に雪が本部前の広場を柔らかく覆っていく有様を観察していた。クレムリンの塔はただ輪郭しか見えない。

エジョフは時計を見た。一九三六年九月二十六日にNKVD長官に任じられて以来、恐らくもっとも重要な相談のために腹心達がやってくるのだ。あと五分で。

長官就任後の一週間というもの、エジョフは休む暇もなかった。三〇〇人の新たな要員でもってNKVDに新鮮な血液を注入した。全員がエジョフに一身を捧げる者ばかりだった。それから各部署の長の異動を開始した。ヤーゴダが郵便人民委員部に追放されたその日、NKVD第一代理だったゲオルギー・プロコフィエフも追放された。かわってその地位についたのは、矯正収容所管理部の最高責任者ベルマンである。十月十六日にはNKVD国境警備隊司令官のフリノフスキーが第二代理に任命される。フリノフスキーは一九三〇年代初めの強制的農業集団化の時期にスターリンとエジョフの信任を得ていた。北カフカースでコサックの反乱が発生した時、鎮圧を指揮したのは彼である。フリノフスキーは党政治局への報告で、北カフカースの河に何千ものコサック捕虜の死体が流れている、と誇らしげに述べた。残りの捕虜はシベリアの労働キャンプやカザフスタンの草原に流刑となった。NKVDの指導部が勢揃いするのは十一月三日のことである。第三代理に二等政治委員レフ・ベルスキーが召還され、業務の開始が可能になった……。

全員が時間通りにやってきた。ベルマン、フリノフスキー、ベルスキーその他。エジョフは皆が予想もしなかったようなことを打ち明けた。スターリンから個人的に決定を伝えられていたエジョフがこれから、「大ヴォシュト［指導者］」の命令を実行に移す番であった。

NKVD長官交替の影響はただちに秘密部隊の編成となってあらわれた。名称を「特別任務管理部」、ロシア語を縮めて「スペッツビューロー」という。この部隊はエジョフ直属とされ、「スペッツビューロー」の指揮官にはフリノフスキーが選ばれた。「スペッツビューロー」の当面の最も重要かつ緊急の任務——エジョフの三人の代理はまたびっくりした——とは、赤軍内の謀反人と裏切り者の正体を暴き処罰を断行することであった。NKVD長官によると、スターリンは軍の指導部内に敵が巣喰っているものと確信しており、奴等をできるだけ早くたたきのめして排除せねばならない。

　フリノフスキーには一つだけ聞きたいことがあった。それは、赤軍内の裏切り者との困難な闘争のために一体どれだけの要員を動かすことができるのか、という点である。エジョフは、五〇人を任意に選抜してかまわないと言って彼を安心させた。フリノフスキーの方も、それだけのスタッフがいればスパイ・裏切り者のネットワークをすぐにでもいぶし出せる、と笑って答えた。

　会議が終る頃、また雪が降りだした。「二、三時間でモスクワは厚い雪に覆われるだろう」とエジョフは言い、それからベルマン、フリノフスキー、ベルスキーを下がらせた。ルビヤンカから退出する前にエジョフは、スターリンのためにこの会議の短い報告を書いた。日付は一九三六年十二月六日、土曜日。

　同じ日、ジェルジンスキー広場から西に何千キロも離れたベルリンではSS集団長ハイドリッヒが、パリから来たスコブリンの語るモスクワでの陰謀話を興味深げに聞いていた。

■クレムリンの宴会

　スターリンはエジョフがこんなに短期間で組織作りをなし遂げたことに心から満足していた。一九三六年十二月二十日――一九年前のこの日ジェルジンスキーによってボルシェヴィキの「剣と盾」である最初の国家保安機関「チェーカー」が創設された――スターリンはNKVDの幹部をクレムリンに招いた。そこには全員が顔をそろえた。エジョフ、ベルスキー、ベルマン、フリノフスキー、その他「スペッツビューロー」の部員。そして当然、ベテランのチェキストでスターリンの護衛隊長のパウケルもいた。ヴォトカが滝のように流れ、テーブルには極上のキャビアを盛った銀製の大鉢が並べられた。

スターリンはほっとして冗談を飛ばして笑った。これで、来年一月末に始まるはずの――そう決めていた――ピヤタコフ=ラデック裁判の準備があと二、三週間で仕上がるからである。一九三八年に西側に亡命したソ連外交官でNKVD将校でもあったオルロフはのちにこう証言している。

全員がかなり酔っぱらってきた時、パウケルがスターリンの名誉を讃えるために即興を提案した。看守だった二人の同志を立ち会わせて、パウケルが一九三六年八月の第一回モスクワ見世物裁判の被告の中心人物であるジノヴィエフ役で登場し、地下室で射殺されるところを演じてみせた。〝ジノヴィエフ〟は力なく看守の腕にもたれかかり、ほとんど真っ直ぐ歩くことも困難なくらい足をひきずり、恐怖に満ちた眼であたりを見回しながら、うめいた。部屋の真中にくると〝ジノヴィエフ〟は跪ずき、〝看守〟の足をつかんで苦しげに叫んだ。「どうか後生だから同志よ、ヨシフ・ヴィッサーリオノヴィッチを呼んでくれ！」。

　スターリンは〝ジノヴィエフ〟のどんな仕草にも大笑いをした。スターリンがこのゲームをものすごく楽しんでいるのを見た皆が、パウケルにアンコールを求めた。そこでパウケルはもう一度やった。今度はスターリンは大笑いのあまり、前かがみになって自分で腹を押さえなければならないほどだった。さらにパウケルが即興で、今度は跪く代わりに両手をあげて叫んだ。「聞け、イスラエルよ、我等が神は唯一なり」とやったらスターリンはもうこらえきれなくなった。ひきつった笑いで震えだし、パウケルに止めるよう合図した。

　この夕べの席でスターリンは無言のまま、「スペッツビューロー」の任務に承認を与えたのである。このパウケルの「即興」の次は、フリノフスキーが任務を遂行することですっかり良い気分になれるだろう、と思った。そして書記長が上機嫌なのはいつも、新たに政敵を抹殺した時なのである。ピヤタコフとラデックはすでにくたばったも同然だった。そして次は——今度はトハチェフスキーがスターリンの鉄のように無慈悲な腕によって粉砕されることになっていた。フリノフスキーはそのための武器であった。

■赤軍近代化とトハチェフスキーの貢献

ミハイル・トハチェフスキーの経歴は他に類例をみないものであった。

彼は彗星のごとく赤軍の天空に輝いていた。

一九三一年に国防人民委員第一代理に任じられた時、彼はまだ三十八歳だった。二年後にはスターリンから、ソヴィエト連邦最高の栄誉であるレーニン勲章が授けられた。「内戦中の国外及び国内戦線でのソヴィエト連邦防衛の組織化における抜群の功労と赤色労農軍の強化における今日までの組織上の規範作りに対して」。

それからもトハチェフスキーは数多くの勲章を獲得した。彼の生涯はすべて、軍とその近代化と増強に捧げられていた。スターリンは彼の言うことにはいつも応じてくれた。国内に飢餓が蔓延して都市と農村が疲弊していても、赤軍のための予算は決して惜しまなかった。トハチェフスキーもまた、感嘆の声をあげさせるような成果を示すことができた。

一九三二年末の時点で赤軍が保有していた戦車は、T二六型軽戦車約一〇〇〇輛とBT型中戦車四〇〇輛であったのが、一九三五年までにその総数は一万一八〇輛に達するようになり、同時に部隊はあらゆる種類の車輛を装備するようになっていた。一九二八年当時、赤軍にはわずか一〇五一台の車輛と三〇一台の牽引車しかなかったが、七年後の一九三五年には車輛三万五〇〇〇台と牽引車五五〇〇台を保有するようになった。ソヴィエト空軍もまた急速に拡大された。一九三〇年代初頭には、戦闘機と偵察機の新型モデルも相次いで試作されていたが、なお生産の重点は爆撃機におかれていた。一九二八年の赤軍の稼働機の総数は一三九四機であったが、一九三五年には六六七二機に達した。一九三三年までに、モスクワ地区だけでも六つの航空機組立工場と四つのエンジン工場が新設されて業務を開始していた。艦隊建設に対しても同じようなエネルギーが注がれた。

この途方もない軍備拡張政策は、当然ソ連軍の量的な肥大化をもたらす。一九二八年当時、赤軍の常備師団兵力は六一万七〇〇〇名であったが、一九三五年末にはそれが九三万名へと増大した。これに国境警備師団も加えた非公式の見積りによると、総兵力は二〇〇万名を越える。

ソヴィエトでトハチェフスキーの業績についての研究が許されるようになった一九五六年の共産党第二十回大会以後、軍事史家によって彼の数多くの理論的研究が紹介されている。トハチェフスキーによる論説は一九三五年と一九三六年にソ連各紙に登場した。内容は「資本主義諸国」の軍隊の理論的研究に関するものであり、その中でトハチェフスキーは、各国軍隊の機械化の進捗状況についての精密な分析をしている。「我が国は資本主義国よりも良く組織化されている。我が国はこの課題を一層大胆かつ正しく解決していくであろう」。

国防人民委員第一代理トハチェフスキーの大きな名声の理由の一つは、大演習を見事に組織したことにあった。一九三五年九月、ヤキールの統裁のもとに実施されたキエフ軍管区大演習は目をみはるような成果を収めた。これには地上軍の全兵科が参加したが、それはとりもなおさず、敵の防衛陣に対する攻撃と突破の方法をソヴィエト軍事理論的に表現したものであった。しかもこれには航空機六〇〇機が掩護に加わった。これよりさらに一般の目を見張らせたのが、一九三六年秋にウボレヴィッチの統裁で実施された白ロシアでの大演習である。どちらの大演習にも、近代軍事史上初めて空挺部隊が大々的に投入された――外国のどの観閲武官もこの点を報告している。この時のことについてはソ連のビリューソフ元帥が一九六一年に次のように回想している。

どの軍人もウクライナと白ロシアでの大演習のことはよく覚えている。……ドイツ参謀本部がここから実際的な結論を引き出し、我が軍部隊、特に機甲部隊と落下傘部隊の経験を活用したのは明らかである。

外国の武官もこの時目にしたことに強い感銘を受けた。イギリスのマーテル大佐は、「機械の故障によって落伍した戦車はほんのわずかであり、航空機では全然見受けられなかった」と報告している。フランスのロアジュー将軍は「赤軍の技術水準」をこれよりも高く評価し、「来たるべき戦争において、ソ連軍将兵が最高の部類に入るのは疑いない」としている。

赤軍が備えるべき将来の戦争とは――トハチェフスキーによると――ヒトラー・ドイツによってひき起こされるはずであった。一九三五年に政府に提出した意見書の中で、トハチェフスキーは具体的な数字をあげて自説を証明するとともに、いかなる時でも赤軍はソヴィエト連邦の敵に対し強烈な打撃を加えて殲滅するほど強力である、と保証した。

一九三六年度のソヴィエト連邦最高会議の席上、トハチェフスキーは赤軍の戦力について発言し、戦闘準備態勢の向上のためには陸軍の総兵力に占める常備師団の割合を、現在の二六％から七七％にまで引き上げる必要があるとした。「もし政府が必要とするならば、赤軍はいつでも我が連邦の東西の国境に強大な戦力を投入することができる」。トハチェフスキーにとってソヴィエト連邦に対する最大の脅威とは侵略的な日本ではなく、アドルフ・ヒトラーなのであった。

だが彼の最大の功績は――一九一七年のボルシェヴィキ革命以来初めて――一九三五年から一九三六年にかけて、赤軍指導部を再び国家において衆目が認めるほどの決定的な勢力にまで高めたことにある。トハチェフスキーも軍管区司令官も軍需の担当者も一言希望を口にするだけでよかった――スターリンは必ずそれを叶えてくれた。こうして内外の観察者からは、スターリンは自分の権力構築と強化のために軍部の強い支持を当てにしているために、なおさら軍に依存せざるをえなくなっているのだ、と見られるようになった。

■赤軍に求愛するスターリン

ここまでスターリンが赤軍指導部を厚遇したのにはそれなりの理由がある。彼はソヴィエト連邦内で赤軍が成長していくのを拒むわけにはいかなかったのである。一九三四年十二月、「党の寵児」にして同時に衆目の見るところスターリンのライバルでもあった、レニングラード党第一書記セルゲイ・キーロフが暗殺された。この暗殺の詳しい背後関係は今でも解明されていない。一九五六年のソヴィエト共産党第二十回大会でフルシチョフは、キーロフがスターリンの陰謀の犠牲になった、との疑念を表明している——この憶測は今日多くのソ連の政治家・現代史家も支持している。

キーロフの死によって生じた党内危機をスターリンは逆に、自分の政敵に暗殺陰謀の黒幕のレッテルを張るのに利用した。即決裁判による粛清を合法化するため「キーロフ法」が制定され、何百人ものスターリン批判者や政敵が失脚・投獄の憂き目にあい、あげくはラーゲリに消えたり処刑される者も出た。

だがスターリンの指令によって強行された一九三〇年代初頭の農業集団化の影響はあらゆるところに波及した。多くの地域から暴動や農民蜂起の報告があり、野蛮な方法によって強行された集団化のために何百万人もの農村生活者が犠牲となった。この影響は多くの都市住民にも及んだが、赤軍も無関係ではいられなくなった。各地の指揮官から、兵役忌避の増大、または新兵の帰郷要求によって平常の訓練が満足に行なえない、との報告が相次いだ。全国的に農作物の供給が麻痺し、軍需工場の生産目標は落ち込んだ。それは労働者の多くが、栄養不良と病気のために各自のノルマ達成が不可能になっていたからである。

こうなると、党内の敵に対する第一回目の痛撃を目論んでいたスターリンにとって、赤軍が反対派にまわる事態も予想された。それでスターリンは軍の指揮官達をなだめておくために、彼等の要求は何でも叶えてやらねばならない羽目になり、国家と社会の中で軍の立場を強化することになる一連の措置が実行される。

それまでの陸海軍人民委員部が改組されて、一九三四年六月二十日以後「国防人民委員部」と改称され、人民委員にスターリンの忠臣ヴォロシーロフが任命された。これと同じ日、内戦以来の最高軍事機関であったソ連邦革命軍事評議会が廃止され、代わってヴォロシーロフを長とする八〇名の委員からなる「軍事評議会」が発足した。この時から赤軍は革命のための機関ではなく、国家をがっしりと支えるものになった。軍の意を迎えようとするスターリンの求愛行為はなおも続く。指揮官の制服が新しいエレガントなデザインに変わり、幹部候補生には社交ダンスの習得が義務付けられ、赤軍の将校たることが社会のトップに属することを意味するようになった。

一九三五年九月、スターリンは赤軍を社会主義国家の決定的な要素とみなす旨の布告を発し、二十二日、共産党中央委員会と人民委員会議は赤軍高級幹部に階級制を導入することを決議した。この決議には中央執行委員会議長カリーニン、人民委員会議議長モロトフ、そして中央執行委員会書記アクローフが署名し、軍の最高位の階級として「ソ連邦元帥」が設けられ、赤軍内に伝統的な階級制度が復活した。この決議では、赤軍とその指揮官にも高い賛辞が贈られている。

今日の赤色労農軍幹部団は党によって育成され教化された最も価値のある資産である。ソヴィエト全土から毎年、幾千、幾万もの若き労働者とコルホーズ農民が我等の赤軍に入隊し、真の人民軍を形成して、自分の指揮官の隊列の中で勤務に身を捧げるソヴィエト連邦軍の現建設段階における最高幹部の役割には第一級の意義がある。

階級制の導入から一か月後、五人の指揮官がソ連邦元帥に昇進した。その顔触れとは……。

ヴァシーリー・ブリュッヘル、四十五歳、ソ連軍指揮官中最大の勲章保持者で、一九二九年から極東軍司令官、党中央委員候補。セミョン・ブジョンヌイ、五十二歳、赤軍騎兵総監、元第一騎兵軍司令官、党中央委員候補。アレクサンドル・エゴロフ、一九三一年から赤軍参謀総長、元帝政軍中佐、党中央委員候補。ミハイル・トハチェフスキー、四十二歳、国防人民委員第一代理、赤軍軍需総監、党中央委員候補。おしまいに、古参

1936年ソ連邦元帥に任じられた、前列左からトハチェフスキー、ヴォロシーロフ、エゴロフ。後列左からブジョンヌイ、ブリュッヘル

ボルシェヴィキのクリメンチ・ヴォロシーロフ、五十四歳、国防人民委員、元革命軍事評議会議長、党中央委員。このほかに五人の指揮官が一等軍司令官［上級大将に相当］に任じられた。その中にはヨナ・ヤキールとイエロニム・ウボレヴィッチも含まれている。

■スペイン内戦の影響

一九三六年七月十八日、スペインで内戦が勃発すると第三帝国とムッソリーニ・イタリアはフランコ将軍の反乱軍を支援し、同時に新たに開発した兵器を実戦の条件のもとで試す絶好のチャンスとして利用した。

ソヴィエトもイベリア半島での戦争を利用した。スペイン共和国政府内で次第に共産党の影響力が強まり、まずソ連は厖大な量の戦略物資を支援する。一九三六年十月から一九三九年一月までの間にソ連はスペイン共和国に対して、小銃約五〇万丁、機関銃二万丁、航空機六四八機、戦車三四七輛、装甲車六〇輛、各種大砲一一八六門を供与した。

物資の供与とともに、ソヴィエト連邦から三〇〇〇名を越える「義勇兵」がスペインにやってきて、共和国軍と情報機関で顧問として活動した。最初のソヴィエト首席顧問はヤン・ベルジンで、すでに一一年間にわたって赤軍情報部（GRU）の指揮官であった。のちに第二次世界大戦で有名になるマリノフスキー、クリコフの両元帥をはじめとして、多数のソ連軍人が実戦での初陣を体験したのもスペインの戦場であった。ここでの砲火の洗礼によって、T二六型からT二八型までの各種戦車が生み出された。スペインの空を巡る戦闘にはソ連製のI一六やI一五型の戦闘機とSB型爆撃機が投入されたが、常勝というわけにはいかず、しばしばドイツのコンドル軍団に技術面で劣ることを証明してしまった。

トハチェフスキーは戦闘の経過と、配備されたソ連製の兵器の性能や戦闘の技術について定期的に報告させ、ドイツ軍が関係しているものは全部ソ連の専門家によって分析された。それらの分析結果からトハチェフスキーは、これからの戦争は最新の技術を備えた軍隊によって決せられる、との持論が確証されたと思った。戦車、空挺部隊、高速戦闘機、信頼性のある爆撃機、攻撃力ある海軍——ソヴィエト連邦はこれらすべてをできるだけ早く装備して危急の際に備えねばならない。スペインでの戦争の一日々々が、トハチェフスキーにはソヴィエト連邦の未来をかけたヒトラー・ドイツとの一戦を確信させるようになった。

スペインで得られた教訓から、トハチェフスキーは対ヒトラー戦争で赤軍は英仏両国と共同すべし、との結論に達した。だがクレムリンにいるあの人物が別の考えであるのを彼は知っていた。彼のもとには、スターリンがベルリンと、そしてヒトラーとの接触を模索中であることを知らせる報告が頻々と届くようになっていたのである。だが、祖国と人民にとって最も危険なことであるはずの独裁者同士の了解が達成されることになろうとは、さすがにトハチェフスキーにも思いつかなかった。

■独ソの再接近――通商協定の成立

一九三四年六月三十日、スターリンはヒトラーの早急な打倒がもはや実現不可能な夢となったことを思い知らされる。ヒトラーを倒しかねなかった――スターリンはそれを望んでいた――者達は、SSの処刑部隊の一斉射撃と殺し屋の手によって始末された。ナチス党内の「左派」、幕僚長レーム以下の突撃隊（SA）幹部、そして当時まだ軍と政界にいた真の反ヒトラー派たちである。レーム一揆による混乱からひょっとしたらドイツの共産化に道が開け、「社会主義革命」が達成されるかもしれない、とのスターリンの思惑ははかない夢でしかなかった。

ハイドリッヒもその練達ぶりを発揮したこの「長いナイフの夜」からわずか数日後には、もうスターリンはドイツの新体制へ目を向けるようになった。フランス情報機関の報告によると、すでにスターリンは内密にベルリンへ打診を始めているという――友好条約締結を求めて対仏接近を試みているはずなのに。

一九三五年一月、ダヴィド・カンデラーキが新任のソヴィエト通商代表としてベルリンに着任する。選りによって彼がベルリンでのソ連の利益代表になったのは決して偶然ではない。モスクワ駐在のドイツ大使シューレンブルクは外務省への報告で、モスクワでのカンデラーキの地位を極めて高く評価している。

カンデラーキをベルリンの通商代表に任命した事自体、ソ連側はわざわざこの重要な地位に党や政府のトップと、ことにスターリンとは個人的に深いつながりのある人材を選定したぞ、という印象を我が国に与えようとした。その後も、カンデラーキがモスクワに帰任する時はいつもスターリンやモロトフと会っているのが確認されている。カンデラーキは当方に打診してきた時もそのことをあけすけに語っており、自分とスターリンは無論完全に同意見である、と強調している。カンデラーキの言葉を疑う理由は全くないし、当方が別の消息筋から確認したところでも、カンデラーキはスターリンの御覚えがめでたいとのことである。

スターリンの信任するカンデラーキがベルリンに着任して数日後の一月二十八日、第七回ソヴィエト最高会議で人民委員会議議長モロトフが基調演説を行ない、ナチス・イデオロギーが独ソ関係に及ぼす影響についての理論的な判断を説明した。彼はナチスの人種論を独ソ関係発展の障害とは見なさず、そのような「理論」などソ連邦でまじめに相手にする者などいない、むしろそれはドイツが苦境に立たされていることの顕れと理解している、と。昔からソヴィエト政府は「ドイツ人を現時点での最も重要な民族として深く尊敬している」し、「ドイツとの良好な関係を維持することだけが希望であったし、今もそうである」と言明した。

この演説から二か月たって、イギリスのアンソニー・イーデン外相が協議のためにモスクワを訪れ、三月二十九日にはスターリンと会っている。その時、当然独ソ関係が話題になった。イギリス側の記録によるとソヴィエトの独裁者はこう発言した。

> 我が国はドイツを孤立させることに熱心だったことはなく、逆にドイツとの友好関係の維持を希望している。ドイツ人は勇敢な民族だ。我々はそのことを決して忘れていない。このような民族がヴェルサイユの束縛に長いこと我慢しているはずがない。遅かれ早かれ、ドイツ人はヴェルサイユの束縛から脱するに違いない。くり返すが、ドイツ人ほどの大きな民族は必ずやヴェルサイユの束縛を粉砕する。

この会談から数日後、ベルリンではソヴィエト通商代表カンデラーキとドイツ経済相シャハトとの交渉が成功裡に妥結し、四月九日、独ソ信用協定の最終議定書が調印された。これによってドイツ側は今後五年間に総額二億マルクをソ連に信用供与することになった。すでにソ連側は、一九三五年中に総額六〇〇〇万マルクの継続取引契約をドイツの商社と取り交わしていることを明らかにしており、ドイツ国防省でも協定調印以前の三月初めに、ソ連側から希望のあった軍需製品の引き渡しリストを作成している。その内訳は、駆逐艦と魚雷艇用の蒸気タービン、魚雷発射用照準器、短波及び音響測定器、航空用写真機、ユンカース製航空エンジン、潜望鏡など、どれも戦争に不可欠の器材である。十月二十八日にはモスクワ駐在のシューレンブルク大使からドイツ国防省に対して、「二億マルクの取引範囲内での」ソ連側の希望内容が連絡され、大使館参事官オットー・ブロイティガムの控えによると、それには潜水艦用蓄電池、艦船用無線電話、探照灯用組立器材なども追加されている。

ベルリンで独ソ信用協定が調印されたのと同じ四月に、ドイツ大使館のヒルガー参事官はドイツ領事アンドール・ヘンケに会うためウクライナのキエフを訪問した際、ウクライナ政府や党の要人とも会談した。ヒルガーによると、出席したキエフ地区党執行委員会議長ヴァシレンコやウクライナ国立銀行総裁ピョウスネル等「各界の要人達」が口をそろえて言った。

ソ連で最も尊敬されているのはドイツである。しかも広く国民の間でもドイツとの関係には強い関心がある。……なぜなら、ドイツはヴェルサイユの軛《くびき》を振り払って圧制者から自由になろうと努めているからであり、フランスのような「退化しつつある国」とソヴィエトが結ぶのは馬鹿気たことだ、と思っているからである。ドイツと協調して初めて平和が確保される。その際、人種理論は何の意味もない。

■スターリンのヒトラーへの求愛

ルビヤンカのNKVD本部でもベルリンとの接近は満足をもって迎えられた。この当時西ヨーロッパ駐在のソ連諜報機関の主任で、一九三七年に亡命したクリヴィツキーは、一九三五年の八月にNKVD対外政策局長のアルトゥール・アルトゥーソフと交わした話を次のように証言している。

「君知ってるか、この前、政治局でボスが言ったことを」とアルトゥーソフは両手を挙げて言った。それからスターリンの言ったことをこう繰り返した。「すべて上出来だ。こんなに借款を供与して、どうやってヒトラーは我が国に戦争をしかけるというのだ。とても無理だ。ドイツの資本家グループは非常に強力だ。連中はしっかりと鞍の上に乗っている」。

カンデラーキのあげた成果はこれだけではなかった。一九三六年四月二十九日には独ソ間で初めて短期決済協定が結ばれ、十二月二十四日にはその期限が一年間更新される。スターリンのヒトラーへの求愛はなおも続く。

四月の協定調印からしばらくしてカンデラーキは、第三帝国の「ナンバー2」であるゲーリンクに呼ばれ、協定を実現したソ連側の態度を称賛された。そのあとモスクワに帰ったカンデラーキはゲーリンクの発言について、「政治と経済のすべての分野でロシアとドイツの友好関係を整える機が熟してきたもの」、と報告した。

NKVD長官で主人スターリンのスピーカーでもあるエジョフもまた、この時点ではモスクワとベルリンの間で友好関係が促進されることに何の疑問も持っていなかった。

ドイツ国内の不満分子と君主制グループによる反ヒトラー陰謀の可能性について報告するため、クリヴィツキーがモスクワに帰任した際もエジョフは――クリヴィツキーによると――、まさしくこのテーマについて「その日にスターリンと検討したばかり」だった。

彼の言葉はまさしく主人が言ったことをレコードのようにそのまま繰り返すのだった。

「ドイツ軍部がヒトラーに不満を持っている、という戯言は一体何なのだ」と叫んだ。「軍部を満足させるのに何が必要なのだ？　充分な給与か？　ヒトラーはあてがった。兵器と軍拡か？　それもヒトラーはやった。尊敬と名誉か？　それもヒトラーは与えた。権力の感触と勝利か？　それもヒトラーはやった。ドイツ軍部内の不満などというのは全くの戯言だ」。それからエジョフは興味ある発言をした。「ドイツは強い。世界最強の国の一つだ。そうしたのはヒトラーだ。だからソヴィエト・ロシアにとって取るべき道はただ一つ――ここでスターリンの言葉を引用して――ナチス・ドイツのような卓越した強国とは和解しなければならぬ」。

一九三七年一月二十九日――まさしくこの日モスクワではピヤタコフとラデックが被告席に立たされていた――カンデラーキはベルリンにおいてシャハトとの新たな協議に入った。シャハトはソヴィエト連邦との経済協力拡大について発言したが、政治的な事柄についても話が及び、カンデラーキもソヴィエトの党と政府の名において広範な説明を与えた。すなわち、ソヴィエト連邦はドイツの利益に反するような方向を辿ることはあり得ない、むしろ両国間の関係改善と全般的な平和についてドイツ政府と交渉する用意がある、と。

トハチェフスキーはこのようなスターリンの動きを知って懸念を表明した。彼はこれまで、ヒトラー・ドイツがソヴィエト連邦に及ぼす危険について何度も警告してきたのである。トハチェフスキーによれば、ヒトラーはいずれソヴィエト連邦に対する戦争を引き起こすはずであるから、もしソ連が勝つためには絶対に信用できる同盟国が必要である。そして、この場合の同盟国とは無条件にイギリスとフランスであった。トハチェフスキーにとってロンドンとパリこそはソヴィエトの安全保障にとっての保険であった。

ベルリンが発する危険性について、トハチェフスキーはあらゆる機会をとらえて熱心に警告したが、スターリンはそれに耳をかそうとしなかった。一九三五年以後、トハチェフスキーは西側の軍人や政治家と内密の接触を模索するようになった。

一人の死によってそれが可能になる。ある国王の死で……。

■幻滅のロンドン訪問

一九三六年一月二十日、イギリス国王ジョージ五世がサンドリンガム城で七十一歳の生涯を閉じた。

　成立して約二〇年になるソヴィエト国家の歴史で、初めて外国の君主の葬儀に公式の代表団を派遣することになり、外務人民委員リトビノフが代表に選ばれ、国防人民委員代理のトハチェフスキーも随員に加わった。

　リトビノフが直接海路ロンドンに向かっている間に、トハチェフスキーは列車で陸路ベルリン経由をとった。彼は帝国首都でドイツ軍のトップと話す機会があればと望んでいて、特に国防相ブロンベルク将軍には短い時間でもよいから会いたかった。

　だが色々な理由でブロンベルクとの会見は実現しなかった。ブロンベルクの方もソ連からの来客に会いたかったのだが、ヒトラーがそれを許さなかった。その訳は、これまで何度となく第三帝国を攻撃してきた政府の一員であるトハチェフスキーと会うなど以ての外、というのである。

　これにはトハチェフスキーばかりでなく、ブロンベルクもがっかりした。彼はヒトラー政権成立以前からトハチェフスキーとは知り合いであって、トハチェフスキーを高く評価していたのである。それでもブロンベルクはヒトラーの決定の方を尊重した。

　ヒトラーの禁止にも拘らず何人ものドイツ軍将官がトハチェフスキーに会った、とのちに言われるようになる。だが独ソ双方共そのような密会の事実を確認していない。トハチェフスキーがわずか数時間だけベルリンに滞在した間も、ゲシュタポやSD、そして当地のＮＫＶＤ課報員が片時も目を離さずに観察していたはずだが、密会を目撃したという報告はない。

リトビノフはすでに一月二十六日にロンドンに着いていたが、トハチェフスキーはそれから一日遅れでやってきた。そこで内戦時代の戦友ヴィトフト・プトナの歓迎を受けた。国王の葬儀が完了するとトハチェフスキーはただちに、イギリスの政治家や軍人との接触を試みて成功する。

主な対談相手の中には前年から陸相になっていた有力な保守党政治家ダフ＝クーパーがいる。彼はヒトラー政治の強硬な批判者として有名であった。だがトハチェフスキーにとっては、イギリスの参謀本部が自分の反ヒトラー構想を支持してくれることが強い希望だった。そこで彼は大使館に働きかけてイギリス軍参謀本部の首脳をパーティに招待し、宴たけなわのところで、一九三五年の秋季大演習でのソ連空挺部隊の実演の模様を記録した映画を上映した。これはイギリス側の招待客に深い感銘を与えたが、上映後トハチェフスキーはイギリス軍のベル将軍と議論になった。ベルは空挺部隊の大量降下など「空想家」の創作だと決めつけ、あんなものは軍事的に何の意味もない、と酷評した。これに対してトハチェフスキーは、戦史の中の作戦をいくつか例にとって、もしその時人間が空から飛び降りる術を知っていたらどんなに違う結果になっていたか、として反論した。このやりとりのあとでベルは、赤軍についてのこれまでの持論を修正しなければならない、トハチェフスキーの説明に感服した、と述べている。

当然、新聞はトハチェフスキーとイギリス軍高官の接触に注目した。二月一日付の有力紙『マンチェスター・ガーディアン』は詳細な記事をのせている。

トハチェフスキーとイギリス側有力者との友好的な会談。おそらくこれはイギリス・ソヴィエト関係の新時代の前兆と評価できよう。

だがこれは間違いであった。共同してヒトラー・ドイツに当るべきだ、とする提案に対してイギリス側が示した態度に、トハチェフスキーは全く失望した。政治家だけでなく将軍達の多くが彼には打ち解けようとせず、しばしばそっけない対応をした者もいた。トハチェフスキーが、これが実現されれば一九三六年以降のヨーロッパの発展にとって計り知れない重要性がある、と力説したのにである。彼は、原因の如何に拘らずチェコスロバキアがドイツとの武力紛争に巻き込まれた場合、ソヴィエト連邦は同国に対する条約義務を履行する用意のあること、さらに、もしチェコスロバキアが危険であると感じてドイツの侵略に対する予防的行動をとる決意をした場合は、ソ連からの支援をあてにしてもよいことを懇切丁寧に説明した。その際トハチェフスキーはイギリス側に対して、紛争勃発時にソ連が投入可能な戦力と総動員に必要な時間までも詳細な数字をあげて説明した。こうしてイギリス側は、ソ連最高軍事評議会で何度も練り直されて出来上がった戦略計画、それには対ドイツ戦争へのポーランドの参戦まで計算されている、ことを知った。さらにトハチェフスキーは飛行機、戦車、大砲の生産量についての極秘の数字をあげて説明し、チェコスロバキアが攻撃された際「空の架け橋」によって救援に駆けつける計画や、場合によってはソ連空挺部隊を東プロイセンに出撃させる案までも紹介した。

イギリス側の反応は極度に臆病なものであった。一九三六年当時、ヒトラー・ドイツが全ヨーロッパに危機をもたらす、などと考える者はほとんどいなかった。トハチェフスキーがこっそり打ち明けたソ連の軍需生産に関する数字も、イギリス側は本当だとは受け取らなかった。イギリス側は、トハチェフスキーが誇張された数字によって感心させて、自分の計画にイギリスを引き込もうとしている、と見て取ったのである。

がっかりしたトハチェフスキーはロンドンに二週間滞在したのち、二月九日パリに向かった。フランス軍部に自分の構想を受け容れさせることをただ一つの希望として。

■パリで戦友と再会

セーヌ河畔の都の雰囲気は、霧深い雨の多いロンドンとは正反対だった。パリではトハチェフスキーは、個人的に知り合いでもない多数のフランス軍諸将からも歓迎され、かつての悪名高きインゴルシュタット捕虜収容所第九堡塁時代の仲間達と再会するチャンスまであった。

この旧友達との再会こそトハチェフスキーがパリで経験した最も楽しい出来事であって、そのためにパリ出発を一日延期したほどである。「自分に忠実な古い戦友に会う」機会はそれだけ彼には大切だったのだ。

「第九堡塁戦友連盟」名誉会長のギ・ド・メゼラック将軍が再会のための御膳立てをしたロワイヤル街の「ラリュー軒」での晩餐会には約二〇人のフランス軍人が出席した。その一人でジャーナリストになっていたルールはこの時の模様を次のように描いている。

今では軍の階層ピラミッドの頂点まで登りつめた国防人民委員代理のミハイル（トハチェフスキー）がインゴルシュタット第九堡塁以来の戦友とともに、席についた。彼は決してやつれていたり疲れた風には見えず、強い意志と子供のような笑顔で、イタリア遠征の時のボナパルトに似ている、と我々は噂したものだ。そればかりか、何かしら極めて厳格で男性的な風貌をしていた。

さらにルールは、晩餐会が「第九堡塁の時ほど楽しくはなかったが、非常になごやかだった」と述べている。トハチェフスキーはメゼラック将軍と落下傘降下について論じあった。メゼラックは、ソヴィエト空挺部隊育成については自分にもいささか責任がある、と説明した。メゼラック曰く、

我が友トゥカは毎晩、食事のあとで私のところにやって来てベッドに並んで座り、長い間語り合った。彼は軍事技術に関することなら何でも熱中したが、とりわけ航

空間題でそうだった。当時、落下傘が何であるかを知る者はほとんどいなかった。そこで彼は、撃墜されたパイロットを救うにはどうすればよいか質問した。……彼は私の兵科について雨あられと質問を浴びせ、抑えがたいほどの知識欲が見て取れた。きっと彼は収容所で得た構想をもっと拡大させていくに違いない、彼は新設の部隊の創始者として「落下傘猟兵元帥」となるに違いない、と感じた。メゼラックは逃亡を試みた際にトハチェフスキーが員数点呼で代返してくれたことまで披露した。だがこのなごやかな雰囲気も、何かしら名状し難いものでかき乱された、と将軍は後に回顧している。

長い捕虜時代最良の友トハチェフスキーが何を私に言いたかったのか、あの晩のことを思いなぞってみた。彼は何度も私と二人だけで話ができないものかと努力していた。何か悩み事があるようだった。だが彼はいつも二人のソ連軍人に見張られていて、私と差しで話をしようとしてもすべてぶちこわされた。しかもコーヒーとリキュールと煙草の時間になって窓辺に引っ込むことさえもできなかった。ずっと誰かがそこにいるか、さもなければ他人が我々の中に割り込んできたからだ。いらいらした私は早々にレストランを立ち去った。

それでもトハチェフスキーは戦友ともっと楽しく過ごそうと思い、モンマルトル散策にさそった。ルールの回想。

我々はマドレーヌ広場へ通じる狭い階段を大急ぎで駆け降りタクシーを呼んだ。だがすでにソ連の武官が息を切らせて追いついてきた。この人物は片時も元帥から目を離さず、明け方の四時頃にソヴィエト大使館に彼を連れ帰った。

翌日ルールはもう一度トハチェフスキーに会うが、今度はグルネル街のソヴィエト大使館であった。元帥は『ル・タンプ』紙のために彼とのインタビューを承諾していたからだが、さほどの成果はなく、ルールには不満だった。

しゃちこばったヴェンツォフ武官が必ず同席する大使館のロビーで一体何を質問できるというのだろうか？　そんなことはとっくに書いている。「フランスについての印象とか文化交流の必要性とか」。私は思い切って、トハチェフスキーが心情的に親独派だとするパリで広まっている噂について質問してみた。「自分は何も知らない」。おそらくラッパロ会議以降の自分とドイツ国軍との関係から、すなわち敗れたドイツがロシアの工場で、ヴェルサイユが禁止した兵器の組立をしたことから出たことでしょう。あなたは何がお望みですか！〝防疫線〟［ヴェルサイユ条約によって独立した北のフィンランドから南はルーマニア、ユーゴスラビアに至る諸国のこと。これらは旧敗戦国を監視するとともに、ロシアの共産主義という「伝染病」からヨーロッパをまもるための防護ラインとされた］によって封じ込められていた我が国は弱く孤立した存在だったのです。ただしそんな時代はもう終わりました。今はヒトラーに対してそうしなければなりません。

「ラリュー軒」でのトハチェフスキー歓迎会に出席したフランス軍人の中に、シャルル・ドゴールもいた。彼の副官だったジャン・デスクリエンヌは著書『ドゴール――近きより・遠くより』の中で、一九六六年にルールの葬式に出席した時のことを証言している。

エリゼ宮に戻ってから、ドゴールはかつての捕虜仲間であったトハチェフスキーについてこう語った。「彼はパリにやってきて何日間か滞在した。私はカトルーやディアマン・ベルジエとともに彼を高級レストランの素晴らしい食事に連れていった。彼はとても喜んでいたが、こっそり私に内心の不安を打ち明けた。それは本当だった」

この当時パリでは、トハチェフスキーが自ら親独派であると公言したとの噂が広まっていたとすれば、興味深いことである。当時の有名なジャーナリストのジェヌヴィエーブ・タブアは、トハチェフスキーが心情的に親独派であることを証明するようなものを「発見」しようとした。彼女がフランスの政治家とトハチェフスキーを自宅に招いた折り、トハチェフスキーはナチスの成果について手放しの礼賛を口走ったことになっている。「彼等はもうほとんど無敵です。御存じでしょうが、唯一成功するにはすべての諸国がヒトラー・ドイツと手を結ぶことです」。さらに、フランスの政治家エドワール・エリオは食後のデザートの時に、小声でこう聞いたことになっている。「ロシアでは本当に皆がそう考えているのですか?」。ただしこのジャーナリストの「回想」には一つ間違いがある。彼女はトハチェフスキーと歓談した日付を一九三七年四月のこととしているが、この時彼がパリにいるはずがない。

インゴルシュタット時代の仲間との「ラリュー軒」での愉快な酒宴や、フォンテーヌブロー宮、ルーブル博物館、ロダン美術館見学で過ごした日々はトハチェフスキーの良い思い出となったはずである。

■フランス当局の消極姿勢

フランス政界の要人や軍の高官との会談に先だって、トハチェフスキーはワルシャワ、プラハ、ベルリン、そしてパリに駐在するソ連の大使館付武官と会っている。その際、ワルシャワ駐在のセミョーノフ将軍から、ポーランド陸軍監察総監リッツ=スミグリ元帥の部下からの情報として、ポーランドは近い将来ヒトラーがオーストリア併合を企てている可能性を否定せず、もしその場合チェコスロバキアとフランスが軍事行動に出るなら、ポーランドは即刻一九三四年の独波条約を破棄してシュレジエンを攻撃しダンツィヒ回廊・東プロイセンを占領する用意がある、と報告した。プラハでも反ヒトラー感情が支配的であるという。ベネシュ大統領はソ連武官に、「貴国がドイツと交戦状態になれば直ちにチェコ軍はドイツ領内に侵攻する」と言明したという。

トハチェフスキーはフランス政府と軍関係者との会談には期待をかけていて、充分な用意をしていた。会談には二人の友人も列席することになった。一人はロンドン駐在武官のプトナで、ロンドンからトハチェフスキーに随伴してきた。もう一人は白ロシア軍管区司令官ウボレヴィッチで、彼はジョージ五世葬儀のソヴィエト代表団の一員としてトハチェフスキーとともにパリに来ていた。

今回は当然ながら軍事問題が正面に押し出され、トハチェフスキーは参謀総長のガムラン将軍とは二度も会見している。トハチェフスキーは前年五月に締結された仏ソ友好条約によって、フランス軍との協力を根底的に強化できるものと期待していた。それで彼はヒトラーの侵略性について、『我が闘争』を引用しながらガムランにしつこく警告した。だがロンドンと同じように、ここでも聞く耳持たずの壁にぶち当ってしまった。彼がいくらドイツの軍備拡張について数字をあげて説明しても、ガムランはふふんとせせら笑って、フランスにとってドイツなど大した相手ではない、フランス陸軍の装備は万全であり、ライン河の彼方の敵に対する武装は充分である、フランスの戦車と飛行機はドイツのよりもはるかに優秀だ、と言うだけだった。トハチェフスキーはドイツに対する予防戦争の可能性まで考慮していたのだが、ガムランは取り合おうとしなかった。

ガムラン将軍はフランスの軍事力の強大さを見せつけるために、二月十二日にソ連の

フランス訪問中のトハチェフスキー（1936年）
フランダン仏外相とともに

客をシャルトルの空軍基地に招待した。十四日にはトハチェフスキー一行は海軍基地のル・アーブルも視察した。

十五日にはフランス外相ピエール・エチエンヌ・フランダンと会見したほか、ペタン元帥とも長時間にわたって会談し、さらに航空相マルセル・デア、海相フランソワ・ピエトリ、国防相ジョセフ・モーランにも会った。誰もが、ドイツはフランスが本気になって相手にすべき敵ではない、という点で同じだった。これまでの範囲以上にソヴィエトとの協力を深めることなど到底無理である。さしあたってヒトラーとの戦争など考えられない。トハチェフスキーはフランスの世論からも相手にされず、はねつけられた。


一九三六年二月十七日、トハチェフスキーはパリを発った。駅での送別には多数の仏軍高官の見送りを受け、インゴルシュタット時代の戦友の姿もあった。トハチェフスキーは言葉少なく、表情からは失望の色が見て取れた。

ロンドンへ帰るプトナとの最後になる握手と抱擁――それから列車はゆっくりと動き出した。元帥は窓辺に立って微笑んでいた……。

別のプラットホームからこの別れの様子を見守る、ロシア語を話す一団がいた。その中にスコブリンがいた。彼はトハチェフスキーとは一度も会ったことがない。ただ、後にそう言われるようになる。

二日後、トハチェフスキーはモスクワに帰った。車で家に向かう途中、クレムリンの上に赤い星が輝いているのが見え、スターリンのいる建物の窓には明かりがついていた。偉大な指導者は新しい計画を考えている、とトハチェフスキーは思った。それは間違いではなかった……。

トハチェフスキーには何も問題はなかった。全力をあげて赤軍の建設を急ぐことが彼のただ一つの目標であり、この年の半ばには赤軍の総兵力は一三〇万に達した。

十一月にはモスクワでソヴィエト連邦最高会議が開催され、トハチェフスキーが赤軍の現状について報告した。ここで彼は繰り返し、ベルリンからの危険について警告し、ヒトラーはソ連邦攻撃を準備中である、と言明した。

■大粛清開始前夜

トハチェフスキーがソヴィエトを脅かすヒトラーの危険性について語っていた丁度その時、パリのオペラ座裏のペルシア料理店で、西ヨーロッパ担当課報機関長のクリヴィツキーがNKVD対外政策課長アブラム・スルツキーと語り合っていた。クリヴィツキーはスルツキーに、何かソ連の政策で変わったことがないか聞いた。

スルツキーは「我が方はすぐにもヒトラーとの了解に達する。……交渉は始まっていて、好都合に進んでいる」といった。「だがスペインで起こっていることは?」

と私は叫んだ。なぜなら私にとって、何がなんでもドイツとの了解という考えを追求するスターリンには驚きはしなかったが、スペインでの出来事がそのようなこと全てを遠い彼方に押しやってしまった、と信じていたからだ。

スルツキーは同時にクリヴィツキーに対して、ドイツでの秘密作戦を中止するよう指示した。ヒトラーとの了解に達するのに、どうせあと三、四か月の問題なのだから、と。

この時、ソヴィエト連邦は新しい憲法を持つことになった。憲法制定作業には多数の軍人も参加している。トハチェフスキー、ガマルニク、ヤキール、ウボレヴィッチ、エイデマン、エゴロフ。一九三六年十二月五日、モスクワにおいてスターリンはおごそかに新憲法を公布した。官報によると、

演壇に同志スターリンが登場するや、絶え間のない嵐のような喝采で迎えられた。出席者全員が立ち上がり、四方八方から叫び声があがった。「ウラー、同志スターリン!」「万歳、同志スターリン!」「万歳、偉大なスターリン!」「偉大な天才、同志スターリン万歳」「ヴィバ」「赤色戦線!」「同志スターリンに名誉と栄光あれ!」。

この時、どの出席者も――「偉大な」スターリンと共犯のエジョフ以外は――知らなかった。二四時間後には「スペッツビューロー」が赤軍指導部への攻撃のために、手慣れた凶悪な手段を使って作業に取り掛かろうとしているのを。

一九三七年三月末、トハチェフスキーにとって世界はまだ普段の通りだった。三月二十三日の水曜日に、ジョセフ・デービス米国大使は赤軍首脳を宴会に招待した。デービスはこの日の夕辺の模様を日記に記している。赤軍トップの約六〇人――ヴォロシーロフとトハチェフスキーもいた――が出席し、大使の娘はトハチェフスキーの右側に座って「正確で上手なロシア語」で話をした。

トハチェフスキーは娘マージョリーに対しておもむろにカール・マルクスの教義について話しだした。マルクス主義について学んだことがあるか、と聞かれて娘は「ええ、大学で」と答えた。そこで彼が、「素晴らしい理論体系だと思いませんか？」と質問したところ、娘は、特別大した感銘を受けなかった、と否定的に言った。すると彼は、「ロシアの女性のように自由になりたくありませんか？」と言ったので、娘は〝反駁して〟米ソの女性の自由について非常に正確な比較をした。あとでマージョリーの言うところでは、「おそらく彼は信じていない――もちろん一方ではまだ信じているかもしれないが」。

■トハチェフスキー包囲される

四月九日、赤軍諜報本部長のウリツキー軍団長［中将に相当］はスターリンとヴォロシーロフに面会を求め、赤軍内に現ソヴィエト指導部に対する反乱を準備している陰謀団が存在する、との噂がベルリンで浮上中、と報告した。これは興味ある情報だったはずだが、表向きスターリンはそれほど大きなショックを受けた様子はなく、ウリツキーの言葉を平然と聞き流しながら一言も発せず、別の話題に転じてしまった。

そのすぐあとでスターリンはNKVD長官エジョフから文書による報告を受け取った。彼がスターリンに即刻知らせる必要があった情報とはパリ発のもので、帝政派軍人の亡命団体ROVS内のNKVDスパイが探り出してきたものであった。その信頼すべきスパイによると、「ソヴィエト連邦において一団の高級軍人がクーデターを計画中」で、陰謀の中心人物はトハチェフスキー元帥であるという。

今度もスターリンは特に反応を示さなかった。彼はこの報告をヴォロシーロフに回した。「御承知置きおかれたし」と書いて。

四月末になると、モスクワ中で、党でも政府あるいはNKVDでも、赤軍による陰謀なるものについて知らぬ者はいなかった。クリヴィツキーの証言。

四月末、トハチェフスキー元帥やガマルニク一等政治委員その他の現役将官の一団を捕らえる網がじわじわと絞られている、というのは公然の秘密だった。これらの指揮官はまだ自由の身であったが、すでに罪人の烙印を押されたも同然だった。ただ一人、トハチェフスキーだけが何も知らないかのようであった。すでにNKVDは、三か月間の中休みののち、再び高級将校の逮捕を開始しているのにである。しかも

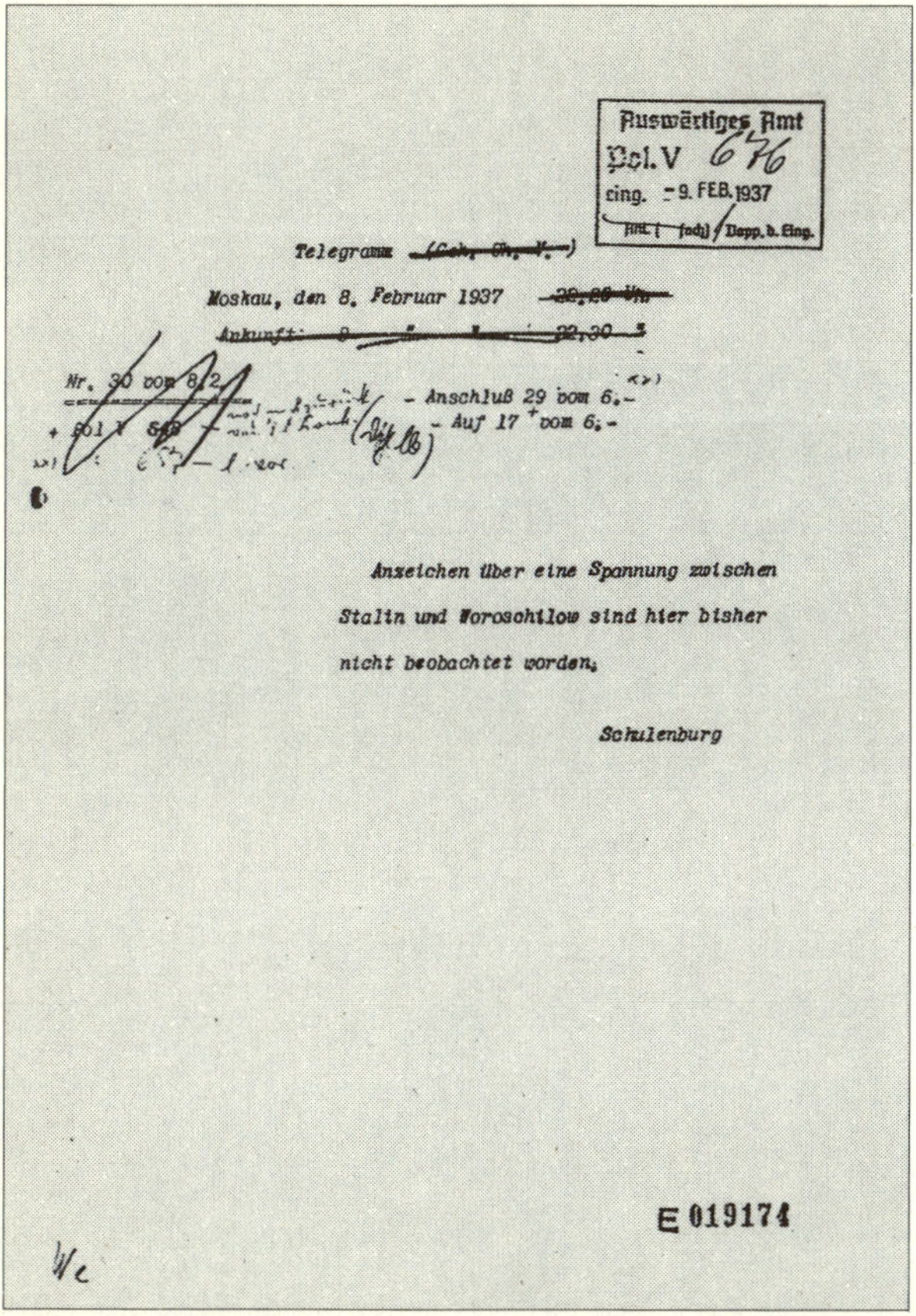

Auswärtiges Amt
Pol.V 676
eing. 9. FEB.1937
Abt. (fach) / Dopp. d. Eing.

Telegramm (Geh. Ch. V.)

Moskau, den 8. Februar 1937

Nr. 30 vom 8/2

- Anschluß 29 vom 6.-
- Auf 17 vom 6.-

Anzeichen über eine Spannung zwischen Stalin und Woroschilow sind hier bisher nicht beobachtet worden.

Schulenburg

E 019174

スターリンとヴォロシーロフの関係悪化についての
シューレンブルク大使の調査返電（1937年2月8日付）216頁参照

トハチェフスキーと深いつながりのある人々や彼の友人にまで災難が降りかかってきたのだ。最初にルビャンカに消えたのはウラル軍管区司令官イリヤ・ガルカヴィである。ウクライナ出身の彼はヤキールの義弟であり、帝政時代には中尉であった。一九一七年ボルシェヴィキ革命勃発の時ガルカヴィはキシネフ［ベッサラビア——現モルドヴァの都市］の兵士評議会議長であった。次にガルカヴィよりもっとトハチェフスキーに近い人間が逮捕された。アナトリー・ゲッケルで、ドイツ系だがチフリス［グルジアの首都］生まれである。NKVDの「スペッツビューロー」にとってゲッケルは特別の関心があった。中国、トルコの駐在武官を歴任したゲッケルは今では軍の「対外連絡部」の部長で、各国駐在の武官とも連絡があり、トハチェフスキーの西ヨーロッパ旅行の用意も彼が御膳立てした。彼は一九三六年二月のトハチェフスキーのロンドン・パリ訪問の際、しばらく英仏両国に居合わせたから、ゲッケルの逮捕によって保安機関はトハチェフスキーの話した相手について、その上恐らく、話し合われた主題についても充分な証言を得られたはずである。

四月二十六日。プラハ城では、ベネシュ大統領とソ連公使アレクサンドロフスキーとの間で非常に激しいやりとりが行なわれた。この時の様子について、ベネシュの書いたメモの類いは発見されていないし、ソ連の公文書館にもアレクサンドロフスキーの報告はない。

しかし、モスクワでの反応によって、プラハ城で何があったかは、かなり正確に推測することができる。おそらくこの日ベネシュはアレクサンドロフスキーに、ハイドリッヒの機関が偽造したトハチェフスキーのベルリンとの結託を示す一件記録を見せたのではないか。その記録こそは、トハチェフスキーのスターリンに対する謀反を立証するはずであった。そして記録を前にしたアレクサンドロフスキーは、その信憑性についてのベネシュ大統領の説明に降参したはずである。こうして否認は全く不可能になり、以前から話題になっていた嫌疑を事実無根の憶測として無視することもできなくなった。

ベネシュはトハチェフスキー一味の謀反を示す証拠について、すぐさまスターリンに連絡するようアレクサンドロフスキーをせっつき、公使もそれに同意した。

この日の晩、あるいは遅くとも翌二十七日早朝、アレクサンドロフスキーはモスクワ宛に長文の暗号電報を打った。プラハからの報告を受理するのは外務人民委員リトビノフのはずだが、おそらくこの時の受信者は別にいた。一九八九年の春と夏に、二回にわたってソ連のジャーナリスト達が発表したものを信ずるとすると――そうしてならない理由はどこにもない――、外務人民委員部の公文書館ではこの報告は発見されていない。アレクサンドロフスキー電の受信者はエジョフか、あるいはスターリンその人だった。

いよいよトハチェフスキーにも年貢の納め時がやってきた。ほんの数日前まで彼に話しかけられるのを光栄に感じていたような者達までが、今は彼を避けるようになった。

多くの者が彼に関わらないようにしようとして、彼に道を空けるようになった。

最高軍事評議会の武器輸出委員で後に西側に亡命したアレクサンドル・バルミンは、丁度この頃トハチェフスキーを執務室にたずねている。バルミンの証言。

元帥はかざらない親切さで私を迎えてくれた。彼は若い将校に対してもいつもこうなのだ。彼は少し肥ったようであり、鬢《びん》のところには白髪が混じるようになっていたが、それでも相変わらず若々しく男らしい風采であった。昔と変わらず、会話の時の様子は穏やかな自信を秘めながら慎重でもあった。話の途中で電話が鳴ると悠然と受話器を手に取り、それから急にあわてて非常にうやうやしい調子の話し方になった。

「お早うございます、クリメンチ・イエフレモビッチ。……全く閣下のおっしゃる通りです。……そのようにいたします、クリメンチ・イエフレモビッチ」。こんな風にして彼はヴォロシーロフの命令を受け取った。この些細な出来事は私を暗澹とした気持ちにさせた。一人の偉大な軍人がなぜかくも卑下した態度で命令を受領するのか、その疑問の答が出るまで何日間か必要だった。もはやトハチェフスキーは自分では何も決定できないのだ。ただ命令を実行するだけになっていたのだ。

同僚達は困惑していた。というのも、メーデーの数日前に、五月十二日のイギリス国王ジョージ六世戴冠式にトハチェフスキーが列席することが公式に発表されていたから

＊1937年メーデー
上段右よりカリーニン、一人おいてモロトフ、ミコヤン、エジェフ、
最後がスターリン。下段右よりブジョンヌイ、エゴロフ、
ヴォロシーロフ、ベロフ、トハチェフスキー

である。もしトハチェフスキーがロンドンに遣わされるのであれば、スターリンは自分に対する陰謀のことなど信じていないのではないか?

しかし——誰もが狡猾なグルジア人をみくびっていた。

■一九三七年五月一日　土曜日

晴れ渡った青空に陽光が煌いていた。モスクワの赤の広場では、午前十時に始まるメーデー式典のために群衆があふれていた。

何千人もの群衆の中にクリヴィツキーがいた。十時少し前、NKVDの同僚が肘でついた。「トハチェフスキーがこっちにやってくる!」。

元帥は広場を横切っていった。一人だけだった。両手をポケットにつっこみ、ふと立ち止まって人にあふれ、旗が飾られている広場を眺めやり、それからパレードを観閲するため、将官用の席に向かった。自分の席についても相変わらず両手をポケットに入れたまま、身動きもせずにつっ立っていた。しばらくしてエゴロフ元帥がやってきたが、トハチェフスキーには目もくれず、そこに誰もいないかのような態度で隣に着席した。そのあとでガマルニク一等政治委員がやってきたが、彼も同僚に挨拶せずに着席した。まるで他人の姿など眼中にないかのようだった。すぐに全部の席が埋まった。

ここに立つ全員が赤軍の精華であった。トハチェフスキー、ガマルニク、オルロフ提督、アレクスニス空軍参謀長、ブジョンヌイ元帥、エゴロフ参謀総長、セジャーキン防空軍司令、モスクワ軍管区司令官ベロフ。

かれらの前を造花と赤の小旗を持った群衆が通り過ぎていった。

軍人達の上の席には政治局員にかこまれたスターリンが手で挨拶を送っていた。ミコヤン、カガノヴィッチ、カリーニン、モロトフ、アンドレーエフ、その他中央委員会書記など。

翌日公表された『プラウダ』の写真でレーニン廟の最上檀の主賓しか掲載されていないことに気付いた読者はほとんどいなかったろう。そこには軍人達の姿は見ることができない……。

■トハチェフスキー「急病」

五月三日、モスクワのイギリス領事館に、差し迫ったイギリス国王の戴冠式のためのトハチェフスキーのロンドン行きに関する書類が提出された。

万事が平常通りのように見えた。これならトハチェフスキーは出発するのだろう……。

だがそれは見せかけだった。

それからわずか二四時間後、イギリス大使館はソ連代表団の顔触れに変更があることを知らされる。突然ミハイル・トハチェフスキー元帥が病気になったのだ。代わりに赤色艦隊司令長官ウラディーミル・オルロフ提督が代表と決まり、トハチェフスキーを乗せていくはずだったバルチック艦隊旗艦の戦艦「マラート」は彼抜きでレニングラードを出港し、ロンドンに向かった。

トハチェフスキー「急病」のニュースはモスクワの外国外交団の間で爆弾が破裂したような騒ぎを引き起こした。ドイツ大使シューレンブルク伯と駐在武官のエルンスト・ケストリンク将軍にとっても、元帥がロンドンに行かなくなったとの発表は驚きだった。五日、二人は連名で外務省と国防省に宛て「極秘」扱いで特電第八九号を送った。

最後の瞬間になって、戴冠式代表団の統率者をトハチェフスキーからオルロフ提督に変更することが決定された。トハチェフスキーは病気と伝えられるが、メーデー式典には出席していた。この交替に関して、トハチェフスキーが現在の地位を逐われて新しい職についたのだ、とする噂が流れている。

この日も遅くなって——水曜日であった——ハイドリッヒは、たった今ソヴィエトの首都から流れてきた報告を受け取った。ＳＤ部長は満足気にほくそえんだ。

■赤軍幹部の大異動

一九三七年五月十一日、火曜日。

ソ連共産党機関紙『プラウダ』の一番うしろのページに、あまり目立たない小さな布告が載った。「国防人民委員部にて」。その内容は――。

人民委員会議の指示により、各軍管区内に軍評議会を、各部隊と軍政機関・部署内には政治委員の機構を設置することを公示する。

赤軍の組織に明るい読者は仰天した。政治委員だって？ これは政治将校のことであり、二年前にこの制度は廃止され、各指揮官だけに決定権が与えられたはずであった。今や再び軍に対する政治的な監視の制度が導入されたのだ。

しかしこれだけではなかった。国防人民委員部はさらに報じている。

人民委員会議の決定により、A・I・エゴロフ元帥を国防人民委員第一代理に任じ、同志エゴロフは参謀総長の職を解かれる。赤色労農軍参謀総長には一等軍司令官B・M・シャポシニコフ同志を任ずる。一等軍司令官I・E・ヤキール同志をレニングラード軍管区司令官に任ずる。M・N・トハチェフスキーソ連邦元帥はヴォルガ軍管区司令官に任ぜられる。

トハチェフスキーは国防人民委員ヴォロシーロフから電話で、人民委員第一代理の職を解かれ、クイヴィシェフ［モスクワ東方のヴォルガ河上流の都市］にあるヴォルガ軍管区に転任となったことを伝えられた。

彼がヴォロシーロフにこの処分の理由を聞こうとしたが、何の返答も得られなかった。ヴォロシーロフはただトハチェフスキーに、すぐ列車でクイヴィシェフに行き軍管区の指揮をとるよう命じるだけだった。トハチェフスキーが、ヴォルガ軍管区はわずかに三個師団と二個戦車大隊からなる一軍団の全く無力なものなのに、と異議を申し立てても人民委員からは何の解答も得られなかった。ヴォロシーロフはさっさと受話器を置いた。

トハチェフスキーも四月の末以来、古くからの知人が自分を避けているのに気が付いていた。メーデー式典の時、スターリンは一瞥もしなかったし、戴冠式列席のためのロンドン行きの禁止が彼にしてみればスターリンの不興を買っていることの印であった。全く無意味なクイヴィシェフへの左遷はトハチェフスキーにとって屈辱の極みであった。

一九一八年以来トハチェフスキーに仕えてきた運転手のクルジャフチョフが、最近なぜそんなに憂鬱そうなのか尋ねると元帥は、皆が自分のことについて色々馬鹿なことをするからだ、と言った。クルジャフチョフが「閣下がスターリン宛にお書きになれば」と言うと、トハチェフスキーはすでにスターリンのもとに手紙を出した、と答えた。クレムリンからの返答はひどいものになるだろう。

■トハチェフスキー解任のショック

ソ連の各紙に軍首脳の異動が公表された五月十一日、シューレンブルク大使がドイツ外務省に送った全文四ページに及ぶ詳細な報告は、そのうち三ページまでをトハチェフスキー個人のことに充てている。

当地ではトハチェフスキーの転任によって、彼の地位が下落したとか、ずっと前から流れている彼の逮捕とかの噂が巻き起こっている。ロンドン駐在武官プトナの逮捕と最近のトロツキスト裁判でトハチェフスキーの名が登場したこと、そして彼が公けの場から一時姿を消したことがこれらの噂の元になっている。……この転任がどれほど重大かは、外務人民委員部新聞課の態度からも推しはかることができる。事の判断は外国人ジャーナリストの自由に任せようというのだ。電報記事の検閲は、トハチェフスキーがすでに逮捕された、とする部分が削除されただけである。

実際、トハチェフスキーの転任は全くの突然である。彼は新しい野戦勤務条例の立案者で、最近も野戦勤務条例の軍事科学的注釈に関する彼の記事が『ボルシェヴィキ』誌と『クラースナヤ・ズヴェズダ』誌に掲載されたばかりであり、彼自ら将校に対して、野戦勤務条例の講義もしている。メーデーのパレードの時の彼は普段と変わらぬ様子だった。……ただ列席者が皆、彼のひどく険悪な表情に気付いていた。

それから大使は突然のトハチェフスキーのロンドン行き中止のことを思い返して、転任の発表に至る元帥にまつわる今週の出来事を詳細に報告している。

五月三日から十日までの間に何があったのかは全く見当もつかない。かなり前から、トハチェフスキーがスターリンの信任を失っていたことは認めねばならない。

ただその理由は推測だけで、証拠はない。五月十一日付の厳命がこの点について暗示しているようである。トハチェフスキーの転任と同時に軍政治委員［部隊付政治委員］の制度が復活した。この数年来、政治委員の役割はほとんどなくなっていた。……そのようにもっていった責任者は疑いもなくトハチェフスキーなのであって、それを指導部が是認しなくなった、ということのようである。これについて参考になるのは、四月二十八日付の『プラウダ』の記事で、それによると、赤軍は外の敵に対してだけでなく、内なる敵に対しても防衛せよ、と公然と吹聴していることである。赤軍は自らの監視を強化すべし、と。

トハチェフスキーはソ連軍指導部内で最も重要な人材である。彼が現在の地位から排除されたことにより、赤軍は最も優秀な頭脳を失った。トハチェフスキーがヴォルガ軍管区司令官の新たな地位に自ら留まっていられるのか、それともこの地位は彼にとってヤーゴダにとっての郵便人民委員のようなものなのか、については未だはっきりとしない。

一九三七年五月三日から十一日にかけて何が起こったのか、シューレンブルク大使には「見当もつかなかった」し、トハチェフスキーの処分の理由もわからなかった。これに対してベルリンには、シューレンブルクがただ推測するしかなかった事の真相を確実に知っている人間がいた――ラインハルト・ハイドリッヒ。彼は自分の作業所で偽造した一件記録がすでにスターリンの手元にある、と確信した。トハチェフスキーの謀反と陰謀を立証するはずの記録が。そしてハイドリッヒは間違っていなかった……。

■ベネシュ、一件書類を手渡す

五月七日、四月二十二日以来これで四度目になる、プラハ駐在ソ連公使アレクサンドロフスキーとチェコスロバキア大統領ベネシュとの会見が行なわれた。アレクサンドロフスキーはスターリン直々の指示によって、赤軍元帥トハチェフスキーの裏切りに関する証拠の引き渡しを求めてベネシュ大統領を訪れたはずであり、その時公使はベネシュに対して彼の助力で赤軍内の陰謀家一味の摘発に大きく寄与したことについてのスターリンからの謝辞を伝えたはずである。

虚栄心の強いベネシュにとって、アレクサンドロフスキーの言葉は甘い香油のようなものだったろう。こそばゆい気持ちではあったが得意でもあった。中部ヨーロッパの小国の元首が巨大なソヴィエト連邦を内戦以来の最大の危機から救ってやったのだ。

今度の会見は極めて短かった。また、前回の四月二十六日の会談の折に言うべきことはすべて言ってしまった。当然大統領はその時の告白がスターリンに影響を及ぼしているのを見逃さなかった。トハチェフスキーがロンドンに行かない、という事実がベネシュからの通報に対するスターリンの反応であるのは確かであった。

丸い会議用テーブルの上に置かれた書類入れに公使の眼は釘付けになった。中に何が納められているのか彼は知っていた。例の一件記録。何人もの人々の死を意味する一件記録。

大統領はコーヒーを飲み干すと、カップをテーブルの上に置いた。そして書類入れをつかむ。セルゲイ・アレクサンドロフスキーがそれを受け取った時、焼けた鉄をつかんだような気がした。彼は立ち上がり、小柄な大統領に向かって深々と一礼した。それから握手。ベネシュの口元には微笑。ソヴィエト社会主義共和国連邦公使のこわばった表情。

執事が音もなく大きな白い扉を開けた。

ベネシュはいかにアレクサンドロフスキーが文書を信用しているかを見て取った。片付いた、と大統領は思った。

公使も同じ瞬間、片付いたと思った。

そしてアレクサンドロフスキーはトハチェフスキーのことを思った。ソ連邦元帥、内戦の英雄、レーニン勲章佩帯者。

翌々日——一九三七年五月九日の日曜日であった——、アレクサンドロフスキー公使の特別伝書使を乗せた飛行機がモスクワの飛行場に着いた。機が停止したところから数メートルの場所に、黒塗りの自動車が待機していた。後ろの座席から出てきた二人の男が伝書使に手をさしのべた。たった今プラハから到着した男が車に乗り込む。モスクワの中心にあるルビャンカまではきっかり二三分である。

機は熟した。

■「陰謀家」逮捕の開始

フリノフスキーと「スペッツビューロー［特別班］」の出番がやってきた。モスクワのフルンゼ陸軍大学校長アフグスト・コルク二等軍司令官［大将に相当］はエストニア出身で五十歳だったが、官舎で朝食をとっているところを連行された。「内戦の英雄」に外套を着せるいとまも与えなかった。

テーブルの上には、まだ温かい紅茶の入ったポットと『プラウダ』の朝刊が置かれたままになっていた。朝刊の日付は一九三七年五月十一日である。党機関紙の最終ページに出ている赤軍首脳の異動と軍政治委員制度復活に関する公報をコルク司令官はまだ読んでいなかった。

その後――フリノフスキーの捕り方はしばらく間をおいた。そして五月二十二日に再び動き出した。

準軍事的志願兵団体「オソアヴィアヒム」の会長で四十二歳になるロベルト・エイデマン軍団長は、モスクワ労働会館で開かれていた党の集会で議長を務めていたが、会議中にホールに呼び出された。玄関のところで待ち受けていた「スペッツビューロー」の隊員が、すでに逮捕されたコルクの党員用身許保証書を書いた廉でエイデマンを逮捕し、ルビャンカに収監した。リトアニア人エイデマンはこうしてNKVDの尋問室に姿を消した。ソヴィエト著作家協会リトアニア支部の創設者、一九二〇年秋、ブリュッヘル元帥とともにウランゲリ将軍の部隊に最初の大打撃を与えたカヒョフカ戦の英雄が。

その後三日間は新しい逮捕はなかった。

・・・・・・

五月二十五日、火曜日。今度は赤軍人事課長ボリス・フェルトマン大佐の番であった。彼はトハチェフスキーの長年の友人である。五年前――一九三二年――四十七歳だったフェルトマンはトハチェフスキーとともに、ドイツの大演習視察旅行をした。この時ヒンデンブルク大統領は彼にも手を差しのべている。今や、老元帥のこの身振りがドイツ軍将官団との秘密協力の証拠と解釈されたのである。

■トハチェフスキー逮捕

トハチェフスキーをとりまく縄が次第に締められてきた。古くからの友人達が姿を消し、トハチェフスキーの周囲はがらんとしてきた。

フェルトマンが逮捕される前日、トハチェフスキーはヴォルガ軍管区の指揮をとるために、夫人のニーナ・トハチェフスカヤとともにモスクワを発ってクイヴィシェフに向かった。カザン駅での送別にやってきたのはほんの少数の知人だけであった。

クイヴィシェフに着くと、すぐに軍管区の政治委員が集められた。彼が会場に入ってきた時、前から元帥を知っている将校達は驚いた。まだ四十四歳のトハチェフスキーは完全に白髪となり、顔はむくんで、疲労しきっているように見えた。議長席につくとメモをとり、注意深く発言を聞いているようだった。翌日の会議では自ら討議に参加するつもりだったが、とりあえず政治委員達の意向を充分に汲んでおこうとした。
・・・・
五月二十六日、水曜日。午前九時に会議が始まった。トハチェフスキーは終日、発言された事柄を注意深く追っていた。夜の会議で発言する内容は前もって連絡した。だがトハチェフスキーが演壇に現れることはなかった。

夜の会議に行く途中でトハチェフスキーは、共産党地区委員会に「立ち寄る」よう求められた。ニーナ夫人とともにそこに行き、夫人は控えの間で待っているように言われた。ニーナは夫の出てくるのが遅すぎる、と思った。そこへ、トハチェフスキーの前任者だったパーベル・ディベンコ二等軍司令官が死人のように青ざめた顔をしてやってきた。

「ミハイル・ニコラエーヴィッチは逮捕されました！」。

まだ被告席が三つ空いていたが、空席のままであるのもそう長くはないはずであった。

すでにフリノフスキーはちゃんと手を打っていた。

トハチェフスキーがクイヴィシェフで逮捕された三日後、白ロシアの首都ミンスクで、地区共産党幹部も出席した軍管区会議が開かれていた。当然、この席に軍管区司令官ウボレヴィッチ一等軍司令官を欠かすわけにはいかなかった。彼の部隊はその練度の高さで有名であり、ウボレヴィッチは赤軍最優秀の指揮官の一人と見られていた。昨秋、この四十一歳になるリトアニア出身の指揮官が麾下部隊を指揮して実施した大演習は、すべての見学者、ことに外国の観閲武官に大変な感銘を与えた。一九三六年二月には、トハチェフスキーとともにジョージ五世の葬儀に参列し、その後パリでのフランス側との会談にも参加している。

会議の最中に副官がメモを渡した。内容は、数分前に国防人民委員ヴォロシーロフから電話があり、ただちにモスクワの軍事評議会に来るように、とのことであった。ニーナ夫人と娘のミーラが駅まで見送ったが、プラットホームでウボレヴィッチは「スペッツビューロー」の係官に「引き取られ」、手錠のままモスクワに連行された。列車がミンスクを出る時、ウボレヴィッチは夫人に向かって、何も心配することはない、と呼びかけた。

■ヤキール逮捕

次は内戦時代から極めて高名な存在だったキエフ軍管区司令官ヨナ・ヤキール一等軍司令官の番である。ヤキールはベッサラビア［現モルドバ］のキシネフで薬屋の子として生まれたが、ユダヤ系であるため帝政ロシアでの上級学校進学は無理であって、そこで叔父が学資を出してスイスのバーゼルにある化学専門学校で学んだ。一九一七年四月に、当時二十一歳だったヨナはボルシェヴィキに入党する。トハチェフスキーと同様ヤキールも内戦中は「火消し役」として、赤衛軍が危機に瀕しているような各地の戦線に送られた。一年以内に――一九一九年――二度も赤旗勲章を授与され、一九二一年十一月には二十五歳の若さでキエフ軍管区司令官に任ぜられた。それ以来、短い中断期間――一九二四年から二五年にかけて――を除いて、逮捕されるまでずっとこの職にあった。

内戦の英雄ヤキールはあきらかに逮捕を予期していた。トハチェフスキーが逮捕されてすぐにその件の通報を受け、いつもは朗らかなヤキールも不機嫌になり、部下ともほとんど口をきかなくなった。

一・・・・・・・一九三七年五月三十日、その時がやってきた。一九七〇年代になってから、息子のペータ・ヤキールがこの日キエフで起こったことを詳しく証言している。

前日の五月二十九日、ヤキール一家はキエフ近郊のスヴャトージャにある別荘で過ごしていた。そこにヴォロシーロフから電話があり、ウボレヴィッチの場合と同じように、最高軍事評議会出席のためモスクワに来るよう命じられた。だがこの日のモスクワ行きの列車はもうなかったので、ヤキールが飛行機の許可を求めたところ、ヴォロシーロフはそれには及ばない、と言った。息子ペータの証言。

翌日の午後三時十五分発で列車がモスクワに向かった。私は駅まで父についていった。

父は不安そうだった。というのも、ミハイル・トハチェフスキーを含む一連の指揮官の逮捕のことを知っていたからだ。……列車が動きだすと、二人のNKVD係官が最後尾の車輛に跳び乗るのが見えた。父の乗った特別車はその車輛だった。私が自宅に帰っていくと、いつものように官舎前に立っている民兵は無言だった。……私は誰かがドアをあけてくれるまで、ずっと呼び鈴を鳴らし続けた。少年は家に入れてもらえず、やっと夜中の一時になって家の中に入った。

どの部屋にもまだ灯りがついていた。……二人のNKVD係官がいて、そのうちの一人が恐い調子で私に、父の書斎に行っていろ、と命じた。書斎の机のところに、尖った鼻の大男が座っていた。NKVD制服の階級章から、二等政治委員であるのがわかった。これこそエジョフの代理、冷血な刑吏フリノフスキーだった。……家宅捜査は続行され、およそ二〇人のNKVD係官が壁をたたいて調べ、床板を割り、庭のあちこちを掘り返した。それは昼までかかった。

その間にヤキールとＮＫＶＤ係官を乗せた列車はモスクワに着いた。車中でキエフ軍管区司令官は逮捕状を見せられ、途中のブリャンスクで特別車から囚人護送車に移された。副官のザハルチェンコは下車してキエフに戻ることを許された――サーヤ夫人と息子に宛てた自分の無実を確信するヤキールの手紙を持って。他の逮捕された軍人達と同様、ヤキールも即座にルビャンカに連行され、地下牢で階級章と勲章を剝ぎ取られた。

■ガマルニクの自決

五月三十一日、最後の陰謀家の番がきた。ヤン・ボリソヴィッチ・ガマルニク。一等政治委員で、赤軍最高の政治将校である。五十三歳になるガマルニクは一〇年来、ソヴィエト共産党中央委員兼統制委員であり、党の最高機関である政治局に直結していた。ガマルニクは背が高く、一面のひげ面で、ロシアのクリスマスにでてくる「オパ・モロス」に似ていた。ジトミール［ウクライナ西部の都市］生まれのポーランド系ユダヤ人で、赤軍首脳の中でも最も卓越した人材の一人であった。

五月三十日の夕刻、数日前から持病の糖尿病のために床に伏せていたガマルニクのところに、代理のアントン・ブーリンが訪ねてきた。その時ブーリンは正体不明の将校を同伴していた。何年もたってから初めてガマルニクの娘は、事の次第にブリュッヘル元帥が関わっていたことを証言した。ブーリンは三日前に逮捕されたフェルトマンの後任として赤軍人事課長に任命されていたのだが、ガマルニクに逮捕の波について連絡に来たのだ。病身のガマルニクは狼狽した。友人のヤキールとウボレヴィッチのあとは自分がNKVDの犠牲になるのは火を見るよりも明らかだったからだ。

この日のこと、そして翌日の五月三十一日に起こったことについて、ガマルニクの娘は証言している。

五月末、父は病気だった。迫り来るものを感じたからなのか、それとも糖尿病の発作で苦しかったからか。あとで母が話してくれたように（当時私は十二歳だった）父は、五月二十七日のトハチェフスキー、二十九日のヤキールとウボレヴィッチ（車中で直接）、その他の指揮官が逮捕されたことを知っていた。三十日にブリュッヘルが訪ねてきた。二人共極東のことに詳しく、長い時間いろいろなことを喋り合っていた。あとで父は母に、ブリュッヘルがトハチェフスキー関係の裁判で判士を務めるよう言ってきた、と語った。だが父は、「どうして俺にそんなことができる。俺は彼等が敵でないのを知っている。ブリュッヘルは、もしこれを断ったら逮捕されるぞ、と言っている」と叫んだ。三十一日にまたブリュッヘルがやってきて、今度はすぐに帰った。そのあと数人の男がやってきて父の金庫を封印し、一人が父に、現職を解任され、代理のオフセピャンとブーリンも逮捕されたことを告げた。父は男達に部屋から出ていくよう命じ、それから父の部屋で一発の銃声がした。

私が母とともに部屋に入ると、すべてが終わっていた。この銃撃は、戦友を告発する法廷の一員になれ、とのスターリンからの命令に対する父の返答だったと信じている。無法への返答。

ガマルニクの娘はこの日の出来事に関する証言で、父の自決は逮捕された友人を裁く法廷の判士になるのを拒否するためだった、と結んでいる。だがスターリンがそのような配慮をする可能性は考えられない。すくなくともスターリンはトハチェフスキー逮捕のあとで、ガマルニクも被告席に座らせたかったのは確かである。ガマルニク自決の翌日、『プラウダ』に小さな記事が載った。

元中央委員ヤン・B・ガマルニクは反ソ分子との結び付きに関わり、その露見を恐れたものの如く、五月三十一日、自害して生涯を閉じた。

三十一日の夕刻、「スペッツビューロー」の隊長フリノフスキーはエジョフに、ガマルニクの「事故」を除いて、すべての「陰謀家」の逮捕を完了したと報告した。五月に逮捕されたとされる者の中にはプトナもいるが、彼はすでに前年の九月からルビャンカにぶちこまれていた。「陰謀家にして裏切り者」一味の八人目はプリマコフであるが、これもずっと前に逮捕されていた。

精算の時がやって来た。エジョフが準備した芝居を始められるようになった。

■政治局の決議——謎解き

彼等はまだ生きてはいる——だがすでに死んだも同然だった。

一九三七年五月二十四日——まだトハチェフスキー、ウボレヴィッチ、ヤキールは逮捕されていない——、ソヴィエト共産党の政治局会議が開かれ、赤軍内のスパイと裏切り者の摘発について審議された。議長は党書記長ヨシフ・スターリンが務めた。

会議の模様を記録した文書がある。るが故に、かえってスターリンの考えの奥底まで見透すことのできるような事実が述べられていそれはスターリンによる、トハチェフスキーとその戦友に対する殲滅戦と多くの点で符号する。

スターリンがここ数日来の出来事についての報告を提出すると、政治局は、

満場一致で以下の結論に達した。元帥ミハイル・トハチェフスキーとその最も親密な協力者である軍指揮官ヤキール、ウボレヴィッチ、プトナ、エイデマン、コルク、フェルトマン、プリマコフ等を頭目とする一味は、同志スターリン・ソヴィエト政府・党・ソ連邦人民の信頼を濫用して浅ましい裏切り者になり下がり、ドイツ参謀本部やゲシュタポと結託してその支援のもとに反ソヴィエト陰謀を計画し、いわゆる「国民ロシア」のスローガンによって同志スターリンとソヴィエト政府ならびに党とソヴィエト権力の全機関を軍事クーデターによって転覆させ、反ソヴィエト的、反共産主義的、反革命的政策を実現しようとした。その政策の重点はヒトラ

ロンドン駐在武官当時の
ヴィトフト・プトナ（1935年）

ー・ドイツとの協調的かつ繋留的協力にあり、犯罪的陰謀者共はそのうえ、ドイツからの支援の見返りに領土割譲の用意もしていた。

この公式化によって、トハチェフスキーを告発することが決定した。判決はすでに決まっている。死刑——ソヴィエト刑法では、スターリンが政治局で数え上げたような「犯罪」は死刑と定められていた。

スターリンは政治局に、トハチェフスキーの「陰謀」についてチェコスロバキアのベネシュ大統領から通報と警告を受けたことを確認した。政治局の決議は次にそのことを公式化している。

政治局は以下の件について同志スターリンと完全に意見の一致をみた。チェコスロバキアのベネシュ大統領の偉大な貢献、すなわちプラハ駐在のソヴィエト連邦全権アレクサンドロフスキー同志には個人的に、そして同志スターリンには緊急の書簡によって以下の件を通報したことが、この背信的ソヴィエト将官団の陰謀を未然に露見させ挫折せしめるのを可能にした。

それからスターリンはベネシュとモスクワとの接触について詳細に説明しているが、ほとんどモスクワ＝プラハ間の信頼が危機に陥りかねなかったことも見過ごしていない。というのも、ソ連外交官がプラハからの通報を一種の「反ソ宣伝」と見なしたからである。

最初の通報は四月七日、ベルリン駐在のチェコスロバキア公使がゲーリンク上級大将から直接聞かされた事柄である。そして四月二十日になって、ドイツに派遣されたチェコスロバキア国家警察の特別捜査官が解明した次の事柄である。すなわち、ソヴィエト政府ではなく、それに敵対することを目指す陰謀家が、ソ連国内での軍事反乱達成のためにドイツからの強力な支援を求めて接触していること。五月七日、ベネシュ大統領は同志アレクサンドロフスキーに、ドイツ駐在のチェコスロバキア諜報機関が入手したトハチェフスキー一味の有罪の確証となる資料を提示し、翌八日、アレクサンドロフスキー同志は秘密報告として個人的にこの資料を同志スターリンに託送した。この資料は、ソヴィエト軍首脳の一部による同志スターリン以下の国家と党の指導部に対する破壊的計画を反駁の余地なく立証しており、その計画たるや、軍の陰謀家達は宮廷革命によって同志スターリン、モロトフ、カガノヴィッチ、及びリトビノフを殺害し、反共産主義的「国民政府」を傀儡とするトハチェフスキー軍事独裁を実現し、ファシスト・ドイツとの同盟を締結しようとするものであった。かつ、これら陰謀家の全員がブハーリンもしくはラデックの類いの「文民の」トロツキスト犯罪者共と緊密な協力関係にあった。

それからスターリンは、トハチェフスキーやまだ捕まっていない彼の仲間の逮捕も認めさせた。だがこれだけではなかった――スターリンは軍首脳の粛清の許可証も手に入れたのである。政治局の決議はこう続く。

政治局は同志スターリンからの提案を受理し、保安機関に対して、トハチェフスキーとその一味を遅滞なく逮捕し特別法廷を設置するよう指示する。同志スターリンの提案の趣旨に沿って政治局はさらに、赤軍将校団とりわけ将官団の徹底的な調査を指令する。その理由は、赤軍高級幹部内の広範な基盤無しに将官団内の陰謀家がその陰険な活動を遂行できた、とは考えられないからである。

それからもう一度ベネシュへの感謝の言葉。

政治局は、ソヴィエト政府と党指導部がベネシュ大統領とチェコスロバキア国家指導部に対して格別の謝意を表明すべきである、という点で同志スターリンと完全に意見が一致した。

陰謀家の「摘発」に際してのベネシュのスターリンへの助力によって、チェコスロバキアも報酬をもらうことになった。スターリンの提案。「当座の軍需品と重工業製品の調達は、予定していたアメリカにではなくチェコスロバキアに注文することとし、特にシュコダ社［チェコスロバキア最大でヨーロッパでも有数の軍事産業。特に戦車、大砲、機関銃は世界中に輸出されていた］とのライセンス協力を明確な形で拡大する」べきである。すぐに外務人民委員リトビノフがチェコスロバキアを訪問し、チェコ外相クロフタを公式にソヴィエトに招待することになった。

■政治局文書の信憑性

このソ連共産党政治局の決議がどうやって外部に知られるようになったかは注目に値する。この時の会議に関する情報は、一九三四年から一九三七年までウィーン駐在ドイツ大使だったフランツ・フォン・パーペンがベルリンに送った報告の中に含まれている。パーペンは情報源を絶対に明かさなかったが、ウィーンのソ連公使館、またはそこに派遣されていたソヴィエトの特派員の中に通報者がいたのは確実である。パーペンがウィーンを去るとともに「このあとパーペンはトルコ大使として第二次世界大戦の終結までアンカラに駐在」、モスクワからの情報も途絶えた。パーペン自身も一九四六年のニュルンベルク国際軍事法廷で、モスクワから秘密情報を手に入れていたことを証言している。

それでも謎に包まれた通報者の「熱い痕跡」は残っていたのである。ソ連の国営通信社タスのウィーン特派員だったF・W・ボホフは一九三八年夏に退職している。彼はのちに「世界観的理由」から退職を決心した、と言っている。だが彼はソ連諜報機関と党の秘密資料に接することができる立場にあったことが後になって発覚し、おまけにボホフはハイドリッヒの保安部のためにも活動していたのである。そしてハイドリッヒからの評価は高いものであった。

こうしてボホフなり、あるいは誰かほかの知られざる通報者が政治局会議の情報を西側に漏らしていたのである。当然もっと以前から。たとえばベルリン在住のチェコ人歴史家ミハイル・ライマン教授はドイツ外務省文書の中から、一九三二年二月から翌年二月までの間の約三〇〇点にのぼるソ連共産党政治局会議の報告を発見した。これはドイツ軍の情報機関である対外防諜局から渡されたものであったが、この情報を送ってきた通報者は「ストイコ」と名乗っていた。「ストイコ」なる隠語名の背後に誰が潜んでいるのかはわからない。だがライマン教授は元ソヴィエト外交官が関与している可能性を指摘している。ただしライマンは、「ストイコ」が実際に政治局の資料に接することができるはずがない、との疑いも提起している。おそらく彼は、ソ連の新聞や雑誌の記事を分析して、それをもとに「政治局の報告」をでっち上げたのではないか、と。

ライマンの疑うように、もし「ストイコ」からの報告が捏造であるとすれば、一九三七年五月二十四日の政治局会議の議事録もやはり作り物であって、架空のものとなるのではないか？　この会議では、トハチェフスキーの件に関するスターリンの報告と、チェコスロバキアのベネシュ大統領がソヴィエト側に陰謀のことを通報したことが扱われた。

最近になってようやく、ソヴィエトの歴史家ドミトリー・ヴォルコゴノフ教授が真実であることの証明をした。そのヨシフ・スターリン伝——実際の史料を基礎にしたソ連人の手になる初めての批判的伝記――の中で、ヴォルコゴノフは一つの記録を紹介している。それは、スターリンがボルシェヴィキ党中央委員会書記としての職権で、トハチエフスキーの件について中央委員と同候補に票決のために送ったものである。

ソヴィエト共産党中央委員ルジュターク及び中央委員候補トハチェフスキーが反ソヴィエト的・トロツキスト・右派陰謀団に加担し、ファシスト・ドイツのためにソヴィエト連邦に対するスパイ活動に従事していた事実に基づき、ソヴィエト共産党中央委員会政治局は、ルジュターク及びトハチェフスキー両名の党からの除名と、この件をNKVDに引き渡すことを提案する。

回状の日付は一九三七年五月二十四日となっており、これはウィーンからの通報にもあった、政治局が――スターリンはこの回状ではっきり会議と言っている――トハチェフスキー等の「陰謀家グループ」と赤軍内の状況について詳細に審議した、その日のことである。こうして、政治局報告の真実性について、特にスターリンの発言について疑う理由は全くないのである。

■クレムリンの軍事評議会

ガマルニクが自決した翌日の六月一日、クレムリンで軍事評議会が開催され、一二〇名以上の高級指揮官と軍政治委員それに政治局員全員が出席した。会場の大ホールに入るまえに、出席者の全員が所持品の検査を受け、武器の携行は禁止された。出席者全員に「摘発されたばかりの赤軍内の裏切り者一味による恥ずべき行為」を示した文書が討議用資料として渡された。

国防人民委員ヴォロシーロフは逮捕された軍人達を罵倒し、スターリンは演説の中で、「反革命的・軍事ファシスト的」組織によって党と国家そして軍がいかに危険にさらされているかを、最もどす黒い調子で描き出した。

四日間にわたった会議中、毎日のように会議場へNKVD将校がこれ見よがしに姿をあらわして、出席中のスターリンとエジョフに被逮捕者の最新の証言を伝えた。

スターリンは、出席している大部分の指揮官達の目に不安の色が浮かんでいる様子を眺めて楽しんでいた。そして軍人達に、もし罪を自覚しているのなら自発的にその経緯を白状するよう促し、そうでない者は党に対する忠誠と服従を自ら表明して、はっきり裏切り者と縁を切らねばならぬ、とした。「偉大な指導者」は、党とスターリンの信任に値すると認められた者だけが憐憫と許しをあてにすることができる、と述べ、軍人達が一人また一人と登壇して元の同僚を誹謗し厳罰を要求する様子をシニカルに観察していた。さらにスターリンは出席者の何人かを、被逮捕者と共同して謀議をはかったと断罪し、そのうえ二人を名指しした。それは、陸軍大学幹事クチンスキーと防空軍司令官セジャーキンで、ともにトハチェフスキーの外国旅行に同行していたからであった。

軍事評議会が閉会して二四時間後、『プラウダ』に大きな見出しが載った。それは国家保安機関の活動を讃える雅歌であり、同時にスターリンの方法をあえて批判する者すべてに対する脅迫であった。

プロレタリア独裁の懲罰の剣は決して鈍らず錆ず。そは、我等がすばらしき国土を切り刻み日独のファシズムの軛の下に置かんとする者共の上に振りおろされん。

■ルビャンカの囚人

ルビャンカ。巨大な灰色の正方形の石造建築。一九一七年のボルシェヴィキ革命以前は全ロシア保険会社「ロシーア」の本店であり、革命後は苦悩と拷問と死の家となった。広い中庭の一角が監獄になっていて、国賊達を尋問する監房は地下にあった。長い廊下の照明はわずかで、鉄の扉には覗き窓がついていた。尋問中の被疑者は自白する用意ができて初めて本館に移される。薄緑色に塗られた廊下を通り過ぎる時、被告は審理が近く始まるのを知る。ずっと前に判決は決まっているのだ。シベリアのどこかの矯正収容所か極北の「社会主義建設現場」に何年も送られて、名もないただの囚人番号として消えてゆくか、それとも処刑班によって一命を抹消されるか……。一九三七年五月末、八つの地下房に赤軍の高級将校が収監された——赤軍の精華・内戦の英雄・ソヴィエト国軍近代化の功労者たちである。

ヤキールは政治局とスターリン宛に手紙を書かせてくれ、と願い出て許可された。六月五日、ヤキールの手紙は独裁者のもとに届けられた。

　生涯で知る限り、私は党とその指導者の面前で公正無私の勤務に励んできました。……私の言葉はまったく腹蔵のないものであり、貴殿と党そして祖国への親愛の言葉とともに死んで行きます。共産主義の勝利への無限の信頼をこめて。

スターリンは笑った。そして青鉛筆で手紙の隅にこう書いた「悪党・売女」。それから手紙をヴォロシーロフに回すと、彼は主人に取り入ろうとして書いた――「全く適切な表現」。モロトフは何も付け加えず、ただサインした。カガノヴィッチはスターリンより沢山書いた「裏切り者・屑・……（ここで後にフルシチョフが漏らしたある卑猥な言葉が続く）にはただ一つの刑あるのみ――死刑！」。

四日後の六月九日、ヤキールはヴォロシーロフにも手紙を出した。

　長年にわたる私の忠実なる勤務に鑑み、閣下に御願いします。私の家族は頼る者とてなく、全くの無実であり、その生活上の救助に御配慮を御与えください。N・I・エジョフにも御願いします。

翌日この手紙を受け取ったヴォロシーロフはこうコメントを付けた「自分は破廉恥漢の正直さなど全く信用しない。K・ヴォロシーロフ」。

ルビヤンカの地下房では八人が審理開始を待っていた。そのうちプトナとプリマコフ

1930年代のルビャンカ

はずっと前に逮捕されていたが、ヤキールはつい数日前に捕まったばかりだった。

六月九日にモスクワのニーナ夫人の自宅にNKVDの係官があらわれ、夫からのメモを渡していった。それには、「ヨナと私のためにアップルパイ」を焼いてくれ、とあった。翌日ニーナ夫人はルビャンカの入口でパイを渡した。

トドルスキー将軍は回顧録の中で、トハチェフスキーは拘禁中ずっと休まず軍事戦略の研究を続けていた、と証言している。彼は判決が出るまえにそれを完成させようとした。それから一九年たってトドルスキーが読んだ時、その著作は約三〇〇ページにものぼり、トハチェフスキーは予言的な言葉を残していた。「一九四一年春、ファシスト・ドイツは二〇〇個師団に及ぶ兵力でもってソヴィエト連邦に襲いかかるだろう」。

一九四一年六月二十二日、独ソ戦争が始まった。ヒトラーの命令一下、一八〇個師団のドイツ軍がソヴィエトの国境を突破した。

■ルビャンカでの尋問の真相

プトナとプリマコフが、拘禁中にひどく残忍なやり方で尋問を受けていたことは知られている。では、トハチェフスキーがルビャンカにアップルパイを届けるよう手紙で頼んだことや、彼が独房で研究を続けていたとするトドルスキーの証言からすると、一九三七年五月に逮捕された六人は虐待や拷問には逢わなかった、と結論してもよさそうである。だが一九五〇年代に逮捕された「スペッツビューロー」の元NKVD将校の何人かは、そのような推測に反論している。NKVDのやり方を概観する場合、NKVDの最も悪名高い尋問官の一人S・M・ウジャコーフの供述調書が特にはっきりとしている。

最初にフェルトマンが尋問されました。彼はどの陰謀、ことに反ヴォロシーロフへの加担も断固として否認しました。私がフェルトマンの件を担当して、彼の行動を一通り調べてみたところ、トハチェフスキー、ヤキールなどの高級指揮官と個人的な交流があるとの結論に達しました。……そこで私はフェルトマンを執務室に呼び、五月十九日の夕刻まで二人きりで尋問しました。そして彼はトハチェフスキー、ヤキール、エイデマンその他が加担した陰謀についての供述書を書きました。これによって私はトハチェフスキーの尋問も任され、次の日には自白させました。私はほとんど眠らず、彼から益々多くの事実と陰謀家の名を聴き出しました。……さらに裁判当日の早朝、トハチェフスキーから別の証言も得たのです。

ウジャコーフは、逮捕したトハチェフスキーとフェルトマンに自白を強要するため物理的暴力を行使した、とは率直に認めていない。それは当然かもしれないが、それでも彼の調書からはその事実が明瞭に浮び上がってくる。彼が「ほとんど眠らなかった」と言っていること自体、フェルトマンとトハチェフスキーを一睡もさせずに無理に自白させたことを暗示しており、これはNKVDのよく使う尋問方法の一つなのである。

元帥を尋問した者の中にはヴィシンスキー検事総長も加わっていた。元NKVD将校が確認しているように、彼はトハチェフスキーに、罪状認定の短い文を書くよう迫った。「私は自分の有罪を認め、いかなる上訴もいたしません」。ヴォルコゴノフ教授もそのスターリン伝で明言している。

トハチェフスキーとその戦友達は「精力的な」取扱いを受けたはずである。威嚇、家族への脅迫、絶え間ない暴力。それから助かるには自白しかなく、そうして身柄を予審判事に引き渡される。……これらの著名な軍指揮官の誰もが恐るべきやり方で肉体的に責めさいなまれた。

別のスターリン伝の著者アントン・アントーノフ＝オフセエンコも、スターリンがトハチェフスキーの独房に信任者――おそらくヴィシンスキーのこと――を送ったのは、自分の行ないを後悔するよう忠告するためだった、と主張している。スターリンは犠牲者達をひざまずかせたかったのだ。

■秘密軍法会議

一九三七年六月十一日、金曜日。

北風がやや冷気を運んできたとはいえ、モスクワはますます蒸し暑くなった。上空に突然暗い雲があらわれ、嵐の近いことを知らせていた。

午前八時ちょうど、ソヴィエト社会主義共和国連邦最高裁判所大法廷で秘密審理が始まった。裁判長はポーランド出身の悪名高い軍法務官ヴァシーリー・ヴァシーリエビッチ・ウルリッヒである。判士には八人の赤軍高級将校が任命されていたが、そのことごとくが被告席に座っている者の戦友であった。

国防人民委員代理兼空軍総司令ヤコブ・アルクスニス、ソ連邦元帥セミョン・ブジョンヌイとヴァシーリー・ブリュッヘル、赤軍参謀総長ボリス・シャポシニコフ一等軍司令官、白ロシア軍管区司令官イワン・ベロフ一等軍司令官、レニングラード軍管区司令官パーベル・ディベンコ二等軍司令官、カフカース軍管区司令官ニコライ・カジーリン二等軍司令官、そして第六コサック騎兵軍団長エリセイ・ゴリャチョフ師団長［少将に相当］。

これと向かい合って被告達が着席していた。ミハイル・ニコラエーヴィッチ・トハチエフスキー、ヨナ・ヤキール、イエロニム・ウボレヴィッチ、アフグスト・コルク、ボリス・フェルトマン、ロベルト・エイデマン、ヴィターリー・プリマコフ、そしてヴィトフト・プトナ。ロシア人二人、ユダヤ人二人、リトアニア人二人、ラトビア人一人、エストニア人一人である。

法廷の雰囲気は氷のようであった。

「判士」達は神経質そうに証拠書類をめくり、ほとんど被告の方を見なかった。皆かつての友人であり同志なのだ。わずかに裁判長のウルリッヒとブジョンヌイ元帥だけが審理に介入した。

法廷の最後列に何人かの傍聴人が座っていた。国防人民委員ヴォロシーロフは数分間いただけだった。NKVD長官エジョフはもう少し長くいた。フリノフスキーを長とする「スペッツビューロー」の幹部は審理のすべてを注意深く追跡していた。かれらにとって、八人の元赤軍幹部が出廷したことは自分達の「業務」の仕上げだった。かれらはスターリンとエジョフが期待したことをすべてやり遂げた――今度は裁判官と処刑隊の出番だ。これらNKVD将校の誰もが、トハチェフスキー以下八人の被告が明日まで生き延びるなどとは考えていなかった。

ウルリッヒの告発にすぐに反応しない被告達が目をひいた。プトナ、プリマコフ、フエルトマン、エイデマンはうつろな眼差しで判士席を見つめていたが、全くの放心状態のような印象で、生気が感じられなかった。罪状を自覚しているかどうかの質問を受けても、ほとんどただうなずくか、一言二言答えるだけだった。

これに対し、トハチェフスキー、ヤキール、ウボレヴィッチ、そしてコルクは、裏切り者・スパイであるとする告発を断固としてはねつけた。ウルリッヒの質問を確認する形でプトナが、トハチェフスキーはトロツキーと組んでいた、と供述すると、元帥はこの元ロンドン駐在武官に辛辣な言葉を浴びせた。「君は夢でも見ているのか!」。

東プロイセンでの独軍大演習を視察
した時のアフグスト・コルク将軍
（1928年）

プリマコフ、エイデマン、プトナが「供述」している時、コルクとヤキールは興奮のあまり何度も跳び上がり、友人の裏切りを責めた。するとすかさずウルリッッヒが介入する。「ここで裏切りとは何をさすのか？　我々に関心があるのは、君等がプリマコフ、エイデマン、プトナをどう見ているかではない。知りたいのは、君等が党と人民に対して犯した犯罪の事実なのだ！」。

ヤキールが、「君はまさしく乱心している。どうやって君は連中に調子を合わせるようになったのだ！」とエイデマンに呼びかけても、エイデマンは何も答えず、うつろな眼差しでヤキールを眺めるだけだった。

証人達が動揺しているのを見たウルリッッヒはエイデマン、プトナ、プリマコフに、健康の具合はどうかと質問すると、全員がただ一言「はい」とささやいた。ヤキールとトハチェフスキーはちらっとそれを眺め、コルクは理解できぬ、という様子で首をふった。

審理が始まってからもまだヤキールは、逮捕の御膳立てをしたのがスターリンであるのを信じようとしなかった。傍聴人の中にＮＫＶＤ長官の姿を認めた時、この裁判がエジョフによって上演されていることは納得した。だがそこで彼は証人としてスターリンを召喚するよう要求した。

すると、ウルリッッヒが答えるよりもはやく、それまで無表情だったプリマコフが高笑いをした。「ヨナ、君は頭がいいんだろ。もし奴でないとしたら、一体誰がこんな芝居を仕組むというのだ？」。

ヤキールは口をつぐみ、ウルリッヒは次の被告へと移った……。

その時、皆が驚いたことに、「判士」の一人が被告の証人として現れた。レニングラード軍管区司令官ディベンコである。彼はうなだれて法廷に立ち、かすれた声でウルリッヒが提示した罪状のすべてを認め、被告達の「裏切り行為」を詳細に陳述した。ディベンコが陰謀におけるプリマコフの役割について話し始めると、コルクは激しい叫び声をあげてそれをさえぎった。

「ディベンコ、君は八月三日を憶えているか？」。

ディベンコは青ざめ、もぐもぐと訳の分からないことを口走った。コルクに最も痛いところを突かれたのだ。今を去る一九年前の内戦当時、ディベンコはプリマコフとともに従軍し、八月三日にプリマコフによって命を救われたのである。

ウルリッヒは大急ぎでこの場を切り上げようとした。

「同志ディベンコ、具合が悪いのか？　休んではどうか？」。

ディベンコは頷いて弱々しく扉の方に向かった。彼の姿が廊下に消えると、すぐに大きな声が聞こえてきた。

数分後ディベンコは戻ってきたが、被告達の脇を通りすぎて突っ立ったまま言った。

「同志よ、同志よ、奴等を信じるな。俺の言ったことを信じるな」。

ウルリッヒは審理を二〇分間中断した。

休憩ののち、再びディベンコが聴取されたが、ウルリッヒは心配して、もう良くなったのか、医者に診てもらったのか、と尋ねた。ディベンコは頷き、それからかすれた声で、発作を抑え切れなかったことを法廷に詫びた。彼はいらいらして疲れ切り、悪寒を催しているようだった。

午前十一時すぎ、ウルリッヒは最終弁論を朗読したが、それは三点に絞っていた。

第一点。ウルリッヒによると、被告達はドイツの反動的将官グループと共謀したことになっている。トハチェフスキー等はこれに対して、ヒトラーが権力を握った一九三三年以降はドイツ軍とは何の接触もない、と弁明した。だがその申し立ては、プリマコフが有罪を認めたため反駁されてしまった。

第二点。ウルリッヒによって被告達の赤軍内での「有害な行為」とされた証拠の一つに、トハチェフスキーが騎兵を犠牲にして戦車・機械化部隊を早急に設立する、との構想を持っていたことがあげられた。これの有罪か否かが問題になると、騎兵元帥ブジョンヌイが積極的に被告への尋問に加わった。彼にとってこのようなトハチェフスキーの構想は、許すことのできぬ「罪状」であった。

第三点。ウルリッヒによると、被告達は国防人民委員ヴォロシーロフ元帥の暗殺を企て、それによって反乱を実行する際の障害が一つ取り除かれるはずであった。

これにはトハチェフスキー、コルク、ウボレヴィッチばかりでなく、プトナまでもが反論した。彼等は、ガマルニクとともにヴォロシーロフの更迭を要求するつもりであったことは認めたが、それは、現国防人民委員が無能で職責を全うできないから、という単純な理由である。

そのあと被告達はそれぞれの最終陳述を行なった。ヤキール、コルク、ウボレヴィッチは党と人民への忠誠を誓い、祖国と赤軍への愛情について語り、いつまでもスターリンに対する忠節を持ち続けていることを保証した。

トハチェフスキーも同じようなことを言ったが、スターリンのことに及ぶと思わず興奮して口走った。「ヨシフ・ジュガシビリ［スターリンの本名］・スターリンに言え。奴こそは人民の敵、赤軍の敵だ！」。ウルリッヒはびっくりして跳び上がり、彼を制止した。そしてトハチェフスキーは短い休憩のあとで、やっと陳述を許された。どんな判決が言い渡されるにしても、トハチェフスキーはそれを合法的なものとは認めず、それが運命だとあきらめて、己れの有罪を無視して死のうとした。

被告の中でただ一人、プリマコフだけはすべての訴因について有罪を認めた。彼は慈悲を乞うた。それは彼が、予審中も公判の過程でも、ずっと軍事ファシスト的陰謀の打倒に協力する、と証言していたからである。その証言とは。彼は七〇人にのぼる陰謀家の名をＮＫＶＤ係官に自白していたのだ！

判決を言い渡すまえに、ウルリッヒ裁判長は審理を中断し、エジョフとともにクレムリンに行き、審理の様子を知りたがっているスターリンに会った。ウルリッヒが判決文の原案を示すと、スターリンは読みもせずに裁可した。むしろスターリンは最終陳述でトハチェフスキーが言ったことを知りたがった。エジョフは「この悪党は、祖国と同志スターリンに身を委ねる、と言いました。奴は憐れみを乞うています。だが、奴が嘘をついていて、決して武器を手離そうとしなかったことは直にはっきりします」と述べた。

判決申し渡しの直前になってもまだエジョフは、トハチェフスキーが自分とスターリンを党と人民に対する罪で弾劾したことを、はっきりと言うだけの度胸は持ちあわせていなかった。

スターリンは判士達の挙動についても知りたがった。そして、ウルリッヒ以外に審理に積極的に加わったのはブジョンヌイだけで、アルクスニス、ブリュッヘル、ベロフは一、二の質問をしただけだったと知って、心中穏やかでなかった。スターリンにしてみれば、これこそ判士達が内心で被告達に同情している証拠であった。スターリンは「彼等を監視すべし」、とNKVDに命じた。

正午少し前、再びモスクワ上空に嵐がやってきた。それからまた陽が射してきて、気持ちのよい涼しさになった。

一九三七年六月十一日金曜日の正午きっかりに、裁判長ウルリッヒは判決を言い渡した。

被告トハチェフスキー、ヤキール、ウボレヴィッチ、コルク、エイデマン、フェルトマン、プリマコフ、プトナに死刑が宣告された。判決に控訴はなく、刑は即刻執行されることになった。

■処刑

イワン・セロフ中尉指揮のNKVD処刑隊がルビャンカの中庭にやってきた。

それから死刑囚が引き出される。

極東の戦争の英雄ブリュッヘル元帥が白いハンカチを持った手をあげた。

右隅に停まっているトラックのエンジンが唸りだした。

ブリュッヘルが手からハンカチを落とすと、ヨナ・ヤキールが叫んだ。「共産党万歳、スターリン万歳！」。

その声も一斉射撃の音でかき消された。

この瞬間ブリュッヘルの方を見たセロフは、元帥の眼に涙が浮かんでいると思った。

第VI章　その後

■大量殺戮の波

それから大量殺戮がやってきた。

元帥五人のうち三人、軍司令官一五人のうち一三人、軍団長八五人のうち六二人、師団長一九五人中一一〇人、旅団長四〇六人中二二〇人、大佐の四分の三が粛清された。

被逮捕者は大佐以上の高級将校全体の六五％、下級将校でも一〇％にのぼった――総計二万人。そして処刑された高級将校は一五〇〇人に及ぶ。

テロルは、軍における党の支柱たる政治委員にも波及した。一九三八年を迎えた時、三軍の政治委員は定員のわずか三分の一にすぎず、最低二万人の政治委員が殺された。党員だった軍人三〇万人のうち、ほぼ半数が一九三八年に命を落とした。

スターリンの復讐劇はとどまるところを知らなかった。

復讐の一番手として、トハチェフスキー裁判の被告の近親者が迫害された。

トハチェフスキーの三度目の夫人ニーナと「国賊」ウボレヴィッチ、ガマルニク、コルク等の夫人は、まず一緒に八年の投獄を申し渡されたが、ニーナ夫人は一九四一年十月に銃殺された。トハチェフスキーの兄弟であるアレクサンドルとニコライもやはり処刑され、トハチェフスキーの母マウラと妹のソフィアは矯正収容所で亡くなった。特に悲惨なのは元帥の末娘スベトラーナの運命である。母がアストラハンの流刑地で逮捕されると、スベトラーナは自ら首をつった。この時十二歳だった。フェルトマンの夫人とトハチェフスキーの別れた二人の先妻もポトマの労働キャンプ――「女子と情婦専用」の苛酷な規律で名高い収容所――に引き渡され、さらにそれからセゲタ収容所に移された。トハチェフスキーの三人の姉妹と娘の一人だけが迫害を生き延びた。

ウボレヴィッチ夫人も苛酷な目に会い、シベリアのどこかの収容所に消えた。娘はNKVDの孤児院を何年もたらい廻しされた末、一九五六年になって、母が一九四一年に処刑されたことを知る。ウボレヴィッチ逮捕の三年後、将軍の出身地リトアニアの家族までがスターリンの復讐に見舞われる。一九一七年以来「裏切り者」とは全然つきあいがなかったウボレヴィッチの兄は、四人の姉妹とその子供達ともどもシベリア送りになった。彼等がこの嫌がらせを何とか生き延びてリトアニアに帰るのを許されたのは、それから一〇年以上もあとのことである。

ヤキールはスターリンとエジョフに、家族に危害を加えぬよう懇願したが、無論聞き入れられるわけがなかった。夫の逮捕のすぐあとで、夫人と息子のペータはアストラハンに強制的に移住させられた。他の処刑された者の家族も大抵同じである。そして一九三七年九月三日には夫人達も逮捕されるが、ヤキール夫人サーヤだけは例外で、逮捕の一一日あとにNKVDに連行され、ヤキールの弟とともに処刑された。しかも別の弟の夫人と息子まで。ヤキールのいとこの一人も一〇年間投獄された。ヤキールの息子ペータは長い間北極圏の矯正収容所で過ごし、それからカザフスタンに移ったが、一九六一年に当時の共産党第一書記フルシチョフと出逢い、モスクワに帰ることを許された。その後モスクワで市民権運動に従事した。

スターリンは自分の敵どころか、その一族を抹殺することも忘れなかったのだ。彼はトハチェフスキー裁判の判士達もそのままにしてはおかなかった。彼等はいやいやながら、八人の被告への判決にサインしたからである。

軍法会議判士の一番手として、空軍総司令アルクスニスが一九三七年末に逮捕される。判士であり「第一証人」でもあったディベンコは裁判ののち軍を退役し、しばらくの間木材工業人民委員代理を務めていたが、一九三八年四月、NKVDによってルビヤンカに拘留された。判士の三人目のベロフはウボレヴィッチの後任として白ロシア軍管区司令官となりミンスクに着任するが、一九三八年早々に会議のためモスクワに呼ばれる。駅で待っていたのはNKVDの護衛だった。四人目の判士ブリュッヘル元帥は一九三八年夏にヴォロシーロフから、夫人とともに黒海沿岸のソーチに行くように言われた。逗

左からブルガーニン、ジュダーノフ、スターリン、ヴォロシーロフ
(1938年のソヴィエト最高会議にて)

留中、突然モスクワに召喚され、着くと同時に逮捕された。そして「日本のスパイ」という罪状で起訴され処刑された。一九三八年中頃には五人目の判士カジーリンが自決した。六人目の第六騎兵軍団長ゴリャチョフのその後は不明である。おそらく第二次世界大戦で戦死したものと思われる。裁判関係者のうち、スターリンの恩寵に浴したのは二人だけだった。ブジョンヌイ元帥――ただし彼は一時、何週間か夫人がスパイ容疑で拘禁されるという危機を何とか生き延びた――とシャポシニコフ参謀総長である。ほとんど同じ頃、エゴロフ元帥の運命も尽きた。彼はカフカース軍管区司令官としてチフリスに転任となったが、そこで逮捕された。

■刑吏たちへの報復

トハチェフスキー等の処刑が済んで六週間たった一九三七年七月二十七日、ソヴィエトの新聞は一群のNKVD将校に高級勲章が授与されることを報じた。その日クレムリンで勲章を授与された者達の祝賀会が催された。その中には「スペッツビューロー」の指揮官フリノフスキー、トハチェフスキーを尋問したウジャコーフなども当然含まれている。

エジョフは顔を輝かせ、スターリンはほっとしてパイプをふかし、透きとおったウォトカで功労に乾杯し、さらに親愛な演説までした。

だが、これらの刑吏達もそれほど長い間スターリンの賞賛と感謝を享受できたわけではなかった。このあとすぐにフリノフスキーはルビャンカから海運人民委員に追いやられ、一九三九年には人民の敵として銃殺される。「スペッツビューロー」の主立った幹部や関係者の大部分がフリノフスキーよりも早くに粛清された。生き残ったのはほんのわずかで、尋問官ウジャコーフはその一人である。

テロルはその子をむさぼり喰った……。

一九四二年五月二十七日、イギリスから飛来して落下傘で降下したチェコスロバキア亡命軍のヤン・クビシュとヨセフ・ガプチクは、プラハでボヘミア＝モラビア保護領総監代理・SS上級集団長［大将に相当］・ドイツ国家保安本部長官ハイドリッヒの暗殺を謀り、重傷を負わせた。一週間後の六月四日の朝まだき、この怪我がもとでハイドリッヒは死んだ。スターリンのために、トハチェフスキーの裏切りに関する一件記録を偽造した人物が死んだ……。

■関係者のその後

ハイドリッヒと共謀してトハチェフスキーに対する奸計を企んだベーレンツは、大戦末期の一九四四年三月にセルビア＝モンテネグロSS・警察長官に任じられ、わずか五か月後にはSS集団長に昇進した。第二次世界大戦が終ると米軍当局から身柄をユーゴスラビアに移され、戦争犯罪人としてベオグラードでの裁判で死刑を宣告され、一九四八年十二月四日処刑された。拘留中にベーレンツがトハチェフスキー事件での役割について尋問されたかどうかは解明する術がない。

三人目の共謀者アルフレッド・ヘルムート・ナウヨックスは、一九四四年十二月アルデンヌで米軍に投降し、戦後ニュルンベルク裁判で戦争犯罪の証人として尋問された。同時に米軍の秘密情報機関からも執拗な尋問を受け、一九五二年に自由の身となる。その後はハンブルクに暮らし、一九六六年四月四日の夕刻、自宅からハンブルク市街地に向かう途中で心臓発作に襲われ、病院に移送される間に死んだ。

スコブリンは一九三七年秋以降消息不明である。NKVDとハイドリッヒのSD双方のために働いていたこの二重スパイは、失踪する前にNKVDからの最後の指令を実行した。パリにおける亡命ロシア軍人の秘密組織ROVSの指導者ミレル将軍の誘拐に決定的な役割を果たしたのである。スコブリンから誘いを受けたミレルは、一九三七年九月二十二日ジャスマン街とラフェ街の角で落ち合うはずであったが、それっきり姿が見えなくなった。ミレルは事務所を出る時にメモを残していったが、それにはスコブリンに誘われたとはっきり書いてあった。このメモによって裏切り者が追求されたが、フランス警察の追跡にも拘らず、スコブリンは行方をくらますことができた。ミレルが姿を消した日の夜遅く、スコブリンの姿がパリのホテル「パックス」で目撃されている。大抵の人が、スコブリンはル・アーブルまで逃げのびて、そこでソ連船に乗ったのだと推理している。だがもっと可能性があるのは、彼がスペインに逃げてそこのNKVD機関に出頭し、最後は反トハチェフスキー謀略での都合の悪い生き証人であるとして消された、ということである。

スコブリンの最後の犠牲者となったミレル将軍も二度と姿を現さなかった。彼の運命もやはり完全には解明できない。おそらく彼は、パリのソ連大使館地下の拷問部屋で消されたらしく、一九四一年——独ソ戦開始後——ドイツの保安当局が遺体を発見し、検死結果が一般に公表された。

スコブリン夫人で歌手のナジェージダは、一九三八年にNKVDのスパイ容疑でフランス公安当局に逮捕され、十二月五日から十四日までパリで裁判にかけられた。そして有罪となり禁錮二〇年を宣告され、一九四〇年にレンヌの監獄で死んだ。

チェコスロバキアのベネシュ大統領は、第二次世界大戦が終結すると亡命先のロンドンから祖国に戻った。一九四八年二月プラハでチェコスロバキア共産党が権力を握ると、六月にベネシュは重病のために大統領職を退いた。そして九月三日、ボヘミア南部の別荘で死んだ。死の間際に、「スターリンは私を見捨てた」とわずかな友人に告白した。

■戦後広まった噂の数々

第二次世界大戦が終わってから流布した噂、すなわち、ハイドリッヒのSDによって偽造されたトハチェフスキーに関する一件記録がベネシュ以外のルートでスターリンの手元に入った、とする説は夢物語の類いにすぎない。この噂の発生源は二人の元SD将校シェレンベルクとハーゲン（ヘットル）である。シェレンベルク説によると、ベネシュはベルリンで出現したトハチェフスキーに不利な証拠の件をスターリンに通報したが、ソヴィエトの独裁者はこの問題をベルリンのソ連大使館当局者と共同して解決するよう要請したことになっている。そのあとでベルリンのソ連外交官――明らかにNKVD将校――がモスクワに飛び、一九三七年五月中旬にこの人物はエジョフの確認書付きのスターリンからの指令を携えてベルリンに戻ってきた。そしてSDの代理人から例の一件記録を手渡された、というのである。

ソ連側への記録の引き渡しについて、ハーゲン（ヘットル）は別の説をとっている。ハーゲン（ヘットル）によると、もともとハイドリッヒは偽造記録を、ソヴィエト側と密接な関係のあるチェコスロバキア参謀本部経由でモスクワに知らせる手筈にしていた、という。そしてある諜報員を通じてプラハとの接触を整え、それからベーレンツが変名でプラハに飛び、チェコスロバキア側の信頼できる筋と打ち合わせる予定だった、という。ところが、急にハイドリッヒはプラハ・ルートが危険だ、と思った。それは、チェコスロバキア側がどうやって一件記録をソ連側に手渡すのかをドイツ側に教えなかったからで、そうなるとハイドリッヒには本当に資料がスターリンの手に渡されるのかどうか確信が持てなかったからだ、という。さらにハイドリッヒには、その資料がトハチェフスキーの腹心によって横取りされることも心配だった。それでハイドリッヒは直接ベルリンのソ連大使館関係者に連絡をとった。それもNKVD将校であることがゲシュタポによって確認されている人物と。ソ連側は記録の中味を信用して、ただちに報告のためモスクワに向かった。そしてエジョフからの個人的な指令を持って、この人物はベルリンに戻ってきた。トハチェフスキーを陥れるはずの資料を引き渡す件については、エジョフの派遣した代表が相談に乗り、独ソ双方が満足のいくように事が運ばれた。それから数日後、ロシア人はこの資料を持ってモスクワに帰った、というのである。

シエレンベルクとハーゲン（ヘットル）はともに、ある人目を引くような面白いエピソードを付け足している。二人は、トハチェフスキーを破滅させることになる資料のためにスターリンが多額の現金を支払った、というのである。ハーゲン（ヘットル）によると、ソヴィエト側は資料代としてハイドリッヒに三〇〇万ルーブルを提示した、という。ハイドリッヒはこの件をすぐにヒトラーに報告すると、総統もこの「取引」を承知し、「翌日ベーレンツは偽造した資料の入った書類入れをエジョフの代理に渡し、代金として大きな包みに入れた三〇〇万ルーブルを受け取った」としている。

シエレンベルク説もこれとほとんど同じだが、ただ一つ、ハイドリッヒの方から資料提供に現金を要求した、という点だけが違っている。だが総額の点では二人の説は同じで、どちらも三〇〇万金貨ルーブルをソ連側が支払うことになった、としている。「スターリンの特別の代理人は資料にざっと目を通しただけで、全額を即金で支払った」。ハーゲン（ヘットル）によると、ハイドリッヒはこの三〇〇万ルーブルをロシア国内の反ソ秘密組織のために使うつもりだった、という。「だが偶然にも、その金をもらった三人のロシア人諜報員がGPUに捕まってしまった。このことは、ロシア側があらかじめ、流通ルートに現れたらすぐにつきとめられるような偽造紙幣、または何か特別な印のある紙幣でドイツ側に支払った、と推測すべきである。これによって、ロシア国内のスパイへの金の支払いは中止になった。ロシア側が偽造資料に対して偽造紙幣で支払ったことは、その後長くハイドリッヒの恨みを買った」。

シエレンベルクとハーゲン（ヘットル）によって広められたこの馬鹿馬鹿しい伝説が、一九八九年になってもまだ、ソ連のトハチェフスキーについての研究の中で信頼するに足る事実として容認されていることを見逃してはならない。同時にそのことは、ゴルバチョフによって開始された「グラスノスチ」の時代になってもまだ、歴史家やジャーナリストはソ連公文書館のトハチェフスキー関係文書には全然近付くことができない、ということの証でもある［一九九六年現在も同様］。

ソ連で発行されているドイツ語雑誌『スプートニク』の一九八九年十月号に掲載され

たトハチェフスキー事件に関する記事は、トハチェフスキーの「裏切り」をスターリンに通報したのはベネシュであるとしながらも、シェレンベルクやハーゲン（ヘットル）同様、モスクワの秘密命令によって資料をハイドリッヒの使いから買い取った、と主張している。ただしここでは、ルーブルではなく、「五〇万マルクと言われて即金で支払われた」ことになっている。

■ハイドリッヒの本当の役割とは？

ハイドリッヒはシェレンベルクとハーゲン（ヘットル）によって、スターリンの代理人に偽造記録を言い値で買い取らせた狡猾な商売人にされてしまった。だが、もともとハイドリッヒはトハチェフスキー事件の発案者なのではない、とする説もある。そういう論者の一人にハンス・ベルント・ギゼフィウスがいる。彼は一九四四年七月二十日の反ヒトラー陰謀事件の一員として有名である。彼は、一九三四年六月三十日の流血事件でのハイドリッヒの働きと関連づけて、こう推理する。すなわち、「ハイドリッヒほどはっきりと一九三四年六月三十日のカインの印［旧約聖書の兄弟殺しからのたとえ］を額に焼き付けられた者はいない」。なぜならこの「長いナイフの夜」では、レーム以下の突撃隊（SA）幹部のみか、多数のヒトラーの政敵がSSの暗殺隊によって殺された。この暗殺への深い関わりのために、ハイドリッヒはその後しばらく活動が萎縮した、といわれる。「自分の行為への呵責にさいなまれていたハイドリッヒが、選りによってこの時に、SDに大きな仕事を敢えてやらせた、とは考えられないからである。しかもその結果は彼が避けて通ることのできないものなのだから」。

その上でギゼフィウスは、トハチェフスキーに裏切り者の烙印を押した陰謀劇についても触れ、偽造された一件書類が「モスクワの現金払い」によって引き渡されたとする説を虚構だとして斥けている。だが「トハチェフスキーの真の黒幕は総統官邸にいた、ということには大体賛成」している。抵抗運動家ギゼフィウスの考えの中で一つ誤りがある。トハチェフスキー粛清へのドイツ側の関わりにおいて、ヒトラーを唯一最大の責任者にしてしまっている。しかし、トハチェフスキーの件のためにSDと偽造所を一体として指揮したのが、「カインの印」を押されたハイドリッヒであったことは異論の余地がない。

ギゼフィウスに賛成して、ハイドリッヒは単にヒトラーの命令を実行したにすぎない、と主張するのはシュパルケ少将である――彼はトハチェフスキー事件が起こった時、参謀本部「外国軍課」第三班長としてロシア事情を講演した。その上彼は、ハイドリッヒとSDはトハチェフスキーとその同志達の有罪判決にほとんど関係がなかった、とまで言い切っている。

第二次大戦後ソヴィエトでの抑留生活を終えて帰国してから、シュパルケは一九五八年にトハチェフスキー事件についての研究を発表した。その中でシュパルケは、一九三七年当時に抱いたのと同じ疑問に自ら解答している。その疑問とは、「赤軍がもっとも優秀な人材を失ったことについて、ハイドリッヒがそれは自分の功績である、と自慢した」のを国防軍首脳は知っていたかどうかである。シュパルケは、「その話は全くの初耳である」。彼は少しもあわてない。「なぜなら、党の方で、〝赤軍の断首〟という類い希な功績を総統の足元に差し出す絶好の機会を見逃すはずがないからである」。シュパルケによると、問題となっているのは「純然たる自慢話」にすぎない。「私は、あの時のブロンベルク、ベックそしてカナリスへの講演を通じて、さらにシュトゥルプナーゲルやケストリンクとの話し合いから、次のような結論に達した。すなわち、彼等はそろって、この夢のような国家的行動についてほとんど何も知らなかった、ということであり、しかもこの件について他に誰かもっとよく事情に通じている者がいるとも考えられない」。

だが、たとえここに挙げられた、ドイツ国防軍当局者はハイドリッヒによる対トハチェフスキー活動について「何も知らなかった」、とするシュパルケの説が正しいとしても、それは単に、彼等がナチス党とハイドリッヒの保安部（ＳＤ）の活動についてほとんど情報を得ていなかったということを裏書きするだけである。ハイドリッヒがトハチェフスキー排除に関与した、という事実と何ら矛盾するものではない。

■トハチェフスキー＝英国スパイ説

ただシュパルケの研究には別の興味ある問題が提起されている。第二次大戦後ルビャンカに拘留されている時に、ソ連国家保安省（MGB）［NKVDの後身で、一九四六年から一九五三年まで設置。スターリン死後、ベリヤの粛清によって廃止］将校からくり返し、トハチェフスキーの件について尋問されたという。一九五一年秋頃の尋問で、シュパルケが一九三六年のモスクワ訪問の折に当時の白ロシア軍管区司令官ベロフ将軍に会ったことを供述すると、

担当の大佐はその名前のところで私の話をさえぎって、「ああ君はこのイギリスのスパイとも何かしていたというわけか！」と言った。私は粛清されたトハチェフスキー一派がイギリスと結び付きがあったなどとは、全くの初耳だった。彼等が「ファシスト」と関係していたことしか今まで聞いていなかったからである。

このシュパルケを尋問した一九五一年当時のMGB将校の言う、トハチェフスキー一派がイギリス情報機関のために働いていた、との説は格別新しいものではない。一九三六年にトハチェフスキーがロンドンで、国防人民委員第一代理として許されている以上の情報をイギリス側に漏らしたのではないか、との憶測は、すでに当時ドイツ対外防諜局長官ヴィルヘルム・カナリス提督も言っている。部下の第二課長——破壊工作担当

――エルビン・ラホウゼン大佐に対してカナリスは、ロンドンとパリから得た情報として、英仏両国を対ドイツ軍事協力のために味方につけようとしたトハチェフスキーは赤軍の兵力と装備、さらに近代的兵器体系の導入実態についてまで洗いざらい漏らしてしまった、と説明した。カナリスによると、これは国家反逆罪であって、どの国でも極刑を以て罰せられる、だがトハチェフスキーの必死の努力にも拘らずイギリス側を説得することができなかった、それは彼の挙げた統計数字がイギリス情報機関のそれと食い違っていたため、イギリス側が本気にしなかったのだ、という。

カナリスのラホウゼンへの説明は、現存するトハチェフスキーとイギリス軍関係者との会談の資料とは内容が矛盾する。トハチェフスキーが赤軍の極秘情報を漏らした、などという証拠は何もない。ただしなぜソ連保安将校が、トハチェフスキーはイギリスのために働いていた、と確信するに至ったかについては単純に説明がつく。第二次大戦が終結した時、ソ連側はドイツで大量の対外防諜局文書を押収しているが、おそらくその中にロンドンからカナリスに送られた報告が含まれていたのではないか。この情報がもとで、トハチェフスキーはイギリスに協力していた、との嫌疑が生じたのであろう。

カナリス伝の著者アプスハーゲンが述べている、ロンドンでのトハチェフスキーの行動に関する憶測も、カナリス自身による説明と同様、馬鹿げた内容である。アプスハーゲンによると、赤い元帥がロンドンで「パリの亡命ロシア人グループのトップのミレル将軍の代理人と交渉した」、との信頼できる情報をカナリスは一九三六年に入手したはずだ、というのである。そんな会見など決してありはしなかったのに……。

■ドイツのスパイ……？

結局、ミハイル・トハチェフスキー元帥は本当に裏切り者だったのか？　彼とその同志達は本当にクーデターを企てていたのか？　彼は外国の情報機関のために働いていたのか？　これらは今日なお世界を悩ましている疑問である……。

トハチェフスキーを初めとする八人の被告が処刑されてわずか二四時間後、ヴォロシーロフ元帥の署名した国防人民委員部指令第九六号が布告された。それにいわく……。

彼等の全員が祖国に対して、背信的スパイ行為の裏切り者であることが立証された。……この輩の最終目標とは、いかなる代償を払おうとそしてどんな手段を用いてでも、我が国におけるソヴィエト体制を精算することにあった。そして、我が国におけるソヴィエト権力を殲滅し、労農政権を転覆することである。

それからヴォロシーロフは、「露見した裏切り者」と同盟していたのが何者であるかを暗示している。ヴォロシーロフによると、彼等は「ブルジョア的・ファシスト的諸国の参謀本部と直接手を組んでいた」ことになる。そのうえ、「この徒輩は主人であるところの某国の軍事ファシスト・グループからの支援を期待し、そのためにはソヴィエト・ウクライナを放棄し、我が国の領土を細分化する用意があった」。ここでは公然と、処刑された者達の「注文主」をドイツのことにしている。

「外国の軍事ファシスト・グループ」がドイツを意味することは、一九三八年三月二日から十三日まで開廷された三度目の大がかりな見世物裁判である、「右派・トロツキスト・反ソ・ブロック」事件の審理の過程でも実証されている。被告席にならんだのは、ブハーリンとルイコフを頭目とする共産党内の右翼反対派の中心人物達であった。三月四日、ヴィシンスキー検事総長による反対尋問に対して被告ローゼンゴルツは、「裏切り者」クレスチンスキーがトロツキーの息子レフ・セドーフと交わした会話なるものについて証言した。

トロツキーの意見では、トハチェフスキー等の軍人グループは反革命行動での決定的な力になるはずなので、トハチェフスキーとのより緊密な同盟の可能性が何としても必要なのだ、とセドーフは語りました。

ローゼンゴルツはまた、トロツキーはすでにラデック＝ピヤタコフ裁判［一九三七年一月］が終わった時からトハチェフスキーとの反革命協力に邁進した、と自白した。

すでにピヤタコフ裁判が終わると、トロツキーから手紙が届きました。その中で、トハチェフスキーによる軍事反乱を最大限に促進する必要が問題とされていました。

さらにローゼンゴルツは、陰謀家達が計画実現のために必要とした金はベルリンからもらっていたはずだ、とも証言した。この日の審問では、別の被告も同じことを証言している。それは、長年ベルリン駐在大使だったクレスチンスキーによるものである。金はゼークト将軍から出ていたものとされた。

ヴィシンスキー：一体全部でいくらの金を受け取っていたのか言ってもらえますか？

クレスチンスキー：一九二三年から一九三〇年までの間、毎年二五万金貨マルクを受け取っていました。

ヴィシンスキー：そうすると一九二三年から一九三〇年までに総額約二〇〇〇万マルクになりますね。

クレスチンスキー：ええ、およそ二〇〇〇万金貨マルクです。

だがスターリンは、ドイツに罪を着せたこの証言でも満足しなかった。それで一九三八年にみずからペンをとった。みずから編集し、内容の大部分も自分で書いた『ソヴィエト連邦共産党史小教程』の中で、自分流に「裏切り者」の説明をしている。ちなみに本書は、一九五三年にスターリンが死ぬまでボルシェヴィキの歴史的発展の公式叙述とされた。文中の被処刑者に対する下劣な侮辱の言葉は、この独裁者の著述の性格を余すところなく表現している。

一九三七年、ブハーリン・トロツキスト連合から生まれた妖怪に対する新たな証拠が提出された。……一連の裁判で、この人間の屑共は人民の敵トロツキー、ジノヴィエフ、カーメネフと共謀して、すでに社会主義十月革命の第一日目からレーニンと党、ソヴィエト連邦に敵対する陰謀に加担していたことが立証された。……裁判では、これら妖怪が注文主——外国のブルジョア的スパイ機関——を満足させることに、己れの目標を没頭させていたことが判明した。すなわち、党とソヴィエト国家を破壊し、国土防衛をずたずたにし、外国からの軍事干渉を容易にし、赤軍の敗北を準備し、ソヴィエト連邦を切り刻み、日本には極東ソヴィエト沿海州を、ポーランドにはソヴィエト・白ロシアを、ドイツにはソヴィエト・ウクライナをそれぞれ譲渡し、労働者と集団農民の成果を台無しにし、ソヴィエト連邦に再び資本主義的奴隷制を導入することであった。この白衛軍の小僧共、この白衛軍の同腹の一味共、この下劣極まるファシストの下僕共は、ソヴィエト人民がちょっと指を動かすだけで二度と連中の痕跡など跡形も無くすることができる、ということを忘れていた。……内務人民委員部が判決の執行にあたった。

一九三七年六月十二日付のヴォロシーロフ指令第九六号では、トハチェフスキーとその同志達は「ソヴィエト・ウクライナの譲渡」を用意していた廉で有罪とされている。ヴォロシーロフは、軍事反乱成功のあかつきにウクライナを所有することになる国家の名をあげていないが、「軍事ファシスト・グループ」と暗示していることで、すぐにそれがドイツのことだと分かる。そしてトハチェフスキーの死から一年後、スターリンはこの「注文主」の名を公言した。前述のボルシェヴィキ党概史で、スターリンはソヴィエト・ウクライナがドイツに、すなわちヒトラーに譲渡されることになっていた、としている。

よく考えてみると、トハチェフスキー陰謀団八人の中にユダヤ人が二人いた、というのも滑稽な告発である。これはフェルトマンとヤキールのことだが、彼等はスターリンによって、ユダヤ人を憎悪するヒトラーの同盟者にされてしまった。

■外部からの憶測

トハチェフスキーの処刑からわずか数時間後、元帥とその同志達がドイツのために働いていた、とはっきり告示され、一九三八年からはそれが公式の断罪となったことは、ドイツ大使館の報告でも大きく取り上げられている。処刑三日後の一九三七年六月十四日付でシューレンブルク大使は外務省へ報告した。

当地の外交団の間で、告発と判決の内容を真実だと思っている者はいない。銃殺の本当の理由については様々な憶測が流れている。代表的な見方は、トハチェフスキー以下の親独派軍人が独ソ間の現状を憂いて批判したことがスターリンの不興を買ってしまったのだ、とするものである。別の見解では、トハチェフスキーのグループができるだけ軍を政治から遠ざけようとして、エジョフ（原文ママ）との抗争になってしまった、という。もっと別の説によると、軍内部の独立的な指導者が万一の不満や現在ある野心の結集点になることを恐れたスターリンは、すでに政治家に対してやったのと同じように、タイムリーに彼等を排除してしまった、という。キーロフ暗殺以来、独立的で指導性のある人物に対するスターリンの不安感は病的なほどに高まっており、内務人民委員エジョフがそれを煽り立て、軍に対してもそのような眼が向けられていた。特筆に値することは、トハチェフスキー・グループ摘発におけるエジョフの働きをどの新聞も社説で特別に賞賛し、どの決議でも彼の熟練に敬意を表している点である。

トハチェフスキー等が処刑されて数日後には、各国の新聞に彼等のドイツ軍部との談合を匂わせる記事が登場した。一九三七年六月十五日に、ワルシャワの夕刊『ウィアドモスチ・ワルシャウスキー』紙はモスクワからの報道を掲載した。すなわち、モスクワ駐在フランス大使クーロンドルによれば、リトビノフ外務人民委員はトハチェフスキーの有罪を確信している旨を言明したという。大使が、では本当にトハチェフスキーはドイツのスパイだったのかどうかの証拠を要求したところ、リトビノフは、トハチェフスキーが二年前パリに行った時、秘密の手段でフランス軍の現状についてほぼ完全な情報を入手していた、と説明した、という。そしてこのワルシャワの夕刊は「スクープ」として、リトビノフ人民委員が大使へ、トハチェフスキーの机の中にフリッチュ上級大将の手紙が発見され、それが第一の訴因になった、との説明をした、と伝えた。

このワルシャワ報道についてはドイツ国防省も注目し、六月二十三日付でモスクワのドイツ大使館宛に「もしトハチェフスキーの手元にそんな手紙があったとしても、それが最近のものであるわけがなく、おそらく独ソ軍事協力の時代のものと思われる」、と伝えた。また国防省は、フランス側の疑惑を晴らすためにわざわざ公式に否認するほどの価値もない、と伝達している。

ソ連側がトハチェフスキーとフリッチュの手紙のやりとりに関する報道をあえて否定しなかったため、ドイツ側はこの件についてモスクワで直接フランス側に質問している。六月二十七日付の外務省宛の特電でティペルスキルヒは、「当地のフランス大使館参事官に問題のポーランド紙の報道について質したところ、彼はそれを言下に、馬鹿げた冗談である、として否認した」と報告している。

スターリンによって広められたトハチェフスキー＝ドイツ工作員説が再び浮上してくるのは、第二次世界大戦中に、トハチェフスキーの副官だったウラディーミル・ボヤルスキー大佐が東部戦線で捕虜になってからドイツ側のために働いているのを、西側の情報機関がつきとめた時であった。トハチェフスキーが処刑されてからは狂信的な反共主義者となったボヤルスキーの変身ぶりは、なるほど間接的にスターリンによる告発を裏書きしているように見えたのである。ボヤルスキーは一九四二年九月一日から、兵力約八〇〇〇の「ロシア国民軍［RNNA］」を指揮してドイツ側に立ってスターリンと戦うことになり、さらにRNNA自体は一九四三年秋からはアンドレイ・ウラソフ中将指揮の「ロシア解放軍［ROA］」に編入された。

■ヒトラーとヒムラーの役割

トハチェフスキー死刑宣告について、ハイドリッヒが自分の役割を口外したことは一度もない。ハイドリッヒが赤い元帥に対する行動を起こすにあたっては、ヒトラーの承諾が絶対必要だったはずである。そのヒトラーは何回かトハチェフスキーの件を口にしている。大戦中の一九四二年七月二十一日に、ウクライナの小都市ヴィニッツァにおかれた総統大本営『ヴェアヴォルフ（人狼）』での夕食の際、いつものように側近相手に談話をした。その時スターリンとトハチェフスキーとの対立に話が及んだ。『食卓談話』を詳しく筆記していたヘンリ・ピッカー博士は、この問題についてのヒトラーの見解を特に注記している。

ピッカーは、ヒトラーが『食卓談話』の中で、何回もスターリンのことを非常に好意的にとりあげていたと証言している。

ヒトラーの秘書の一人から聞いたところでは、彼はスターリンのことを自分と同じくらいに高く買っていた、という。ある時、我々大本営チームの誰かがスターリンのことを「元銀行強盗」と呼んだら、ヒトラーは非常に腹を立てた。すかさずヒトラーはスターリンを弁護して、スターリンが銀行に押し入ったのは、決して私人としてあるいは自分の懐のためなどではなく、革命家として共産主義運動のために実行したのだ、と力説した。

この日の談話でヒトラーはスターリンとトハチェフスキーの対立についても触れているが、元帥の粛清にどれだけドイツ側が関与したかは何も言っていない。ただ、ある興味深いことを口にしている。「きっとスターリンはこのグループによる暗殺を恐れていたに違いない」。さらにヒトラーは言う。

元帝政軍人トハチェフスキーとスターリンの世界との間の溝はそれだけ大きかったのだ。「天才的な」スターリンにはよくわかっていた。自分の世界革命構想と中・西部ヨーロッパへの強襲の目論見は、前世紀末から今世紀初めのキリスト教にとって代わった唯物論形而上学では決して達成できない、という事実を。

一九四四年七月二十日のヒトラー暗殺未遂事件のあとになると、トハチェフスキー粛清についてのヒトラーの見解はもっとはっきりした言い回しになってくる。総統大本営にいた外務省のフランツ・フォン・ゾンライトナーは、伯爵シェンク・フォン・シュタウフェンベルク大佐の置いた爆弾が破裂してほんの数分後にヒトラーが言ったことを記録している。「トハチェフスキーを始末した時、スターリンは自分が何をしたのかよくわかっていたのだ」

大戦末期の一九四五年二月になってもまだヒトラーは、「灰色の猊下」マルチン・ボルマンに一九三七年六月の赤い元帥の事件のことを語っている。召使だったハインツ・リンゲが一九七九年に歴史家ヴェルナー・マーザーに証言しているように、ヒトラーは権力奪取の直後に将軍達と組んで、突撃隊幕僚長レームを射殺したことを悔いていたに違いない。ヒトラーはさらに、

一九三七年にスターリンが、トハチェフスキーと仲間の元帥・軍司令官・提督・指揮官・それに国防人民委員部と軍事評議会の当てにならない将校を三万人も粛清したのは、正しい行ないだった。

これらの発言だけでは、果たしてヒトラーが事件の背後関係についてどこまで知っていたのかわからない。だがそれでも、ヒトラーがずっと後までトハチェフスキーの件を気にしていた、そして、なぜ一九三六年十二月に親スターリン反トハチェフスキーの決断を下したのかについて、自分なりにあとから理由付けをしようとしていた、ということは証明される——だがたとえそうだとしても、褐色の独裁者は赤い独裁者の罠にはめられてしまったことには全然気付いていない。なぜなら、ハイドリッヒの保安部が偽造した一件記録があろうとなかろうと、スターリンはトハチェフスキーとその同志を排除

することに決めていたのである。

ヒトラーがトハチェフスキー粛清に関与したことを漠然とでも口にしたのを示す資料は、わずかに一点あるのみである。一九四四年七月二十日の反ヒトラー陰謀に加担した男爵ヴェッセル・フォン・フライタークⅡローリングホーフェン大佐の証言では、戦時中のある戦況報告の際ヒトラーは胸を張って、赤い将軍達はスターリンにナイフを突き出しているはずだ、と言ったという。

おしまいに、ヒトラー、ハイドリッヒとならぶ三人目の関係者であるSS長官ヒムラーはトハチェフスキーの件について何か発言しているだろうか?

ヒムラーはヒトラーよりも口が堅かったようである。たった一度だけ、彼がトハチェフスキーの件について立ち入ったことがある。一九四四年九月、失敗した七月二十日のヒトラー暗殺計画のあとでウラソフ将軍に、総統に対する一揆の計画について何か知っていたかどうか尋ねている。その時ヒムラーはウラソフに、トハチェフスキーによる反スターリン「陰謀」がどのような理由で失敗したのか質問したところ、ウラソフは、トハチェフスキーが七月二十日の暗殺者と同じ過ちをした、彼は量の法則を考えに入れなかったのだ、と答えている。

■スターリンの根深い敵意

元帥がソ連邦で軍事独裁を目指していたからだとでもいうのだろうか？

ではなぜスターリンは赤い元帥や将軍達を恐れたのだろう？　スターリンのトハチェフスキーに対する不安には何か理由があるのだろうか？

モスクワ駐在のドイツ大使シューレンブルクは、スターリンがボルシェヴィキ党と赤軍指導部への不信感を募らせている、というのは決して根拠がないわけではない、としている。一九三四年十二月のキーロフ暗殺事件は未だに解明されていないが、その時以来スターリンはＮＫＶＤ――初めヤーゴダのちエジョフが指揮――に対して、ソ連の内外に存在する現実のあるいは想像上の敵への攻撃をどんどん強化するよう命じた。

こうなるとトハチェフスキーまでもが独裁者の射線に入り込むのは時間の問題だった。スターリンは一九二〇年以来、トハチェフスキーを憎んでいたのである。レーニンとトロツキーから、ヴィスワ河畔での赤軍敗北の責任を負わされてしまった。ところがトハチェフスキーの方から、この時の破局の責任はスターリンにある、などと証明したことは一度もない。それどころかトハチェフスキーは、一九二〇年の西部方面軍が直面していた政治的・軍事的状況を問題にする時はいつも、何等かの形でスターリンとブジョンヌイの「約束［ワルシャワ前面に支援に来てくれるはずだ、と彼はスターリンを好意的に評してこういった］」のことに触れるのを忘れなかった。

これだけではない。一九三一年以後のトハチェフスキーの赤軍内での彗星のような昇進、その赤軍近代化への功績、世界第一級の軍事理論家としての国際的名声、などがスターリンの自負心をいたく傷付けた。これにスターリンの元近衛中尉に対する憎悪が結び付く。スターリンがトハチェフスキーに不快感をもったのは、軍人としてのこのような成功ばかりでなく、トハチェフスキーの外国文学への造詣や音楽の才能——作曲家シヨスタコービッチとの交友は有名だった——、知識人達とのあけすけな交際、さらにトハチェフスキーの女性面での成功なども原因になっている。トハチェフスキーの三度の結婚、数多くの女性関係——当時の将校団内部でもっとも好まれた話題——は、この頃厳格なピューリタン的生活を送っていたスターリンを激怒させた。

もうすぐクレムリンの専制君主になろうとしていたスターリンにとって、トハチェフスキーはいつ何時この目標実現を阻止するかもしれない潜在的なライバル、というイメージで写っていた。だからこそトハチェフスキーは始末してしまわねばならない。外国から入手した情報もこのようなスターリンのイメージを膨らませるだけだった。スターリンは宿敵トロツキーを亡命帝政派の代表者と見なしていたが、同時に赤軍内にその一味がいる、と思い込んだ。これまで、実際にあった、あるいは空想上のことであろうと、スターリンと赤軍首脳との対立なるものをドラマチックに描いたり派手に脚色する試みが数多くの書物でなされてきた。特にトハチェフスキーはスターリンの最も重要なライバルとされ、彼がスターリンを排除しようとしていた、とか、ソヴィエト連邦に新しい反スターリン主義体制を打ち建てようとしたなどという実に様々な仮説が立てられてきた――それはトハチェフスキー自身のボナパルト的傾向によって一層強められた。だがこれらの仮説は、たとえ現実に存在していたにせよ、あるいは単にスターリンの想像にすぎなかったにせよ、トハチェフスキー以下の赤軍指導部を排除し抹殺してしまおうとする彼の意図を補強する宣伝にほかならない。

■トハチェフスキー「陰謀」の真偽

では本当にトハチェフスキーは、スターリンを無力化してソヴィエト国家の頂点に立とうとした陰謀家だったのか?

元帥が早くから己れの才能を高く評価していた、いやことによると過大評価していた、という点については興味深い証言がある。この証言は、トハチェフスキーの考え方について、その青年時代にまで溯って考察している。一九三一年から一九三九年までモスクワのドイツ大使館勤務だったハンス・フォン・ヘルヴァルトは、一九三九年秋の対ポーランド戦のあとのある体験について回想している。この時、彼は将校として連隊とともにワルシャワ北方の小都市ガルウォリンに駐屯していた。ある晩、元ポーランド軍騎兵士官のホーム・コンサートに招かれ、ドイツ人とポーランド人が合同で演奏することになった。食事のあとでヘルヴァルトがモスクワ勤務当時の話をすると、当家の夫人はヘ

ルヴァルトがトハチェフスキーに会ったことがあるかどうか尋ねた。ヘルヴァルトの言葉によれば、

それから夫人は、第一次世界大戦の時、その頃近衛セミョーノフ連隊の中尉だったトハチェフスキーが実家に宿営していたことを話しだした。トハチェフスキーに夢中になった彼女はとうとう婚約までした、という。トハチェフスキーは捕虜となってドイツの収容所に送られたが、その後もずっと手紙を送り続け、彼女はそれを見せてくれた。……許婚者に宛てたトハチェフスキーの手紙のある部分で、自分には大きな未来があり、いつか「赤いボナパルト」として歴史に残るだろう、と断言しているのを読んで、我とわが目を疑った。私は直感的に、トハチェフスキーは大変な野心家だった、と確信した。スターリンが彼を恐れたのには充分な理由があったのだ。

ヘルヴァルトの証言はトハチェフスキーのある一面に興味深い光を投げかけているが、この手紙がいつ書かれたのかはわからない。トハチェフスキーが「赤いボナパルト」と自称している点からして、ボルシェヴィキ十月革命のあとで書かれたものと言わねばならない。トハチェフスキーがボルシェヴィキ入党を決意したのは一九一七年の末ロシアに帰国してからのことであるから、この手紙はおそらく一九二〇年に書かれたものであろう。それは、この当時赤い元帥がワルシャワ近郊にいたからであり、しかも一九二〇

年ならば——内戦での殊勲によって——「赤いボナパルト」たらんとする夢も充分うなずけるものであった。

ただしヘルヴァルト自身は、ポーランドで体験した驚きにも拘らず、「将軍達が逮捕された時、ドイツ大使館の誰もがこのスターリンの処置について、何の具体的な説明もできなかった」との意見を変えていない。トハチェフスキーとその同志達の反スターリン陰謀なるものを疑問視したのは、ドイツの外交官だけではなかった。モスクワ駐在のフランス大使クーロンドルも、そしてアメリカ大使デービス——スターリンによって上演された見世物裁判の被告はすべて本当の裏切り者だったと確信している——でさえも、赤軍首脳がスターリンを排除するため蜂起を企てたなどとは信じなかった。

クーロンドルは私見として、「この軍事陰謀は……まったく不可解な事件であり」、「すぐに真相が判明するのを許さないものであるのは確か」だとしている。それから、ボルシェヴィキ指導部と深い交友のあるリトアニア公使の発言を報告している。それによると、元帥は共産党について、ロシアの軍事力、ことに専門化された軍事機構の発展を阻む障害であるとして立腹し、党を無力化するため実際に軍事独裁達成を目指す動きの指導者になっていたのだ、だが革命の成果を社会で保持していくためにはスターリンが権力の座に留まることが必要だった、という。

デービスも似たような意見である。一九三七年六月二十八日付でアメリカ国務省のサムナー・ウェルズ次官に送った手紙の中で、トハチェフスキー処刑についても問題にしている。

判断力のある者なら、軍によるクーデターを目的とした陰謀なるものが多分生まれつつあったこと、そしてスターリンが持ち前の素早さ、大胆さ、力強さによってそれを粉砕したのは明らかだ、と信じるだろう。ただし、この陰謀は必ずしもスターリンに対するものではなく、軍の非政治化のためそして党に対して向けられたもののようである。

このようにスターリン自身が陰謀の犠牲者になるわけではなかった。ならばなぜスターリンは、そんな「素早さ、大胆さ、力強さによってそれを粉砕」する必要があったのか？

この当時、外交官でNKVD将校でもあり、のちに亡命したオルロフがこの疑問に対する解答を試みている。オルロフは、帝政時代の秘密警察「オフラナ」の副総監だったヴィッサリオーノフ関係文書を調査していた時に、スターリンが「オフラナ」と密かに接触していることを記した一件記録を発見した、という。オルロフによると、すくなくとも一九一三年までスターリンは「オフラナ」の諜報員として働き、ボルシェヴィキの同志を密告していたことは疑いの余地がなく、この都合の悪い記録をトハチェフスキーが手に入れ、独裁者に対して使用する意図があったに違いない、という。さらにオルロフは、トハチェフスキーが自分を強請《ゆす》りかねないことに勘付いたスターリンは、元帥とこの秘密を打ち明けられた可能性のある友人達を粛清してしまおうと決心したのだ、という。

オルロフの説ははなはだドラマチックではあるが、誤りである。それらは全く立証されていない。一九八九年にソ連の歴史家ユーリー・アファナショフが述べているように、スターリンは確かに「史上最大の殺人者」だったかもしれない。だが彼が「オフラナ」のスパイなどでなかったのは確かである。

■ドイッチャー説の荒唐無稽

ただし陰謀説を擁護する者がいてもおかしくはない。アイザック・ドイッチャーはそのスターリン伝の中で、今日まで公表されていない「トハチェフスキーの陰謀とその失敗の正確な内容」を、事実として容認したうえで実に生き生きと描写している。ドイッチャーによると、トハチェフスキー以下の赤軍指揮官が目指したクーデター計画は、スターリンの言うような外国の組織のためではなく、クレムリン内での宮廷革命が主な目的であって、その際スターリンを暗殺し、外では軍が攻撃に出てまずNKVD本部を占拠する手筈だった、という。

この陰謀の推進力になったのはトハチェフスキーであった。……彼こそは当時、軍民を問わず只一人、若きボナパルトにふさわしい人材だったのであり、そればかりかロシア共和国の第一統領の役を演じるべき人物だったかもしれない。……レニングラード要塞司令官のヤキール将軍がそのために部隊を確保していた。

ドイッチャーの繰り広げた夢物語がどれほどのものであるかは、トハチェフスキー逮捕についての叙述によく現れている。ドイッチャーによると、トハチェフスキーは逮捕の際に負傷したため担架に乗せられてスターリンのところに連れていかれ、二人の間で激しいやりとりがあった後、再び元帥は監獄に連れ戻された、というのである。

ここでもドイッチャーの説は一聴に値するかもしれないが、やはり事実無根である。トハチェフスキーは逮捕の時、負傷などしていなかった。担架に横たわった元帥とスターリンとのやりとりなども絶対にあるわけがない。またヤキールがレニングラードで部隊を確保できるわけがない。つまり彼はキエフの軍管区司令官だったのだから。

ドイッチャーが引用している赤軍内の反スターリン陰謀なる「情報」の出所を手繰るのはさほど難しいことではない。ドイツ国防軍と軍事政策のための雑誌『ドイッチェ・ヴェーア［ドイツの軍隊］』の一九三八年十月二十七日号に、A・アグリゴラなる筆者による「ソヴィエト連邦はボナパルティズムの途上にある？」という題名の論文が掲載された。ここで著者は、すでに一九三五年以来トハチェフスキーが蜂起の準備を始めていた、と論じた――「現在我々が確実に知っていることとして」、「決起の日時はすでに決められていた一九三六年十二月に替わって、一九三七年五月と設定されたが、最後の土壇場で裏切りにあって失敗した」。

この論文にはこれ以外にも二つの注目すべき点がある。第一に、「革命決行の期限」が一九三六年十二月と設定された、と主張している点である。確かに雪崩が始まったのは十二月であるが、それはトハチェフスキーが起こしたのではなく、スターリンとハイドリッヒが始めたものである。赤軍指揮官迫害のために、フリノフスキーの「スペッツビューロー」がスターリンの命令で設置されたのは十二月のことであり、トハチェフスキーとその同志がドイツ軍将官と結託していることを証明する文書の偽造に取り掛かるよう、ハイドリッヒが指令を出したのも同じ十二月のことである。

それよりももっと大きな驚きは、『ドイッチェ・ヴェーア』論文の著者がスターリンとハイドリッヒによる対トハチェフスキー陰謀に重大な関与をした人物の名をあげていることである。すなわち、ニコライ・スコブリン将軍。「パリ在住の悪名高いスコブリン将軍こそ裏切り者であった!」と。

そうすると、この論文のねらいは二重スパイのスコブリンの名を公表して、その存在を世界の面前に晒すことではなかったか、との当然な疑問が浮かんでくる。これらは全ての点で、アグリゴラ論文の背後に、ハイドリッヒのライバルであるカナリス提督の対外防諜局がいることを物語っているではないか。

トハチェフスキーが反スターリン宮廷革命の準備などしているわけがないのを最もよく知っているはずの人物が、トハチェフスキーの「陰謀」なるものについていやにはっきりと断定しているのも奇妙なことである。すなわち「スペッツビューロー」指揮官ミハイル・フリノフスキー。NKVD将校で一九三八年に亡命したクリヴィツキーが、トハチェフスキー以下の「陰謀家グループ」逮捕直後の一九三七年五月にルビャンカを訪れた時のことを証言している。

私はじかにフリノフスキーのところに行った。……彼はエジョフとともにスターリンの粛清の推進にあたっていた。私が、「何があったのか教えて下さい。一体ここで何が起こっているのです?」とたずねると、フリノフスキーは、「陰謀だ」と叫んだ。「我々はたった今、軍部内のとてつもない陰謀を摘発したところだ。世界史上でも見たことのないような陰謀だ。……彼等の全員を逮捕した! 全部を手に入れた!」

■否、陰謀などありはしなかった!

一九三七年六月十一日にルビャンカの中庭で処刑されたトハチェフスキー元帥と七人の軍人は、反乱など計画していたわけではなかった。

クーデターや反乱、陰謀の歴史の中で、トハチェフスキーとその戦友達のようにうぶな「陰謀家」などいはしない。彼等は抵抗もせずに順番に逮捕されていった。一人でも外国に高飛びしようとした者はいない。すでに各項で述べたように、赤軍指導部内の八人の「裏切り者」逮捕物語それ自体が、陰謀は嘘であったことの反証になっている。

ミハイル・ニコラエーヴィッチ・トハチェフスキーと七人の同志が死なねばならなかったのは、決して彼等が裏切り者であったためでも陰謀家だったからでもない。ヨシフ・ヴィッサーリオノヴィッチ・スターリンの邪魔になったために彼等は殺されたのだ。

著者あとがき

私が謎につつまれたトハチェフスキー事件の解明に取り組み出したのは、二五年以上も前のことである。一九六〇年代の初め私はプラハで、一九四二年に当時のボヘミア＝モラビア保護領総監代理ラインハルト・ハイドリッヒの暗殺を謀った人々の足跡を追っていた時に、第二次世界大戦中の最も重要な連合国側の工作員の一人であるパウル・トゥンメルのことも知った。彼は殺される直前のハイドリッヒによって正体を暴かれてしまった人物である。そして私は、当時まだ存命していた戦前のチェコスロバキア軍参謀本部第二課――情報担当――の将校の何人かと知り合いになった。彼等は、一九三九年三月十五日、ドイツ軍部隊がプラハに進駐してくるわずか数時間前に第二課の重要書類をすべてオランダ機に乗せてロンドンへ疎開させた、伝説的な「イレブン・チーム」のメンバーである。長い時間にわたって、元対スパイ部長ストランクミュラー大佐、フランチク・フリッシュ少佐、アロイス・フランク少佐、さらに元作戦部長バルチク将軍等と聞き取り調査をしているうちに、ソヴィエトのミハイル・トハチェフスキー元帥の名前が出てきた。一九六七年には、のちにチェコスロバキア社会主義共和国大統領となるスボボダ上級大将からも何回かトハチェフスキー事件に関する話をうかがった。

トハチェフスキー粛清の折に、チェコスロバキアのベネシュ大統領が重要な役割を演じたことは、事情通の間では知られていた。だが、ラインハルト・ハイドリッヒの保安部によって偽造された一件記録はどういう経路をたどってベルリンからベネシュを経て、モスクワの手に渡ったのか、という点がいつも問題になっていた。情報部の将校によると、プラハ城内にあった第二課を経ていないのは確かだという。私は彼等から、戦前のチェコスロバキアには三つの異なる情報機関があったことを教わった。そのうち、内務省の情報機関はトハチェフスキーの謎解きにはあまり関係がない。チェコスロバキアの最も重要な情報機関である軍情報部を経ることなしに一件記録がベネシュの手に入ったということは、明らかに外務省の情報機関が関与していたことを意味する。この点を追跡していくのが正しかったことは最後になって証明された。すぐに私には、当時ベルリンで外務省の情報機関連絡員としての可能性と能力のある人物は、たった一人だけであることが判明した。すなわち、長年にわたってベルリンでチェコスロバキア公使館の新聞担当官だった、カミール・ホフマンである。彼は高い教養と豊富な経験の持ち主でもあった。ホフマンはすでに一九二〇年代に、チェコスロバキア外務省のスピーカーの役割を持つ独語日刊紙『プラーガー・プレッセ』の現地通信員のネットワークを作り上げていた。外国人の通信員の中に、チェコスロバキア外務省にとって不可欠の情報屋まで入っていたことは、ベルリンでのホフマンの役目が一新聞担当官にとどまるものではなかったことを間接的に証明している。それから私は何年もかけて、トハチェフスキー事件に関するモザイクのかけらをつなぎ合わせていくうちに、とうとう事件の全体像を解明することに成功した。

一九六八年にチェコスロバキアで起きた出来事によって私はプラハからやむなく脱出せざるを得なくなり［チェコスロバキア共産党による自由化阻止のため、この年八月末にソ連軍を主力とするワルシャワ条約機構軍がプラハに進駐したことを指す］、この研究も何年間か中断した。再び研究に取り掛かることができるようになったのは、ようやく一九八〇年代になってからのことである。自分の体験に基づく証言を与えて下さった人々のサークルは次第に小さくなってしまった。私はまずここで、長年チェコスロバキア大統領の個人秘書であったエドワルド・タボルスキー教授（米国・オースチン在）とチェコスロバキア外相秘書だったヤン・スムートニー博士（ロンドン在）の名を挙げたい。さらに次の方々からも有意義な証言をいただいた。元ドイツ国防軍対外防諜局の関係者、オットー・ワグナー元大佐、K・フロイト元大佐、ハンス・ヨッヘン・ルドルフ中佐、それからヴァルター・ハーゲン氏をはじめとする元ドイツ国家保安本部関係者。今は亡き長年の友カレル・コルネル博士とマーガレット夫人には、イギリスの公文書と関係記録の研究において大きな援助を受けた。

チェコスロバキアでは、歴史家ボフミール・チェルニー博士とヤロスラフ・ヴァレンタ博士から親身な助言と協力をいただいた。本件の資料調査においては、わが兄のヨセフ・シュトレビンガーの助力を得た。歴史家の同僚イワン・パフ博士は貴重な援助を与えてくれた。彼はドイツ連邦共和国内に私の新しい居場所を見つけてくれたのである。

情報、証言、証拠、助言について、次の方々に特別の感謝を差し上げなければならない。

アルバル・アルステルダル、テオドール・アルノルト、ロシア人亡命者に精通したシュテファン・アウスキー、カミール・ホフマンの友人J・W・ブリューゲル、ヘルマン・ディートリッヒ博士、V・N・ドゥーベン・フリードリッヒ・ヴィルヘルム・アイクホーフ博士、ハンス・ベルンハルト・ホルストマン博士、マルティン・フラビク博士、ハンス・フォン・ヘルヴァルト、オットー・ヨーン博士、カレル・カプラン、ホートー・キルシュ、ヘルムート・ケーニッヒ博士、アントニン・クラトヒビル博士、アレクセイ・クサーク博士、ハンス・リンデマン、ヘレナ・ネシュヴエローヴァ・シエドワ、フォルカー・ノイゲバウアー博士、ヤン・ミナリク博士、ディートリッヒ・パウル、マイケル・レイマン博士、ユルゲン・リューレ、エミール・ストランクミュラーJr、ゲルト・トレッファー、カレル・ヴェッセリー。

最後に、私の研究に対して、我が妻と娘ベラの理解と協力を得られたことを本書を通じて感謝したい。彼女等無しでは本書の著述は不可能であったろう。

著者とともに努力と忍耐をかさねてくれた『ドイツ出版社（DVA）』の編集者の方々へも感謝を捧げたい。

R．S．

Fenomen Stalina. Warschau 1988
Geschichte der Kommunistischen Partei der Sowjetunion. Berlin (Ost) 1955 (『ソヴィエト同盟共産党歴史』外国語図書出版1950年)

Ströbinger, Rudolf : Das Attentat von Prag. Bergisch Gladbach 1979
－: Die unheimliche Jagd. Landshut 1977
－: Schicksalsjahre an der Moldau. Gernsbach 1988
－: Stopa vede k Reněmu. Prag 1965
Suworow, Viktor : Der Eisbrecher. Stuttgart 1989
Svoboda, Ludvík : Cestami života. Prag 1971
Tabouis, Geneviève : Předehra k tragédii. Prag 1971
Teske, Hermann (Hrsg.): General Ernst Köstring. Frankfurt/M. 1966
Thunig-Nittner, Gerburg : Die Tschechoslowakische Legion in Rußland. Wiesbaden 1970
Treffer, Gerd : Ingolstadt. Bamberg 1985
Trotzkij, Lew D. : Stalin. Reinbek 1971（『スターリン』合同出版 1967）
Tuchatschewskij, M. N. : Izbrannye Proivedenija. Moskau 1964
Tuchel, Johannes, Schattenfroh, Reinhold : Zentrale des Terrors. Berlin 1987
Uhlíř, Dušan : Anály ze Spálené ulice. Prag 1976
Ulam, Adam B. : Die Bolschewiki. Köln 1967
-: Stalin. Eßlingen 1977
Volkmann, Ernest : Warrior of the Night. New York 1985
Werth, Alexander : Rußland im Krieg. München 1962（『戦うソヴィエト・ロシア』みすず書房1967年）
Wheeler-Bennet, John W. : Die Nemesis der Macht. Königstein/Ts.-Düsseldorf 1981（『権力のネメシス』みすず書房1961年）
Wolkogonow, Dimitri : Stalin. Düsseldorf 1989（『勝利と悲劇・スターリンの政治的肖像』朝日新聞社1992年）
Wysczelski, Lech : Polska mysl Wojskowa 1914-1939. Warschau 1989
Zeutschel, Walter : Im Dienst der kommunistischen Terror-Organisation. Berlin 1931

Chruschtschow gegen Stalin. Seine Rede auf dem XX. Parteitag der KPdSU am 25. 2. 1956. Wiesbaden 1956（『フルシチョフ秘密報告・スターリン批判』講談社1977年）
Dějiny Všesvazové komunistické strany (bolševiků).Prag 1950

baden 1983 (『ヒトラーのテーブルトーク』三修社1995年)
Pietrow, Bianka: Stalinismus-Sicherheit-Offensive. Melsungen 1983
Pilsudski, Jozef, Tuchaczewski, Michail: Rok 1920-Pochód za Wisle. Lodz 1989
Pirker, Theodor: Die Moskauer Schauprozesse 1936-1938, München 1963
Rakowskij, Leontij: Michail Tuchacevskij. Leningrad 1967
Rapoport, Witalij, Alexejew, Jurij: Izmena Rodine. London 1988
Rauch, Georg von: Geschichte des bolschewistischen Ruflland. Wiesbaden 1962
Reile, Oskar: Der deutsche Geheimdienst im II. Weltkrieg-Ostfront. Augsburg 1989
Richelson, Jeffrey T.: Sword and Shield. Cambridge (Mass.) 1986
Ripka, Hubert: Munich. Before and After. London 1939
Rokossowskij, K. K.: Soldatenpflicht. Berlin (Ost) 1973
Roos, Hans: Geschichte der polnischen Nation 1918-1978. Stuttgart 1979
Ruland, Bernd: Deutsche Botschaft Moskau. Bayreuth 1964
Sayers, Michael, Kahn, Albert E.: Velké spiknutí. Prag 1951
Shapiro, Leonard: Die Geschichte der Kommunistischen Partei der Sowjetunion. Frankfurt/M. 1962
Scheffer, Paul: Augenzeuge im Staate Lenins. München 1972
Schellenberg, Walter: Memoiren. Köln 1959 (『秘密機関長の手記』角川書店1960年)
Schröder, Hans-Henning: Die Lehren von 1941. Köln 1988
-: Geschichte und Struktur der sowjetischen Streitkräfte. Köln 1986
Seliger, Kurt: Das verhängnisvolle Feindbild. Rundfunkfeature. Köln 1983
Shub, David: Lenin. Wiesbaden 1958
Simpkin, Richard: Deep Battle-The Brainchild of Marshall Tukhachevskii. London 1987
Sonnleithner, Franz von: Als Diplomat im »Führerhauptquartier« . München 1989
Strik-Strikfeld, Wilfried: Gegen Hitler und Stalin. Mainz 1970

lvanov, Miroslav : Atentát na Reinharda Heydricha. Prag 1979
Jakir, Peter : Kindheit in Gefangenschaft. Frankfurt/M, 1972 (『ラーゲリの少年時代』平凡社1973年)
Jesser, Franz : Volkstumskampf und Ausgleich im Herzen Europas. Nürnberg, o.J.
Kalinow, Kyrill D. : Sowjetmarschälle haben das Wort. Hamburg 1950 (『赤い十八人の元帥』日本出版共同1952年)
Kapferer, Reinhard : Charles de Gaulle. Stuttgart 1985
Krivitsky [Kriwitzkij], W. G. : Ich war in Stalins Dienst ! Amsterdam 1940 (『スターリン時代』みすず書房1962年)
Krummacher, F. A., Lange, H. : Krieg und Frieden. München-Eßlingen 1970
Kvačék, Robert : Nad Evropou žatazeno. Prag 1966
Legett, G. : The Cheka. London 1981
Lewytzkij, Boris : Die rote Inquisition. Frankfurt/M. 1967
Mackenzie, Montague Compton : Dr. Beneš. Prag 1947
Masaryk, T. G. : Die Weltrevolution. Berlin 1927
Maser, Werner : Adolf Hitler. Düsseldorf 1980 (『マーザーのヒトラー伝』サイマル出版会)
Matlok, Siegfried (Hrsg.) Dänemark in Hitlers Hand. Husum 1989
McMurry, Dean Scott : Deutschland und die Sowjetunion 1933-1936. Köln-Wien 1979
Medwedjew, Roy : Die Wahrheit ist unsere Stärke. Frankfurt/M. 1973
Moravec, František : Špion, jemuž nevěřili. Toronto 1977
Morozow, Michael : Die Falken des Kremls. München-Wien 1982
Murr, Stefan : Die Nacht vor Barbarossa. München 1986
Nikulin, Lew : Tragédia maršala Tuchačevského. Preßburg 1965
Nikulin, Lew, Gorbatow, Alexander W. : Geköpfte Armee. Berlin 1965
Nolte, Ernst : Der europäische Bürgerkrieg 1917-1945. Berlin 1987
Nord, Lidija : Marshal M. N. Tuchachewskii. Paris 1978
Orlow, Alexander : Kreml-Geheimnisse. Würzburg 1954
Paloczi-Horvath, George : Stalin. Gütersloh, o. J.
Payne, Robert : Stalin-Macht und Tyrannei. Stuttgart 1978
Picker, Henry : Hitlers Tischgespräche im Führerhauptquartier. Wies-

Dziak, John J.: Chekisty. Lexington 1988
Erickson, John: The Soviet High Command. London 1962
Fably, Philipp W.: Die Sowjetunion und das Dritte Reich. Stuttgart 1971
Feierabend, Ladislav: Soumrak československé demokracie. London 1986
Fierlinger, Zdeněk: Ve službách ČSR. Prag 1951
Fleischhauer, Ingeborg: Die Chance des Sonderfriedens. Berlin 1986
François-Poncet, André: Botschafter in Berlin 1931-1938. Berlin-Mainz 1962
Frederik, Hans: Das Ende einer Legende. Münchcn 1971
Fröhlich, Sergej: General WIassow. Köln 1987
Gaucher, Roland: Opposition in the U. S. S. R. 1917-1967. New York 1969
Gisevius, Hans Bernd: Adolf Hitler. Düsseldorf 1963
Goliath-Gorovsky, Karel: Zápisky ze stalinských koncentráků. Köln 1986
Gosztony, Peter (Hrsg.): Aufstände unter dem roten Stern. Bonn 1979
-: Die Rote Armee. München 1983
Grigorenko, Pjotr: Der sowjetische Zusammenbruch 1941. Frankfurt/M. 1969
Guderian, Heinz: Erinnerungen eines Soldaten. Heidelberg 1951 (『電撃戦』フジ出版社1974年)
Haffner, Sebastian: Der Teufelspakt. Reinbek 1968
Hagen, Walter (Wilhelm Höttl): Die geheime Front. Linz 1950
Heller, Michail, Nekritsch, Alexander: Geschichte der Sowjetunion. Königstein/Ts. 1981
Herwarth, Hans von: Zwischen Hitler und Stalin. Erlebte Zeitgeschichte 1931 bis 1945. Frankfurt/M.-Berlin-Wien 1982
Hilger, Gustav: Wir und der Kreml. Frankfurt/M.-Bonn 1964
Hingley, Ronald: Die Russische Geheimpolizei. Bayreuth 1972
Höhne, Heinz: Canaris. München 1976
-: Der Krieg im Dunkeln. München 1985
lrving, David: Der Feind hört mit. Kiel 1989

−: Zum Tode verurteilt. Memoiren eines Spions. München 1981

Borcke, Astrid von: KGB−Die Macht im Untergrund. Neuhausen−Stuttgart 1987

−: Unsichtbare Weltmacht KGB. Neuhausen−Stuttgart 1989

Brandes, Detlef: Großbritannien und seine osteuropäischen Alliierten 1939−1943. München 1988

Brissaud, André: Canaris. Frankfurt/M. 1976

−: Die SD−Story. Zürich 1975

Bücheler, Heinrich: Karl−Heinrich von Stülpnagel. Soldat−Philosoph−Verschwörer. Berlin 1989

Buchheit, Gerd: Der deutsche Geheimdienst. München 1966

Butson, T. G.: The Tsar's Lieutnant−The Soviet Marshall. New York 1984

Carmichael, Joel: Säuberungen. Frankfurt/M.−Berlin 1961

Carr, Edward: Berlin−Moskau 1919−1939. Stuttgart 1954 (『独ソ関係史』サイマル出版会1972年)

Churchill, Winston: Der Zweite Weltkrieg, Band I. Berlin 1985 (『第二次世界大戦』河出書房1972年)

Cílek, Roman: Prst na spústi mal Naujocks. Preßburg 1972

Conquest, Robert: Am Anfang starb Genosse Kirow. Düsseldorf 1970 (『スターリンの恐怖政治』三一書房1976年)

−: Ernte des Todes. München 1988

−: Inside Stalins Secret Police. Hampshire 1985

Coulondre, Robert: Von Moskau nach Berlin. Bonn 1950

Černý, Bohumil: Most k novému životu. Prag 1967

Černý, Václav: Paměti. Toronto 1983

Davies, Joseph E.: Als US−Botschafter in Moskau. Zürich 1943

Deacon, Richard: A History of the Russian Secret Service. London 1972 (『ロシア秘密警察の歴史』心交社1989年)

Delarue Jacques: Geschichte der Gestapo. Königstein/Ts. 1979 (『ゲシュタポ・狂気の歴史』サイマル出版会1968年)

Deschner, Günther: Reinhard Heydrich. Eßlingen 1977

Deutscher, Isaac: Stalin. Stuttgart 1951 (『スターリン』みすず書房1963年)

[原典資料]

本書では、次の各公文書館の記録と資料を参考にした。
Politisches Archiv des Auswärtigen Amtes, Bonn;
Bundesarchiv–Kriegsarchiv, Freiburg i. Br.;
Archiv des Instituts für Zeitgeschichte, München;
Bayerisches Staatsarchiv–Kriegsarchiv, München;
Archiv des Britischen Museums, London;
Public Record Office, London;
Archiv des Nationalmuseums Prag;
Archiv des Ministeriums für Auswärtige Angelegenheiten, Prag.

ここで『フランクフルター・アルゲマイネ』、『ジュードドイッチェン・ツァイトゥンク』、『ノイエン・チューリッヒャー・ツァイトゥング』各紙の資料室の方々の支援と協力に感謝したい。

[参考文献]

Abshagen, Karl Heinz : Canaris. Patriot und Weltbürger. Stuttgart 1959
Agabekov, G. S. : GPU–Zapiski Tschekista. Berlin 1933
Alexandrow, Viktor : Der Herrenklub des Kreml. Frankfurt/M. 1955
–: Der Marschall stand im Wege. Bonn 1962（『ソビエトの悲劇』弘文堂1963年）
Allilujewa, Swetlana : Zwanzig Briefe an einen Freund. Wien 1967（『スベトラーナ回想録』新潮社1967年）
Altrichter, Helmut (Hrsg.): Die Sowjetunion, Band I. Stuttgart 1986
Antonow–Owsejenko, Anton : Stalin–Porträt einer Tyrannei. München 1983
Bailey, Geoffrey : Verschwörer um Rußland. München 1961
Barron, John : KGB. Bern–München 1974（『ＫＧＢ・ソ連秘密警察の全貌』リーダーズダイジェスト1974年）
Beneš, Edvard : Paměti. Prag 1947
Bim, Ruth Bettina : Die Höheren SS–und Polizeiführer. Düsseldorf 1986
Bittman, Ladislav : Špionážní oprátky. Toronto 1981

本書は一九九六年『赤軍大粛清』のタイトルで
小社から出版された作品を文庫化したものです。

20世紀最大の謀略
赤軍大粛清
ルドルフ・シュトレビンガー
守屋 純／訳
学研M文庫

平成13年　2001年4月20日　初版発行
●
発行者 —— 太田雅男
発行所 —— 株式会社学習研究社
東京都大田区上池台4-40-5 〒145-8502
印刷・製本 — 中央精版印刷株式会社

★ご購入・ご注文は、お近くの書店へお願いいたします。
★この本に関するお問い合わせは次のところへ。
編集内容に関することは —— 編集部直通 03-5434-1456
• 在庫・不良品（乱丁・落丁等）に関することは ——
出版営業部 03-3726-8188
• それ以外のこの本に関することは ——
学研お客様相談センター 学研M文庫係へ
文書は、〒146-8502 東京都大田区仲池上1-17-15
電話は、03-3726-8124
落丁・乱丁本はお取り替えいたします。
定価はカバーに明記してあります。

S-シ-1-1　　ISBN4-05-902041-9

学研M文庫

海上護衛戦
大井 篤

資源物資のほとんどを海外に依存している日本。太平洋戦争時、シーレーン（海上交通線）確保のため、様々な研究と実践を体験した著者が、当時の様子を赤裸々に綴った海上護衛戦の記録。

780円

ラバウル海軍航空隊
奥宮 正武

太平洋戦争時、過酷な条件下での戦いを強いられていたラバウル海軍航空隊の空の勇士たちは、勝算30％といわれる戦いに向け、毎日出撃していった。空の勇士達の死を賭けた壮絶な戦いの記録！

850円

戦艦で綴る太平洋戦史
十二戦艦物語
川又 千秋

日本海軍は太平洋戦争時、世界有数の戦艦群でいかに戦い、どのような最後を迎えねばならなかったのか。浮かべる城といわれた十二の巨大戦艦の栄光と戦闘の軌跡を、連合艦隊史とともに綴る。

670円

真説 関ケ原合戦
桐野 作人

関ケ原合戦には実に謎が多い。後年、ドイツの軍事顧問のメッケル少佐がその布陣を一目見て西軍の勝利を断言した。圧倒的優位だった西軍は、なぜ敗れたのか？　気鋭の歴史作家が真相をえぐる！

570円

真説 本能寺
桐野 作人

既刊『真説　関ケ原合戦』で、読者に絶大なる支持を受けた歴史作家が、戦国史上最大の謎である「本能寺の変」の背景と真相に鋭く斬り込む注目の書。朝廷・義昭黒幕説などを徹底検証する。

690円

表示価格はすべて本体価格です。定価は変更することがあります。